工业软件丛书

求 索

中国工业软件产业发展之策

陈立辉 卞孟春 刘建 ◎ 等编著

图书在版编目（CIP）数据

求索：中国工业软件产业发展之策 / 陈立辉等编著 . -- 北京：机械工业出版社，2021.9

（工业软件丛书）

ISBN 978-7-111-69159-4

I. ①求⋯ Ⅱ. ①陈⋯ Ⅲ. ①软件产业 - 产业发展 - 研究 - 中国 Ⅳ. ① F426.67

中国版本图书馆 CIP 数据核字（2021）第 191630 号

求索：中国工业软件产业发展之策

出版发行：机械工业出版社（北京市西城区百万庄大街22号	邮政编码：100037）
责任编辑：王 颖　李美莹　冯秀泳	责任校对：马荣敏
印　　刷：北京文昌阁彩色印刷有限责任公司	版　次：2021年10月第1版第1次印刷
开　　本：170mm×240mm 1/16	印　张：16.75
书　　号：ISBN 978-7-111-69159-4	定　价：99.00元

客服电话：（010）88361066　88379833　68326294　　投稿热线：（010）88379604

华章网站：www.hzbook.com　　读者信箱：hzjsj@hzbook.com

版权所有・侵权必究

封底无防伪标均为盗版

本书法律顾问：北京大成律师事务所　韩光 / 邹晓东

COMMITTEE

顾 问 组：李培根　杨学山　周宏仁　高新民　王安耕
指 导 组：宁振波　范兴国
主　　任：赵　敏
执 行 主 任：杨春晖
委　员（以姓氏拼音字母为序）：
　　　　　　陈立辉　褚　健　段海波　段世慧　高国华　胡　平　胡志林　黄　培
　　　　　　雷　毅　冷文浩　李　焕　李　萍　李义章　刘玉峰　龙小昂　梅敬成
　　　　　　闵皆昇　史晓凌　唐湘民　王华龙　吴健明　夏桂华　阎丽娟　杨培亮
　　　　　　姚延栋　于　敏　张国明　张新华　周凡利
组 宣 部 主 任：阎丽娟
编 辑 部 主 任：王　颖
秘 书 长：李　萍　王　颖

丛书前言
PREFACE

当今世界正经历百年未有之大变局。国家综合实力由工业保障,工业发展由工业软件驱动。工业软件正在重塑工业巨人之魂。

习近平总书记在2021年5月28日召开的两院院士大会、中国科协第十次全国代表大会上发表了重要讲话:"科技攻关要坚持问题导向,奔着最紧急、最紧迫的问题去。要从国家急迫需要和长远需求出发,在石油天然气、基础原材料、高端芯片、工业软件、农作物种子、科学试验用仪器设备、化学制剂等方面关键核心技术上全力攻坚,加快突破一批药品、医疗器械、医用设备、疫苗等领域关键核心技术。"

国家最高领导人将工业软件定位于"最紧急、最紧迫的问题",是"国家急迫需要和长远需求"的关键核心技术,史无前例,开国首次,彰显了国家对工业软件的高度重视。机械工业出版社华章分社此次领衔组织出版这套"工业软件丛书",秉持系统性、专业性、全局性、先进性的原则,开展工业软件生态研究,探索工业软件发展规律,反映工业软件全面信息,汇总工业软件应用成果,助力产业数字化转型。这套丛书的出版是以实际行动落实国家意志的重要举措,意义深远,作用重大,正当其时。

本丛书分为产业研究与生态建设、技术与产品、支撑环境三大类。

在工业软件的产业研究与生态建设大类中，列入了工业技术软件化专项研究、工业软件发展生态环境研究、工业软件分类研究、工业软件质量与可靠性测试、工业软件的标准和规范研究等内容，希望从顶层设计的角度让读者清晰地知晓，在工业软件的技术与产品之外，还有很多制约工业软件发展的生态因素。例如工业软件的可靠性、安全性测试，还没有引起业界足够的重视，但是当工业软件越来越多地进入各种工业品中，成为"软零件""软装备"之后，工业软件的可靠性、安全性对各种工业品的影响将越来越重要，甚至就是"一票否决"式的重要。至于制约工业软件发展的政策、制度、环境，以及工业技术的积累等基础性的问题，就更值得予以认真研究。

工业软件的技术与产品大类是一个生机勃勃、不断发展演进的庞大家族。据不完全统计，工业软件有近 2 万种之多[一]。面对如此庞大的工业软件家族，如何用一套丛书来进行一场"小样本、大视野、深探底"的表述，是一个巨大的挑战。就连"工业软件"术语本身，也是在最初没有定义的情况下，伴随着工业软件的不断发展而逐渐产生的，形成了一个"用于工业过程的所有软件"的基本共识。如果想准确地论述工业软件，从范畴上说，要从国家统计局所定义的"工业门类"[二]出发，把应用在矿业、制造业、能源业这三大门类中的所有软件都囊括进来，而不能仅仅把目光放在制造业一个门类上；从分类上说，既要顾及现有分类（如 CAX、MES 等），也要着眼于未来可能的新分类（如工研软件、工管软件等）；从架构上说，既要顾及传统架构的软件（如 ISA95），也要考虑到基于云架构的订阅式（如 SaaS）软件；从所有权上说，既要考虑到商用软件，也要考虑到自用软件（in-house software）；等等。本丛书力争做到从不同的维度和视角，对各种形态的工业软件都能有所展现，勾勒出一幅工业软件的"中国版图"，尽管这种展现与勾勒，很可能是粗线条的。

工业软件的支撑环境是一个不可缺失的重要内容。无论是数据库、云技术、材料属性库、图形引擎、过程语言、工业操作系统等，都是支撑各种形态的工业软件实现其功能的基础性的"数字底座"。基础不牢，地动山摇，遑论自主，更无可控。没有强大的工业软件所需要的运行支撑环境，就没有强

[一] 林雪萍的"工业软件 无尽的边疆：写在十四五专项之前"可见 https://mp.weixin.qq.com/s/Y_Rq3yJTE1ahma30iV0JJQ。

[二] 参考《国民经济行业分类》（GB/T 4754—2017）2019 年修改版。

大的工业软件。因此，工业软件的"数字底座"是一项必须涉及的重要内容。

长期以来，"缺芯少魂"一直困扰着中国企业及产业高质量发展。特别是从2018年以来，强加在很多中国企业头上的贸易摩擦展现了令人眼花缭乱的"花式断供"，仅芯片断供或许就能导致某些企业停产。芯片断供尚有应对措施来减少损失，但是工业软件断供则是直接阉割企业的设计和生产能力。没有工业软件这个基础性的数字化工具和软装备，就没有工业品的设计和生产，社会可能停摆，企业可能断命，绝大多数先进设备可能变成废铜烂铁。工业软件对工业的发展具有不可替代、不可或缺、不可估量的支撑、提振与杠杆放大作用，已经日益为全社会所切身感受和深刻认知。

该丛书的面世，或将揭开蒙在工业软件头上的神秘面纱，厘清工业软件的发展规律。更重要的是，该丛书将会激励中国的工业软件从业者，充分发挥"可上九天揽月，可下五洋捉鳖"的想象力、执行力和战斗力，让每一行代码、每一段程序，都谱写出最新、最硬核的时代篇章，让中国的工业软件产业就此整体发力，急速前行，攻坚克难，自主创新，使我国尽快屹立于全球工业软件强国之林。

丛书编委会
2021 年 8 月

本书主编：陈立辉

本书副主编：卞孟春　刘　建

本书编写专家组成员（以姓氏笔画为序）：　王　健　王　赞　王蕴辉　田　锋　冯　军
宁振波　师艳平　朱铎先　刘　昱　刘晓明　李　利　李　岩　李开生　杨春晖　杨晓明
冷文浩　陈立平　林雪萍　周凡利　郎　燕　赵　敏　宫　琳　原　力　高曙明　郭朝晖
黄　培　梅敬成　阎丽娟　彭　维　蒋寻涯　谢春生　解　威　雍俊海　蔺文杰

本书编写组成员：李书玮　杜　晶　孙桂花　韩邢健　田宇潇　俞瑞霞　袁鹏宇　王　韬
王贵虎　涂珍兰　张莉敏　刘　馨　李　震　吴　蕾　刘　务　徐　劲

资料提供单位（排名不分先后）：

工业和信息化部电子第五研究所　　　　　广州中望龙腾软件股份有限公司

走向智能研究院　　　　　　　　　　　　山东山大华天软件有限公司

安世亚太科技股份有限公司　　　　　　　中船重工奥蓝托无锡软件技术有限公司

北京索为系统技术股份有限公司　　　　　苏州同元软控信息技术有限公司

浪潮通用软件有限公司　　　　　　　　　北京华大九天科技股份有限公司

北京数码大方科技股份有限公司
用友网络科技股份有限公司
和利时科技集团有限公司
浙江中控技术股份有限公司
北京兰光创新科技有限公司
北京亚控科技发展有限公司
金航数码科技有限责任公司
广州赛宝腾睿信息科技有限公司
安徽容知日新科技股份有限公司
天津美腾科技股份有限公司
北京互时科技股份有限公司
武汉开目信息技术股份有限公司
武汉天喻软件股份有限公司
武汉伯思杰科技有限公司
苏州浩辰软件股份有限公司
重庆诚智鹏科技有限责任公司
英特工程仿真技术（大连）有限公司
北京世冠金洋科技发展有限公司
北京东土科技股份有限公司
金蝶软件（中国）有限公司
海尔数字科技有限公司

中汽数据（天津）有限公司
航天云网科技发展有限责任公司
湖北航天技术研究院总体设计所
南京国睿信维软件有限公司
北京天拓四方科技有限公司
银川华信智信息技术有限公司
杭州新迪数字工程系统有限公司
深圳华龙讯达信息技术股份有限公司
武汉承泽科技有限公司
北京智通云联科技有限公司
北京神舟航天软件技术有限公司
苏州千机智能技术有限公司
西安前沿动力软件开发有限责任公司
北京拓盛智联技术有限公司
南京科远智慧科技集团股份有限公司
宜科（天津）电子有限公司
瀚云科技有限公司
唐山报春电子商务股份有限公司
上海东峻信息科技有限公司
艾迪普科技股份有限公司

本书编写说明

ILLUSTRATE

软件是新一代信息技术产业的灵魂。工业软件是工业技术软件化的结果，是智能制造、工业互联网的核心内容，是工业化和信息化深度融合的重要支撑，是推进我国工业化进程的重要手段。在"十四五"期间，工业和信息化部组织实施产业基础再造工程，将工业软件中的重要组成部分——工业基础软件与传统"四基"（即关键基础材料、核心基础零部件（元器件）、先进基础工艺和产业技术基础）合并为新"五基"。

在全球工业进入新旧动能加速转换的关键阶段，工业软件已经渗透并广泛应用于大部分工业领域的核心环节，工业软件是现代产业体系之"魂"，是工业强国之重器。失去工业软件市场，将失去产业发展主导权，而掌握工业软件市场，则会极大地增强中国工业体系的韧性和抗打击性，为建设工业强国打下坚实基础。

2020年12月中央经济工作会议提出，要增强产业链供应链自主可控能力，产业链供应链安全稳定是构建新发展格局的基础。要统筹推进补齐短板和锻造长板，针对产业薄弱环节，实施好关键核心技术攻关工程，尽快解决一批"卡脖子"问题，在产业优势领域精耕细作，研发更多独门绝技。《中华人民共和国国民经济和社会发展第十四个五年规划和2035年远景目标纲要》

中强调，坚持经济性和安全性相结合，补齐短板、锻造长板，分行业做好供应链战略设计和精准施策，形成具有更强创新力、更高附加值、更安全可靠的产业链供应链。工业软件已经在 2018 年至 2021 年的贸易摩擦中被外方用作断供、"卡脖子"的具体手段，直接关系到中国大批企业和重点产品的生存与发展，关系到产业链供应链安全稳定，关系到中国工业实现创新驱动转变的成败。

本书编写组经过梳理后发现，我国工业软件存在关键技术缺失、高端人才短缺、产业规模较小、核心竞争力较差、发展生态环境脆弱、软件缺乏质量保证体系等问题。尽管合作共赢是国际主旋律，全球化分工是主要发展模式，但是，如果在某些关键产业和领域过度依赖国外工业软件，那么失去的不仅是工业软件市场，更存在丧失产业发展主动权和影响产业信息安全的风险。本书旨在通过分析工业软件产业发展现状，对比国内外典型企业发展案例，找出我国工业软件发展中存在的问题，并研判工业软件发展趋势，最终提出促进我国工业软件发展，摆脱"卡脖子"困境的建议。

本书凝聚业界专家力量，对不同类型企业展开调研，汇总多方需求，包括以下内容：第一章描述了工业软件的定义、特征、分类和重要性；第二章阐述了我国工业软件的发展现状以及面临的问题；第三章研究国外工业软件产业发展经验；第四章研判我国工业软件发展趋势；第五章提出了促进我国工业软件发展的建议；第六章列出了行业应用案例；附录一列出了部分工业软件厂商和产品；附录二介绍了工业软件产业支撑和技术服务专业机构。

本书对工业软件分类、数据统计以及技术架构等方面的研究尚有诸多不足之处，期待各方提供建设性意见和建议，我们将在此基础上不断修订和完善本书，为我国工业软件的发展贡献一份绵薄之力，共同打造工业软件的美好未来！

本书的编写受到社会各界专家、企业及科研单位的关注和大力支持，在此特别感谢编写专家组成员的真知灼见和宝贵修改意见。

目录
CONTENTS

丛书前言
本书编写组
本书编写说明

第一章 工业软件概述

一、工业软件定义与特征 /2
（一）工业软件的定义与判断 /2
（二）工业软件的几个基本特征 /2
（三）工业软件与工业发展息息相关 /6

二、工业软件的基础与分类 /12
（一）传统与新型架构的碰撞与共存 /12
（二）三足鼎立的同时彼此交汇融合 /13
（三）工业软件现有的分类方法汇总 /14

第二章 中国工业软件产业发展现状

一、工业软件产业规模及国产化推进 /21

（一）工业软件市场规模 / 21
（二）工业软件国产化推进情况 / 23

二、工业软件产业细分领域的市场格局 / 24

（一）研发设计类：差距较大，核心技术缺失多 / 25
（二）生产制造类：高端乏力，细分领域有优势 / 27
（三）运维服务类：前景广阔，国外技术仍领先 / 28
（四）经营管理类：份额占优，高端市场待突破 / 29
（五）新型架构类：开疆辟土，发展潜力无限量 / 29

三、工业软件企业发展经验研究 / 30

（一）研发设计类 / 31
（二）生产制造类 / 34
（三）运维服务类 / 35
（四）经营管理类 / 37
（五）新型架构类 / 39

四、国产工业软件面临的问题 / 42

（一）国产工业软件缺乏体系化竞争力 / 43
（二）核心技术缺失，产品竞争力不足 / 44
（三）工业软件人才短缺，师资流失严重 / 44
（四）工业软件知识产权保护意识和力度不足 / 45
（五）落后的意识观念和信息化程度延缓了产业发展 / 45
（六）工业软件和工业深度融合不足 / 46
（七）工业软件的生态环境较差 / 47

第三章　国外工业软件产业发展研究

一、发达国家工业软件产业发展经验研究 / 48

（一）美国 / 49
（二）欧洲 / 50

二、国外典型工业软件企业发展经验研究 / 53

（一）达索系统公司（Dassault Systemes） / 53

（二）西门子股份公司（Siemens） / 55

（三）参数技术公司（PTC） / 56

（四）思爱普股份公司（SAP） / 58

（五）其他企业 / 60

三、国外成功经验借鉴 / 62

（一）提升工业软件战略地位，制定可落地的政策措施 / 62

（二）提供持续资金供给，加大资源支持 / 62

（三）完善产学研用的机制，建立人才培养和公共服务体系 / 63

（四）重视标准体系建设，逐步提升国际影响力 / 63

（五）加大知识产权保护，建立完善的知识产权体系 / 63

（六）鼓励企业深耕工业领域，长期坚守主业不动摇 / 64

（七）构建良好工业软件生态，加强产业链上下游合作 / 64

（八）鼓励企业收购并购，加快企业做大做强 / 65

第四章 中国工业软件发展趋势研判

一、工业软件产业发展趋势 / 66

（一）从技术趋势来看，工业软件逐步走向集成化、平台化、智能化 / 66

（二）从开发模式来看，工业软件逐步走向标准化、开放化、生态化 / 68

（三）从市场应用来看，工业软件逐步走向工程化、大型化、复杂化 / 70

（四）从服务方式来看，工业软件逐步走向定制化、柔性化、服务化 / 71

二、工业软件产业发展机遇 / 72

（一）工业升级，释放数字化及智能化需求 / 72

（二）"双循环"新发展格局，利好工业软件产业发展 / 72

（三）系列重大创新工程将为工业软件发展提供完整需求和试炼场 / 73

（四）国内外工业水平不一，蕴含工业软件市场新机遇 / 73

（五）政策环境优化，保障工业软件产业发展 / 73

（六）知识产权保护力度加大，释放市场需求 / 74

（七）人才政策完善，提升对国际高端人才的吸引力 / 74

（八）新一代信息技术发展，催生工业领域新需求 / 75

第五章　促进中国工业软件发展的建议　76

一、政府侧 / 76

（一）持续优化政策环境 / 76

（二）夯实产业发展基础 / 77

（三）组织关键技术攻关 / 78

（四）逐步加快国产软件应用 / 78

二、企业侧 / 79

（一）完善市场和商业生态 / 79

（二）加速工业技术软件化进程 / 79

（三）优化企业成长模式 / 80

（四）积极拓展全球市场 / 80

三、高校科研机构侧 / 81

（一）加强工业软件人才培养 / 81

（二）注重技术创新与科技前沿 / 81

（三）加快科技成果转化 / 82

（四）采用开源策略服务社会 / 82

四、第三方机构侧 / 82

（一）加强政策宣贯沟通 / 82

（二）促进供需有效对接　/ 82

（三）完善行业支撑服务能力建设　/ 82

84　第六章　工业软件行业应用案例

一、航空航天行业应用案例　/ 84

（一）湖北航天技术研究院总体设计所——固体火箭发动机数字化快速总体论证 APP　/ 84

（二）苏州同元软控信息技术有限公司　/ 85

（三）英特工程仿真技术（大连）有限公司　/ 89

（四）北京世冠金洋科技发展有限公司　/ 90

（五）金航数码科技有限责任公司　/ 91

（六）武汉开目信息技术股份有限公司——航空航天行业智能制造数字化车间解决方案　/ 95

（七）安世亚太科技股份有限公司　/ 96

（八）重庆诚智鹏科技有限责任公司——PDCC 在中国航发南方工业有限公司发动机零件的加工工艺规程校核中的应用　/ 98

（九）北京索为系统技术股份有限公司　/ 100

二、船舶行业应用案例　/ 102

（一）北京索为系统技术股份有限公司——快速设计系统　/ 102

三、机械行业应用案例　/ 103

（一）苏州浩辰软件股份有限公司——浩辰 CAD　/ 103

（二）北京兰光创新科技有限公司——兰光智能 MES 在宁夏共享集团的应用　/ 104

（三）重庆诚智鹏科技有限责任公司　/ 105

（四）杭州新迪数字工程系统有限公司——协同设计平台和 3D 电子目录项目　/ 107

（五）银川华信智信息技术有限公司　/ 108

四、石化行业应用案例　/ 111

（一）和利时科技集团有限公司——有机硅工艺 APC 优化
案例 / 111

（二）北京互时科技股份有限公司（原北京中科辅龙科技股份有限
公司）/ 111

（三）安徽容知日新科技股份有限公司 / 112

（四）北京拓盛智联技术有限公司 / 113

（五）南京科远智慧科技集团股份有限公司——科远智慧化工解决
方案 / 115

五、轨道交通行业应用案例 / 117

（一）苏州浩辰软件股份有限公司——浩辰 CAD / 117

（二）和利时科技集团有限公司——MACS-SCADA4 在轨道交通燕
房线项目中的应用 / 117

（三）南京国睿信维软件有限公司——株洲时代电气绿荫保障平台
项目 / 119

六、汽车行业应用案例 / 120

（一）广州中望龙腾软件股份有限公司——中望 3D 在汽配行业中的
应用 / 120

（二）山东山大华天软件有限公司——三维 CAD/CAM 软件 SINO-
VATION / 120

（三）武汉天喻软件股份有限公司——江淮汽车集团汽车产品维修
服务图册在线发布平台应用解决方案 / 121

（四）和利时科技集团有限公司——HOLLiAS-N 系统平台 / 122

（五）北京亚控科技发展有限公司——五菱汽车车桥厂 MES 系统 / 122

（六）北京东土科技股份有限公司——工程车辆控制系统解决方案 / 124

（七）中汽数据（天津）有限公司 / 126

（八）航天云网科技发展有限责任公司——可视化系统三维电子棋
子板项目 / 129

（九）宜科（天津）电子有限公司——奇瑞汽车设备智能管理应用
案例 / 130

七、电子行业应用案例 / 131

(一)南京国睿信维软件有限公司——中国电科集团某研究所数字
化工艺系统 / 131

(二)南京科远智慧科技集团股份有限公司——科远智慧 iMIS 智能
协同制造系统 / 132

八、能源行业应用案例 / 133

(一)天津美腾科技股份有限公司——斜沟选煤厂智能化解决方案 / 133

(二)北京东土科技股份有限公司——燃气站监控系统解决方案 / 134

(三)瀚云科技有限公司——瀚云 HanClouds 设备远程运维云 / 135

(四)唐山报春电子商务股份有限公司——"云上钢铁"钢铁云电
商平台的应用 / 136

九、环保行业应用案例 / 137

(一)宜科(天津)电子有限公司——天津咸阳路污水处理厂智能监
控应用案例 / 137

十、其他行业应用案例 / 139

(一)南京科远智慧科技集团股份有限公司——科远智慧建材解决
方案 / 139

(二)北京亚控科技发展有限公司——亚控定制信息化系统 / 140

(三)北京亚控科技发展有限公司——智能排产系统 / 143

(四)北京智通云联科技有限公司——乳品行业智能工厂解决方案 / 144

▶▶▶▶ 148 结束语

▶▶▶▶ 150 附录一 部分工业软件厂商及产品

一、研发设计类厂商及产品 / 150

(一)安世亚太科技股份有限公司 / 150

(二)广州中望龙腾软件股份有限公司 / 152

（三）山东山大华天软件有限公司　/156

（四）北京数码大方科技股份有限公司　/158

（五）中船重工奥蓝托无锡软件技术有限公司　/159

（六）苏州同元软控信息技术有限公司　/160

（七）北京互时科技股份有限公司（原北京中科辅龙科技股份有限公司）　/162

（八）苏州浩辰软件股份有限公司　/165

（九）武汉开目信息技术股份有限公司　/166

（十）武汉天喻软件股份有限公司　/168

（十一）北京神舟航天软件技术有限公司　/169

（十二）杭州新迪数字工程系统有限公司　/171

（十三）苏州千机智能技术有限公司　/172

（十四）英特工程仿真技术（大连）有限公司　/174

（十五）西安前沿动力软件开发有限责任公司　/175

（十六）上海东峻信息科技有限公司　/177

（十七）中汽数据（天津）有限公司　/179

（十八）航天云网科技发展有限责任公司　/181

（十九）北京华大九天科技股份有限公司　/182

（二十）金航数码科技有限责任公司　/185

（二十一）重庆诚智鹏科技有限责任公司　/186

（二十二）北京世冠金洋科技发展有限公司　/188

（二十三）银川华信智信息技术有限公司　/190

（二十四）艾迪普科技股份有限公司　/192

（二十五）武汉承泽科技有限公司　/194

二、生产制造类厂商及产品　/194

（一）和利时科技集团有限公司　/194

（二）浙江中控技术股份有限公司　/197

（三）北京兰光创新科技有限公司　/199

（四）北京亚控科技发展有限公司　/200

（五）金航数码科技有限责任公司 / 201

（六）北京东土科技股份有限公司 / 202

（七）北京天拓四方科技有限公司 / 203

（八）宜科（天津）电子有限公司 / 205

（九）南京科远智慧科技集团股份有限公司 / 207

（十）北京神舟航天软件技术有限公司 / 209

（十一）武汉佰思杰科技有限公司 / 211

三、经营管理类厂商及产品 / 212

（一）用友网络科技股份有限公司 / 212

（二）浪潮通用软件有限公司 / 213

（三）金蝶软件（中国）有限公司 / 213

（四）金航数码科技有限责任公司 / 214

（五）中汽数据（天津）有限公司 / 215

（六）北京拓盛智联技术有限公司 / 216

四、运维服务类厂商及产品 / 219

（一）广州赛宝腾睿信息科技有限公司 / 219

（二）金航数码科技有限责任公司 / 220

（三）安徽容知日新科技股份有限公司 / 222

五、新形态工业软件厂商及产品 / 223

（一）海尔数字科技有限公司 / 223

（二）中汽数据（天津）有限公司 / 225

（三）湖北航天技术研究院总体设计所 / 226

（四）航天云网科技发展有限责任公司 / 227

（五）北京索为系统技术股份有限公司 / 228

（六）山东华云三维科技有限公司 / 229

（七）天津美腾科技股份有限公司 / 231

（八）深圳华龙讯达信息技术股份有限公司 / 232

（九）瀚云科技有限公司 / 233

（十）北京智通云联科技有限公司　/ 234

（十一）唐山报春电子商务股份有限公司　/ 235

237　附录二　工业软件产业支撑和技术服务专业机构介绍

245　参考文献

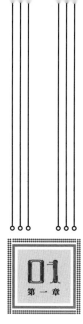

第一章 工业软件概述

软件是新一代信息技术的灵魂,是关系国民经济和社会全面发展的基础性、战略性产业。在云计算、物联网、数字孪生、大数据、人工智能等大融合的科技环境中,软件正在定义可以定义的一切。工业软件本身是工业技术软件化的产物,是工业化的顶级产品。它既是研制复杂产品的关键工具和生产要素,也是工业机械装备("工业之母")中的"软零件""软装备",是工业品的基本构成要素。当前,工业软件已经成为企业的研发利器和机器与产品的大脑,软件能力正在成为企业的核心竞争力之一。工业软件作为工业和软件产业的重要组成部分,是推动我国智能制造高质量发展的核心要素和重要支撑。工业软件的创新、研发、应用和普及已成为衡量一个国家制造业综合实力的重要标志之一。发展工业软件是工业智能化的前提,是工业实现从要素驱动向创新驱动转变的动力,是推进我国由工业大国向工业强国转变的助推器,是提升工业国际竞争力的重要抓手,是确保工业产业链安全与韧性的根本所在。

一、工业软件定义与特征

（一）工业软件的定义与判断

目前，业界对工业软件概念的界定还没有统一，缺乏标准描述、存在多定义现象是工业软件的现状。

根据中国工业技术软件化产业联盟发布的《工业技术软件化白皮书（2020）》的研究结论，以及中国工业技术软件化产业联盟长达数年的调研结果，业界的基本共识是：工业软件是工业技术软件化的成果。

《工业技术软件化白皮书（2020）》定义：工业技术软件化是一种充分利用软件技术，实现工业技术（知识）的持续积累、系统转化、集智应用、泛在部署的培育和发展过程，其成果是产出工业软件，推动工业进步[一]。在该定义基础上，对工业软件的认识就会比较全面而深入，对工业软件的定义也会比较概括且简明。

本书对工业软件的简明定义是：工业软件是工业技术/知识、流程的程序化封装与复用。

本书对工业软件较为全面的描述是：工业软件是工业技术/知识、流程的程序化封装与复用，能够在数字空间和物理空间定义工业产品和生产设备的形状、结构，控制其运动状态，预测其变化规律，优化制造和管理流程，变革生产方式，提升全要素生产率，是现代工业的"灵魂"。

可以依据两点判断某一软件是否为工业软件：一是实际内容——软件中的技术/知识以工业内容为主；二是最终作用——软件直接为工业过程和产品增值。基于此，一些可以在某种场合用于部分工业目的或业务过程的通用软件，如Office、WPS、微信、视频/图片/渲染软件、常用操作系统等，都不属于工业软件。

（二）工业软件的几个基本特征

本书提炼了工业软件的几个基本特征：

[一] 参见中国工业技术软件化产业联盟发布的《工业技术软件化白皮书（2020）》，完整版下载链接见 http://www.caitis.cn/newsinfo/1579175.html?templateId=100829。

1. 工业软件是工业技术和知识的容器

工业软件是工业技术/知识和信息技术的结合体，其中工业技术/知识包含工业领域知识、行业知识、专业知识、工业机理模型、数据分析模型、标准和规范、最佳工艺参数等，是工业软件的基本内涵。图形引擎、约束求解器、图形交互技术、工业知识库、算法库、模型库、过程开发语言、编译器、测试环境等，对它们进行单独评估，虽然大部分不具有工业属性，但是却都是构建工业软件必不可少的数字底座和有机组成部分，都在各自的角色上发挥工业软件的作用。无论上述的哪一种技术内容，都关系到工业软件本身的自主与可控。

没有丰富的工业技术/知识和经验积累，只掌握计算机专业知识的工程师，难以设计先进的工业软件。工业软件是工业技术/知识的最佳"容器"，其源于工业领域的真实需求，是对工业领域研发、工艺、装配、管理等工业技术/知识的积累、沉淀与高度凝练。工业软件可以极大地增强工业技术/知识的可复用性，有效地提升和放大工业经济的规模效益。

2. 工业软件是对模型的高效最优复用

模型是软件的生命力所在，没有模型就没有软件。

模型来源于工业实践过程和具体的工业场景，是对客观现实事物的某些特征与内在联系所做的一种模拟或抽象。模型由与模型所分析问题有关的因素构成，体现了各有关因素之间的关系。工业软件的核心优势是对模型的最优复用。

模型可以分为数学、逻辑、结构、方法、程序、数据、管理、分析、系统、实物等不同种类的模型。除去实物模型，其他可以用某种算法来表达的模型，都可以由目标、变量、关系三个部分组成，以特定算法的形式写入工业软件。工业软件常用模型为机理模型和数据分析模型。

一般来说，机理模型是根据对象、生产过程的内部机制或者物质流的传递机理建立起来的精确数学模型。机理模型表达明确的因果关系，是工业软件中最常用的模型。数据分析模型是在大数据分析中通过降维、聚类、回归、关联等方式建立起来的逼近/拟合模型。数据分析模型表达明确的相关关系，在大数据智能兴起之后，也经常以人工智能算法的形式用于工业软件中。

工业大数据专家郭朝晖对模型有着务实、深入的理解，他认为，"机理模型和数据分析模型往往是不可分的，是相互融合的。工业中用的机理模型，常常要用数据校验参数，因为工业的测量值都是有误差的，或者说，不能忽视误差。另外，机理模型需要的参数经常缺失，只能用其他参数代替。机理模型最大的好处是靠谱，受时变干扰因素影响小。对于数据分析模型，它的关键在于精度，在工业现场，许多参数是时变的，这导致误差不可避免，所以通过大数据自学习的精度有极限。精度较差也可能有用，但我怕自学习的效果不好，误差太大"[一]。

本书对模型的理解是：机理并不保证对错，而是为了有用。通过自学习，在特定场景下，数据分析模型通常也能达到可用状态。可以用线性模型解决的问题，就不要用非线性模型；可以用简单模型解决的问题，就不要用复杂模型；可以用机理模型解决的问题，就不要用数据分析模型。机理模型与数据分析模型相互融合是发展趋势。

3. 工业软件是现代化工业水平的体现

工业软件中包含"工业"和"软件"两个要素。对于工业软件，不应该仅从工业或者软件的单向角度去理解，而应该从两个要素双向相互影响的角度去理解。一方面，现代化工业水平决定了工业软件的先进程度。工业软件是植根于工业基础发展起来的，脱离了工业的工业软件只能是无本之木，工业生产工艺、设备等各方面的发展程度决定了工业软件的发展程度。另一方面，工业软件的先进程度决定了工业的效率水平。现代化工业离不开工业软件全过程自动化、数字化的研发、管理和控制，工业软件是提升工业生产力和生产效率的手段，是制造业精细化和产业基础高级化发展的技术手段保证，是推动智能制造、工业互联网高质量发展的核心要素和重要支撑。

例如，在目前主流的 SoC（System-on-a-Chip，片上系统）芯片中，集成的晶体管数量已经超过 100 亿个，即在 1 平方毫米内可以集成 1 亿多个晶体管，这些晶体管之间，宽度只有几纳米的导线连接形成了数亿个线路网

[一] 郭朝晖的"模型为什么常常是融合的"，可见 http://m.ceconlinebbs.com/ARTICLE/8800107788/?active_date=20170602。

络，其复杂程度是人的脑力达不到，也无法想象的。因此芯片设计和制造能力，体现了一个国家的工业实力。如果没有功能强大的 EDA 软件和成熟的工艺包，这种超级精密的设计和制造能力是无法实现的。

4. 工业软件是先进软硬件技术的融合

工业软件不仅仅是先进工业技术的集中展现，更是各种先进软件技术的交汇融合。无论是软件工程、软件架构、开发技巧、开发环境，还是前面提到的图形引擎、约束求解器、图形交互技术、知识库、算法库、模型库、过程开发语言、编译器、测试环境乃至硬件等，都会加速工业软件的发展。

半个多世纪以来，每当软件工程领域取得技术进展，都会迅速地吸收、融汇到工业软件中。以工业软件的人机图形交互界面（GUI）为例，早期人机交互界面采用"借用屏幕"（如阿波罗工作站）模式，一旦进入软件交互界面就无法执行其他操作，但是多窗口技术出现后，迅速发展为多窗口交互技术。Web 技术发展成熟后，工业软件则随即从 C/S 部署发展为 B/S 部署。在今天云计算成熟后，工业软件又从 B/S 部署迅速发展为基于云的订阅式工业软件（如云 CAD 等）。

算力对工业软件的支撑效果也是非常显著的，尤其是芯片计算速度提高，以及多主机高性能并行计算技术成熟后，过去 CAE 软件需要漫长等待的复杂仿真计算问题，伴随着算力的极速提升而得到了解决。

5. 工业软件研发周期长、成本高、成功难复制

工业软件研发不同于一般意义的软件，研发难度大，体系设计复杂、技术门槛高、硬件条件开销大、复合型研发人才紧缺、对可靠性要求较高，导致研发周期长、研发迭代速度慢。据估计，一般大型工业软件的研发周期为 3～5 年，要被市场认可则需要约 10 年。此外，工业软件的研发投入非常高，全球最大的 CAE 厂商 ANSYS 每年的研发投入约 20 亿人民币，超高额的研发投入构成了较高的行业壁垒，短时间内工业软件巨头很难被超越。

另一个不得不承认的事实是，工业软件的成功经验很难复制，并不是有了足够的研发经费就可以复制某个工业软件巨头的成功过程。如何打破工业软件的现有固化格局，在激烈的市场竞争中活下来、冲出去，不仅需要过五

关斩六将的高超武艺和足够资金，还需要把握十年不遇、转瞬即逝的市场机会和一点点运气。

6. 工业软件领域强者愈强、赢者通吃

熟悉工业软件最近几十年发展历史的人都知道，工业软件的起源大多为工业巨头自身的需求驱动，工业巨头就是工业软件的从业者，它们了解自己最需要工业软件助力之处，提供企业真实的工作场景作为开发需求输入和使用验证输出，然后不断反馈修改意见，让软件快速更新迭代。

国外的工业软件在 20 世纪八九十年代，经历了群雄崛起、诸侯争霸的纷争阶段，然后工业软件的头部企业就开始有目的地并购，把一些具有某种优秀功能并且能够与自家软件形成互补的中小软件厂商纳入麾下，凡是有独特功能的中小软件厂商，几乎没有独立做大的机会，在成长到一定程度之后，就被软件巨头并购了。工业软件巨头越频繁发起并购，其体量就越大，占有市场份额越多，就越有并购能力。总体上来说，这是一个强者愈强、赢者通吃、工业巨头主导的市场格局。半个多世纪以来，这个格局没有明显变化。当今工业软件头部企业，哪一家都至少有几十次并购记录。

（三）工业软件与工业发展息息相关

源于工业需求、用于工业场景、优于工业打磨、赋能工业发展、赋智工业产品、创新工业产品，工业软件从来都带有天然的工业基因，与工业密不可分。

1. 工业软件源于工业需求

业界比较公认的第一款工业软件，是 1957 年出现的一款名为 PRONTO 的数控程序编制软件，由"CAD/CAM 之父"Patrick J. Hanratty 博士在 GE 工作时开发。首款 CAE 软件是美国宇航局（NASA）在 1966 年开发的 NASTRAN。国内自动化工控领域资深专家彭瑜教授认为，首款自动化领域的工控软件可以从 1969 年诞生的世界上第一台 PLC（可编程逻辑控制器）所使用的梯形图逻辑编程语言算起。他在一篇文章㊀中写道"用于工控领域

㊀ 彭瑜的"漫谈自动控制与被忽略的工业软件"可见 https://mp.weixin.qq.com/s/cD89IuXiAzu63lqUg4_JGA。

的编程语言不仅属于工业软件中用于控制类别的基础软件,而且是运用范围最为广泛的一类工业软件"。

20世纪60年代至20世纪80年代诞生了很多知名工业软件,基本上都是工业巨头企业根据其产品研制上的迫切需求而自己开发或重点支持的。如表1-1所示。

表1-1 工业软件与工业企业关系

工业企业	工业软件名称
美国洛克希德公司(开发)	CADAM
美国通用电气公司(支持)	CALMA
美国波音公司(支持)	CV
美国NASA(支持)	I-DEAS
美国麦道公司(开发)	UG
法国达索系统公司(支持)	CATIA
德国大众汽车公司(支持)	ICEM Surf
美国福特汽车公司(支持)	PDGS
法国雷诺公司(支持)	EUCLID
John Swanson创立,西屋核电(支持)	ANSYS
美国NASA(开发)	NASTRAN

综上所述,多种类型的工业软件都是从工业领域实际需求和应用中诞生的,并由工业巨头主导整个市场。这个基本格局至今没有太大变化。

2. 工业软件用于工业场景

按照国家统计局颁布的《国民经济行业分类》(GB/T 4754—2017)中的分类,工业是由B门类"采矿业"、C门类"制造业"、D门类"电力、热力、燃气及水生产和供应业"三大门类组成。工业软件属于I门类"信息传输、软件和信息技术服务业I"中的"软件和信息技术服务业"大类中的最小分类——"应用软件开发"小类。鉴于工业软件具有"工业+软件"的双重属性,从工业角度看,工业软件无比重要,几乎没有哪个工业品不用到它;从软件角度看,工业软件在现有分类中"显得不太重要",是与B、C、D门类同级的I门类中的一个"子子子项"。如此分类方式,使得工业软件在目前全国工业发展布局和管理中处于一个枝端末梢的位置,与其当前在工业发展所占有的关键性、战略性的地位以及在工业品基本构成中所占有的基础性、使能性的作用,是极其不相称的。

新中国成立72年来，中国已构建门类齐全、独立完整的现代工业体系，在B、C、D 3个门类中共拥有41个工业大类、207个中类、666个小类，成为全世界唯一拥有联合国产业分类中所列全部工业大类和软件信息大类的国家；工业增加值从1952年的120亿元增加到2020年的31.3万亿元，工业经济规模跃居全球首位。

工业软件作为一个数字化的产品创新工具，自身不断吸收最新工业技术和ICT（信息通信技术），不断地快速按照工业场景的要求反复迭代，不断在工业的各个细分领域得到快速部署和应用。现在我国的规模以上工业企业，已经大部分使用工业软件，即使是在中小企业的工作场景中，也大部分使用1至2种工业软件。

现今工业品与工业软件的基本关系是：没有交互式工业软件就没有复杂工业品的设计与开发，没有嵌入式工业软件就没有复杂工业品的生产与运行。即使是前面提到的666个小类工业品，几乎每类在研发、生产、测试等关键环节与场景中，都使用工业软件。

3. 工业软件优于工业打磨

区别于面向个人用户的基础软件与其他应用软件，工业软件的终端用户是工业企业。工业软件既是开发出来的，也是在实战中应用出来的。工业软件开发商和工业企业深度互动，工业企业不断使用工业软件，反馈各种软件问题，并且快速迭代优化改进，是工业软件生存与发展的基本条件之一。任何一款工业软件，如果没有工业界用户的深入应用，这个软件就很难成熟——例如很难发现顶层设计缺陷，很难发现机理模型的算法缺陷，很难获得适合于某种专业性的潜在研发改进需求，很难获得工业界新出现的诀窍（Know-How）知识，很难获得工业界巨头的投资青睐等。因此，工业软件不断推出新好功能，同时工业界在实践应用中对工业软件进行"反哺"和实用砥砺打磨，是一种双方长期积极互动的双赢情境。

例如，达索CATIA V5版是首个在PC上运行的版本，刚发布时全世界没有人敢用它设计飞机整机。中国航空工业集团一飞院迎难而上，首次用CATIA V5版设计了某型号全数字样机，并且发现和反馈了900多个大大小小的软件缺陷，使得达索系统公司及时改进并优化了CATIA V5版。

智通云联公司（乙方）为蒙牛集团（甲方）打造了从收奶、前处理、灌包装到仓储全过程的数字工厂，在软件上线过程中，甲方在现场提出了多个软件使用中发现的问题，乙方项目团队在 1～2 天之内快速响应解决，甲乙双方良性互动，共同打磨优化工业软件，成就了 250 多个乳品行业工业 APP。

4. 工业软件赋能工业发展

工业软件对工业的发展具有极其重要的技术赋能、杠杆放大与行业带动作用。但是长期以来，工业软件对工业产值的杠杆放大与行业带动作用一直模糊不清、难以度量。本书仅以类比数据和业界估算数据来说明工业软件对工业发展的巨大的杠杆放大与行业带动作用。

类比 1：产品设计阶段的成本仅占整个产品开发投入成本的 5%，但是产品设计决定了 75% 的产品成本。例如研发设计类工业软件可以帮助我们在产品设计阶段从源头控制产品成本，该类比可以引申为研发设计类工业软件对最终产品成本有着 15 倍的杠杆效应。

类比 2：在软件开发全过程中，如果在需求收集阶段修复一个发现的缺陷需花费 1 美元，那么，在设计阶段修复该缺陷则需花费 2 美元。以此类推，如果直至产品投入使用后才发现该缺陷，修复所需的费用则将暴涨至 69 美元。该类比说明，有了软件开发工具的辅助，在产品设计阶段花费 2 美元，即可从源头消灭软件缺陷。该类比可以引申为研发设计类工业软件对最终产品质量有着近 35 倍的杠杆效应。

走向智能研究院执行院长赵敏，在 2020 年的记者访谈中给出如下估算数据："工业软件在中国每年虽然只有 5000 亿元人民币左右的产值，但是工业软件自身所具有的放大、赋能、创新作用，可以撬动和引领至少十倍以上的工业生产，可以影响到 5 万亿～10 万亿元的高价值设备。"

综上所述，在产品研发的早期阶段采用工业软件可以对最终产品的成本和质量有着 15～35 倍的杠杆效应。考虑到在产品全生命周期、订单全生命周期和工厂全生命周期中，工业软件都有几倍到几十倍的杠杆效应，因此我们可以较为保守地认为，工业软件对工业产品至少有 10 倍的杠杆放大和行业带动作用。

5. 工业软件赋智工业产品

工业软件对于工业品价值提升有着重要影响，不仅因为产品研发软件、生产软件等可以有效地提高工业品的质量和降低成本，更因为软件已经作为"软零件""软装备"嵌入众多的工业品之中。前已述及，软件是工业技术／知识的容器，而知识来源于人脑，是人的智力思考过程与内容的结晶。因此，软件作为一个"大脑"为其所嵌入的人造系统赋智——从机器、产线、汽车、船舶、飞机等大型工业产品，到手机、血压计、测温枪、智能水杯等小型工业产品，都内置了大量的软件。当前，一辆普通轿车的电子控制单元（Electronic Control Unit，ECU）数量多达 70～80 个，代码有几千万行，软件的价值在高端轿车中占整车价值的 50% 以上，代码超过 1 亿行，其复杂度已超过 Linux 系统内核。如特斯拉新能源电动车中，软件价值占整车价值的 60%，目前轿车中软件代码增速远远高于其他人造系统。未来几年车载软件代码行数有可能突破 10 亿。其发展趋势如图 1-1 所示。

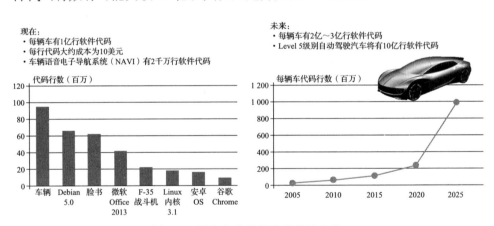

图 1-1　轿车车载软件代码发展趋势

轿车作为最常见的民用复杂工业品，若没有工业软件的嵌入，仅靠百年以来发展出来的最经典的金属、非金属车身物理零部件，轿车的附加值则难以有效提升。

当前工业品的发展规律是，在常规物理产品中嵌入工业软件之后，不仅可以有效地提升该产品的智能程度，还能有效提高该产品附加值。除此之外，往往是代码数量越多，该产品的智能程度和附加值就越高。

6. 工业软件创新工业产品

发展工业软件是研发创新复杂产品之必需。考虑到如今产品的结构复杂程度、技术复杂程度以及产品更新换代的迭代速度，如果离开各类工业软件的辅助支撑，仅依靠人力已经是不可能实现的研发任务。诸如飞机、高铁、卫星、火箭、汽车、手机、核电站等复杂工业品，研发方式已经从"图纸＋样件"的传统方式转型为完全基于研发设计类工业软件的全数字化"定义产品"的阶段。

以飞机研制为例，由于采用了"数字样机"技术，设计周期由常规的2.5年缩短到1年，减少设计返工40%，制造过程中工程更改单由常规的5000～6000张减少到1081张，工装准备周期与设计同步，确保了飞机的研制进度。

近些年，"数字样机"技术已经发展为数字孪生技术。基于工业软件所形成的数字孪生技术，企业在开发新产品时，可以事先做好数字孪生体，以较低成本在数字孪生体上预先做待开发产品的各种数字体验，直到在数字空间中把生产、装配、使用、维护等各阶段的产品状态都调整和验证到最佳状态，再将数字产品投产为物理产品，一次把产品做好做优。

基于数字孪生的数字体验是对工业技术的极其重要的贡献与补充，是产品创新的崭新技术手段。

7. 工业软件促进企业转型

发展工业软件是促进企业转型的重要手段。工业软件具有鲜明的行业特色，广泛应用于机械制造、电子制造、工业设计与控制等众多细分行业中，支撑着工业技术和硬件、软件、网络、计算机等多种技术的融合，是加速两化融合和推进企业转型升级的手段。在研发设计环节，工业软件不断推动企业向研发主体多元化、研发流程并行化、研发手段数字化方向转变，引导企业正向设计能力；在生产制造环节，工业软件不断推动企业向生产敏捷化、柔性化、绿色化、智能化方向转变，加强了企业信息化的集成度，提升了产品质量和生产制造的快速响应能力；在经营管理环节，工业软件不断推动企业向管理思想软件化、企业决策科学化、部门工作协同化方向转变，提高了企业经营管理能力。

二、工业软件的基础与分类

（一）传统与新型架构的碰撞与共存

近几年，工业互联网发展迅猛。工业互联网平台上也出现了一些诸如工业APP之类的新型工业软件。因此，工业软件所涉及和覆盖的范围到底有多大，如何区分传统架构和新型架构的工业软件，是一个需要说明和澄清的问题。

传统架构工业软件基于单机或局域网本地部署，遵从ISA95的五层体系，软件采用紧耦合单体化架构，软件功能颗粒度较大，同时软件功能综合且强大。

新型架构工业软件往往基于Web或云端部署，从五层体系渐变为扁平化体系，软件采用松耦合多体化微服务架构，软件功能颗粒度较小，同时软件功能简明或单一。

目前部署在工业互联网平台上的工业APP或云架构软件普遍采用了微服务架构。微服务是一种已经在IT领域存在多年的系统架构，但是在工业APP或云架构软件中属于新应用。微服务有很多好处，每个微服务功能相对独立、低耦合，易于实现系统功能的组件化和服务化。组件化指独立出来的组件可以单独部署、维护和升级而不会影响其他组件，服务化指松耦合的以服务为中心的服务化架构。组件化和服务化有利于提高软件系统的易维护性并促进软件向云迁移。例如在云CAD软件中，诸如服务注册中心、应用服务器、调度服务器、建模服务器等可以用微服务实现组件化和服务化。但是在工业APP和云架构软件的开发实践中，不少工业软件企业的架构师发现，微服务强调的功能独立、低耦合，反而有可能把经典架构下的简单问题复杂化，提高系统设计与开发的难度。造成这些的原因有两个，一是并不是所有传统架构软件功能都能直接转化为微服务，例如在CAD的云化过程中，诸如投影、装配等算法可以用微服务，但是最基本的造型操作还不能用微服务；二是工业的业务过程是比较复杂的，例如计划排程、生产执行、质量检验、仓储管理、物流执行、设备维护等这些服务没有办法单独部署和运行，许多模块之间存在双向的集成和协同，这与微服务之间尽量解耦、单向依赖是有冲突的。因此，一味地强调全部使用微服务，有可能会增加系统复杂度，让服务调用关系变得错综复杂。有专家称"微服务架构是一把双刃剑"。因此，在一个云架构软件中，哪些功能使用微服务，哪些暂不使用，怎样才能在使用和不使用之间匹配最好的系统效率，是需要斟酌和平衡的问题。

仔细考察当今的工业软件市场，无论是传统架构还是新型架构的工业软件，都在发挥着极其重要的工业基础和工业赋能器的作用，它们都是现阶段工业产品研发和生产不可或缺的数字化生产要素。虽然新型架构的软件在不断涌现，软件上云是一个大趋势，但是从目前工业软件的基本格局来看，现在担纲工业发展的工业软件，还是以传统架构的工业软件为主。未来会逐渐进入两种架构的工业软件长期并存的时期。至于是否所有的工业软件都进化到云端，还需依据具体的应用场景、用户的需求，以及算法、算力、微服务架构等相关技术的演进程度。

（二）三足鼎立的同时彼此交汇融合

工业软件历史悠久，自成体系，在工业发展中处于"软装备"的地位，既是产品研发手段，也是产品中的"软零件"，至关重要，不可或缺。工业软件的可靠运行和良性发展已经成为国家级的战略问题。

嵌入式软件包括嵌入式操作系统、嵌入式应用软件、嵌入式支撑软件。对嵌入式软件的认识要从嵌入式系统谈起。参考美国 CMP Books 出版社出版的 *Embedded Systems Dictionary* 中的定义："嵌入式系统是一种计算机硬件和软件的组合，也许还有机械装置或其他部件，用于实现一个特定功能。"嵌入式系统往往是某个大系统或产品的一部分，例如汽车中的防抱死制动系统。每一个嵌入式系统至少有一个嵌入式微处理器（或微控制器），运行在嵌入式微处理器中的软件称为嵌入式软件或固件（firmware）。嵌入式软件的特点是软件硬件可裁剪，对功能可靠性、成本、体积、功耗等有严格要求。如今嵌入式软件已经无处不在。

工业互联网平台由边缘层、IaaS 层、平台层、应用层组成。工业互联网平台本身，以及运行在其上的工业 APP，是新型架构的工业软件。因为工业互联网已经被国家确定为"新基建"的内容之一，预计未来 5～10 年，工

⊖ Jack Ganssle 和 Michael Barr 的 *Embedded Systems Dictionary*。

业互联网将会呈现爆发式的增长态势。

工业软件、**工业互联网平台（含 APP）**和**嵌入式软件**共同服务于**工业体系**。

鉴于此，如何正确描述、定位和区分上述三种软件异同，明确各自边界，实现合理分类，就显得极为重要了。本书给出了一个"三足鼎立"式的三种工业软件的交集示意图，如图1-2所示。

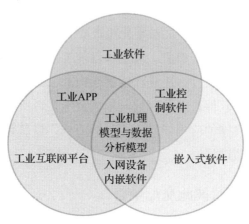

图1-2　三种工业软件交集示意图

工业互联网平台与工业软件的交集主要是工业互联网 APP（以下简称工业 APP），工业 APP 是基于工业互联网，承载工业知识和经验，满足特定需求的、运行于工业互联网平台的新型工业软件，它既是工业互联网的重要构件，又是工业软件的组成部分。**嵌入式软件与工业软件的交集**主要是工业控制软件，工业控制软件是工业软件的重要组成部分，可分为上位机工控软件和嵌入于控制器/工业设备的工业软件。在工业互联网体系中，无论是进行业务数据采集、网络传输还是闭环控制，都需要由嵌入在入网设备的软件来实现，暂且将之称为入网设备内嵌软件（它是**工业互联网平台与嵌入式软件的交集**），本书中不对它展开介绍。三种软件服务于工业体系，由工业机理的制约和驱动，因此工业机理模型与数据分析模型是它们三者的交集。

（三）工业软件现有的分类方法汇总

就工业软件本身而言，由于工业门类复杂，脱胎于工业的工业软件种类繁多，分类维度和方式一直呈现多样化趋势，因此目前国内外均没有公认、适用的统一分类方式。

进入21世纪,工业软件无论在功能还是在门类上,都发展迅速。原本的特定领域工具型软件已从狭义概念向工具链上下游和端到端的全生命周期软件方向演进,进而发展为"数字工业软件平台"。南山工业书院林雪萍院长在"工业软件 无尽的边疆:写在十四五专项之前"[一]一文提到:"有5000多家软件工业软件供应商,提供了近2万种不同的工业软件。而实际上,大量的工业软件并不在收录之中,因此实际数目要远大于此。"

种类如此丰富的工业软件,已经形成了一种客观存在。以某种维度和视角来对其进行分类是必须要做的工作。故本书用一定篇幅来介绍若干种现有的工业软件分类方法。

1. 国家标准提出的工业软件分类方法

国标 GB/T 36475—2018《软件产品分类》中,将工业软件(F类)分为工业总线、计算机辅助设计、计算机辅助制造等9类(见表1-2)。

表1-2 国标 GB/T 36475—2018 中工业软件分类示例(F类)

分类号	名称	说明
F	工业软件	在工业领域辅助进行工业设计、生产、通讯、控制的软件
F.1	工业总线	偏嵌入式/硬件,用于将多个处理器和控制器集成在一起,实现相互之间的通信,包括串行总线和并行总线
F.2	计算机辅助设计(CAD)	采用系统化工程方法,利用计算机辅助设计人员完成设计任务的软件
F.3	计算机辅助制造(CAM)	利用计算机对产品制造作业进行规划、管理和控制的软件
F.4	计算机集成制造系统	综合运用计算机信息处理技术和生产技术,对制造型企业经营的全过程(包括市场分析、产品设计、计划管理、加工制造、销售服务等)的活动、信息、资源、组织和管理进行总体优化组合的软件
F.5	工业仿真	模拟将实体工业中的各个模块转化成数据整合到一个虚拟的体系中软件,模拟实现工业作业中的每一项工作和流程,并与之实现各种交互
F.6	可编程逻辑控制器(PLC)	采用一类可编程的存储器,用于其内部存储程序,执行逻辑运算、顺序控制、定时、计数与算术操作等面向用户的指令,并通过数字或模拟式输入/输出控制各种类型的机械或生产过程

[一] 林雪萍的"工业软件 无尽的边疆:写在十四五专项之前"可见 https://mp.weixin.qq.com/s/Y_Rq3yJTE1ahma30iV0JJQ。

（续）

分类号	名　称	说　明
F.7	产品生命周期管理（PLM）	支持产品信息产品全生命周期内的创建、管理、分发和使用
F.8	产品数据管理（PDM）	用来管理所有与产品相关信息（包括事件信息、配置、文档、CAD文件、结构、权限信息等）和所有与产品相关过程（包括过程定义和管理）的软件
F.9	其他工业软件	不属于上述类别的工业软件

简要分析：该分类的优点是较大程度地集合了工业领域中的常用工业软件，缺点是没有明确列出嵌入式工业软件（可归类于表1-2中的F.9），缺失了能源业和探/采矿业工业软件。

2. 工信部发布的工业软件分类

在2019年11月，经国家统计局批准，工信部发布的《软件和信息技术服务业统计调查制度》中，将工业软件划分为产品研发设计类软件、生产控制类软件、业务管理类软件，如表1-3所示。

表1-3 《软件和信息技术服务业统计调查制度》中工业软件分类示例

软件代码	名　称	备　注
E101050000	1.5 工业软件	
E101050100	1.5.1 产品研发设计类软件	用于提升企业在产品研发工作领域的能力和效率。包括3D虚拟仿真系统、计算机辅助设计（CAD）、计算机辅助工程（CAE）、计算机辅助制造（CAM）、计算机辅助工艺规划（CAPP）、产品生命周期管理（PLM）、过程工艺模拟软件等
E101050200	1.5.2 生产控制类软件	用于提高制造过程的管控水平，改善生产设备的效率和利用率。包括工业控制系统、制造执行系统（MES）、制造运行管理（MOM）、产品数据管理（PDM）、操作员培训仿真系统（OTS）、调度优化系统（ORION）、先进控制系统（APC）等
E101050300	1.5.3 业务管理类软件	用于提升企业的管理治理水平和运营效率。包括企业资源计划（ERP）、供应链管理（SCM）、客户关系管理（CRM）、人力资源管理（HEM）、企业资产管理（EAM）等

简要分析：该分类的优点是三类工业软件分类比较简明，缺点是以制造业为主，忽略了能源业和探/采矿业工业软件。

3. 基于产品生命周期的聚类分类方法

通常情况下，工业软件可以按照产品生命周期的阶段或环节，大致划分为研发设计类软件、生产制造类软件、运维服务类软件和经营管理类软件，这是一种在业界较为常用的聚类分类方法。这种聚类分类方法并不严谨，也并未完整地覆盖工业领域和产品所有的生命周期（如工厂生命周期、订单生命周期等），即使是产品生命周期，也缺乏前期客户需求和后期产品报废等阶段。鉴于业内约定俗成的习惯以及频繁使用它，因此本书也将其作为一种分类方法予以介绍，并在本书后续章节中予以采用。如表1-4所示。

表1-4 基于产品生命周期的工业软件安装聚类分类示例

类　型	包含软件
研发设计类	计算机辅助设计（CAD）、辅助分析（CAE）、辅助工艺规划（CAPP）、产品数据管理（PDM）、产品生命周期管理（PLM）、电子设计自动化（EDA）等
生产制造类	可编程逻辑控制器（PLC）、分布式数控（DNC）、集散控制系统（DCS）、数据采集与监控控制系统（SCADA）、生产计划排产（APS）、环境管理体系（EMS）、制造执行系统（MES）等
运维服务类	资产性能管理（APM）、维护维修运行管理（MRO）、故障预测与健康管理（PHM）等
经营管理类	企业资源计划（ERP）、财务管理（PM）、供应链管理（SCM）、客户关系管理（CRM）、人力资源管理（HRM）、企业资产管理（EAM）、知识管理（KM）等

简要分析：该分类是业内较为常见的工业软件聚类分类方法，其优点是比较简明易懂，缺点是分类集中于制造业，基本上是"制造业信息化软件"的划分，忽略了能源业和探/采矿业工业软件。

4. 基于企业经营活动特征的分类方法

通常企业的经营有三个维度：业务执行维、业务管理维和业务资源维。工业软件也可参照这三个维度进行分类。

业务执行包括需求、研发、生产、营销、供应和运维等全生命周期各阶段。业务管理包括对数据、需求、质量、项目、市场等的管理。业务资源包括知识、设备、采购、人力、成本、财务等支撑业务执行的资源。

简要分析：该分类方法的优点是以业务作为牵引进行工业软件分类，视角较为新颖，比较适用于咨询业务，缺点与前两种分类一样，聚焦于制造业，未涉及工业中的能源业和探/采矿业工业软件。

5. 基于工业软件基本功能的分类方法

在《铸魂：软件定义制造》[⊖]中，作者将工业软件基于基本功能分为工研、工制、工管、工采等不同细分领域软件。如表 1-5 所示。

表 1-5 基于工业软件基本功能分类及其内涵解读

软件类别	软件功能或作用
工研软件	以广义仿真为主导的 CAE，包含 CAD、CAT 等软件
工制软件	面向生产制造的加工、工艺、工装等软件，如 CAM/CAPP/MES/3D 打印等
工管软件	以企业管理为主导的工业管理软件，如 PLM、ERP、WMS、QMS 等
工维软件	维护、修理、大修、故障与健康管理等软件，如 MRO/PHM 等
工量软件	工业计量、测量或探测等软件
工试软件	工业试验、实验或测试用软件
工标软件	工业标准与规范软件
工控软件	工业过程控制软件、组态软件、设备嵌入式软件等
工链软件	企业供应链、工业物流、生产物流软件，如 SCM 等
工互软件	工业云、工业物联网、工业互联网、工业互联网平台软件
工应软件	工业自用、工业 APP 软件
工采软件	工业矿山、油田开采（勘探、采矿、采伐、筛矿）类软件
工材软件	工业材料类软件等
工能软件	工业能源、能量、能耗管理软件等
工安软件	工业信息安全软件（杀毒、拒黑客、阻后门、密钥等）
工数软件	工业数据分析软件、工业大数据软件等
工智软件	工业智能软件、工业用 AI 软件等
工×软件	其他类型工业软件（待补充）

简要分析：该分类方法的优点是以"工×软件"的方式命名，四字一词，简明易懂，分类清晰，中国独创，尽可能地覆盖了工业领域所有细分领域，较为接近国家统计局的经济分类，缺点是分类较细，自成体系，尚未形成业界标准。

该书作者也认为，最简明的分类方法是分成交互式工业软件、嵌入式工业软件两大类。

6. 其他工业软件分类方法及注意问题

业内专家往往将工业软件按照行业属性划分为：对原材料勘探、测量、

⊖ 由赵敏、宁振波编写，机械工业出版社出版的《铸魂：软件定义制造》，ISBN 为 978-7-111-65013-3。

分析、加工的软件，对电力、燃气、生物等能源的管理、检测、维修的软件，对物料、工具、技术、人力、信息和资金等制造资源进行加工、管理的软件等。

有些更为细分的类别保留了下来，而这些细分类别所对应的其余类别却消失了。例如机械设计自动化（MDA）与电子设计自动化（EDA），是20世纪80年代从CAD软件衍生出来的细分类别。CAD是通用基础类软件，当CAD被深入应用到某一行业后，与该行业的零件特性、工艺参数等紧密结合，诞生了诸如机械CAD（MCAD）、电子CAD（ECAD）、模具CAD、建筑CAD、服装CAD等细分专业软件。在进一步丰富完善软件功能、特别是加入了很多专用工艺参数包之后，MCAD发展为MDA软件，ECAD发展为EDA软件。进入21世纪后，逐渐很少使用MDA，而EDA却作为一个知名的缩写词和一类专业软件的代表被保留了下来。

除此之外，还有其他实际用到的"二分法"分类，如果按照使用边界来划分，可以分为商用软件和自用软件（in-house software）；如果按照算法划分，也可以分为常规算法软件和人工智能算法软件；如果按照工业信息化与自动化来划分，也可分为工业IT软件和工业OT软件等。

众所周知的商用软件此处不做论述。值得一提的是自用软件。比较典型的例子是波音787研制过程中用了8000多种软件，其中约1000种是商业软件，其他软件都是波音公司自用软件，包含了波音多年积累的核心工业技术。这7000多种自用软件，属于典型的企业内部具有竞争力的工业技术软件化的成果，是其他同行难以企及波音飞机研制水平的高门槛。国内企业普遍没有重视本行业、本领域的工业技术的积累，也普遍没有做到既有工业技术的软件化和成果化，因此普遍缺乏或者基本没有自用软件。这是一个值得企业高度关注和深思的现象。

还有一些业界使用的分类"口径"，这些分类维度相对模糊，令人难以把握。例如经常看到"高端工业软件"的说法，如何对"高端"进行描述？这种描述不易清晰界定，与"高端"相对的"低端"，介于高低之间的"中端"，甚至"中低端""中高端"都难以确定。类似地，"核心工业软件"的说法也容易引发歧义，是全工业范畴作为核心的工业软件，还是某个细分专业作为核心工业软件，与之相对的"非核心工业软件"又能否具体列出等，这些都是有待研究的问题，不在本书展开论述。

7. 本书采用的工业软件分类方法

前已述及，工业软件的总体数量约有2万种。通常大家对市场上经常出现的制造业信息化软件比较熟悉，但是对探/采矿业、能源业的软件相对陌生，但是在这两大工业门类中还有数千种细分行业的工业软件。因此，无论采用哪种分类方法，都无法准确地描述工业软件的现状。因此，没有最好的工业软件分类方法，只有最实用的分类方法。

本书作者认为，分类越简明越有利于理解和传播，分类越细致越有利于各类软件发展。总体上，在编写本书过程中采用前者。

在后续章节中，本书将交替使用二分法和五分法两种工业软件分类方式。

二分法——分为交互式工业软件和嵌入式工业软件，或者，传统架构工业软件和新型架构工业软件，或者，工业IT软件和工业OT软件。五分法——分为研发设计类、生产制造类、运维服务类、经营管理类、新形态类工业软件。

需要说明的是，采用上述两种分类方法，并不是这两种分类多么准确和科学，而恰恰是因为目前找不到非常准确和科学的分类方法，但是本书的内容又要求必须使用分类来进行内容阐述，不得已按照"词语相对简明，内涵容易理解，业界经常使用"的原则采用这两种分类方法。

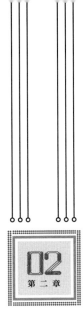

中国工业软件产业发展现状

近年来,我国工业软件取得了长足进步,部分核心软件技术取得了突破性进展,拥有了部分自主可控的工业软件产品,培育了中望龙腾、山大华天、数码大方、安世亚太、同元软控、华大九天、用友、浪潮、金蝶、和利时、中控等一批国内工业软件供应商,个别类别软件和少量单点技术达到国际先进水平。但是我国工业软件仍处于较多关键核心技术缺失,由引进应用向自主研发转换、建立技术迭代能力的关键阶段。

一、工业软件产业规模及国产化推进

(一)工业软件市场规模

近年来,我国工业软件产业规模占全球比重小,但增长率远高于全球水平。2013年以来，制造业进入了新旧动能加速转换的关键阶段，全球工业软件产业稳步增长，我国工业软件市场更是呈现出快速发展的态势。2019年，全球工业软件市场规模达到4107亿美元，近三年同比增长率均在5%以上，2012年至2019年的复合增长率为5.4%。我国工业软件产业规模仅占全球工业软件市场规模的6%，但我国产业规模增长速度较快，近三年同比增长率在15%左右，2012年至2019年复合增长率为13%。2012年至2020年全球工业软件产业规模及增长率见图2-1，2012年至2020年中国工业软件产业规模及增长率见图2-2，其中2020年全球数据为预测值。

图2-1　2012年至2020年全球工业软件产业规模及增长率㊀

图2-2　2012年至2020年中国工业软件产业规模及增长率㊁

㊀ 数据来源：工信部运行监测协调局、Gartner等产业研究机构及相关企业报告。
㊁ 数据来源：工信部运行监测协调局、Gartner等产业研究机构及相关企业报告。

我国工业软件产业规模仍有较大的增长空间。2019年，我国制造业增加值达26.9万亿元，占全球比重28.1%，连续十年保持世界第一制造大国地位[一]。结合2019年我国工业软件产业规模仅占全球6%的份额，可以预见我国的工业软件市场存在近5倍的增长空间。

本书作者认为，工业软件在国民经济分类中处于不显眼的位置[二]，在不同部门和不同研究机构中，统计口径与标准不同，因此关于我国工业软件的产业规模在统计结果上存在较大的差异。以嵌入设备的工业软件为例，该类工业软件不做单独统计，而是打包在工业设备的价格中，因此大量的嵌入式工业软件产值无法体现出来，而是计入了工业设备的产值。这一部分的产值粗略估算达3000亿之多。因此也有专家认为中国工业软件的产业规模大约为5000亿元[三]。

（二）工业软件国产化推进情况

各行业国产化差距明显。流程行业生产制造类工业软件国产化应用已相对成熟。石化、钢铁等流程类生产企业的业务耦合性强，在生产管理方面经验积累丰富，自主研发优势明显，具有剥离培育行业国产工业软件公司的天然优势。例如，浙江中控的控制系统在国内化工行业的市场占有率达到40.7%。家具服贸行业国产化进程加快。家具服贸行业对精度要求不高，同时，数码大方、中望龙腾等工业软件企业在家具服贸行业有长时间的积累，能够满足行业应用需求，具备一定竞争力，这也促进了家具服贸行业企业敢试敢用国产软件。船舶行业国产化基础相对较好。船舶产品型号多、批量小、体型大，但对精度要求不高，产品个性化强，且国产船舶工业软件基础相对较好，在推动国产化应用方面具有很大潜力。电子行业开始推进国产化。电子行业对国外工业软件依赖度相对较高，对于工业软件供应链面临的禁用风险，电子行业企业国产化意识逐步提高，开始主动寻找国内厂商合作，提早化解断供风险。汽车、航空、航天等复杂装备行业国产化程度不容乐观。复杂装备行业装配复杂、建模精度要求高、产品安全责任大。当前，

[一] 工信部副部长王志军在"十三五"工业通信业发展成就新闻发布会上的发言。
[二] 《国民经济行业分类》中工业软件位于"信息传输、软件和信息技术服务业"（I门类）的"软件和信息技术服务业"（大类）的"软件开发"（中类）"应用软件开发"（小类）中。
[三] 见《中国经济时报》的"中国工业软件如何破局"。

汽车、航空、航天行业中使用的传统的复杂设计类软件、仿真模拟类软件和流体计算类软件等关键软件几乎全部采用国外产品。但航天行业由于长期被国外限制，工业知识自主化程度高，在系统设计与仿真软件牵引发展方面取得显著成果。然而在管理软件方面，大多基于国外 ERP 等基础平台做二次开发，自主可控程度较低，面临较大的"卡脖子"风险。

二、工业软件产业细分领域的市场格局

根据工业软件常用分类方式，将工业软件划分为研发设计类软件（CAD/CAM/CAE/EDA/PLM/六性软件等）、生产制造类软件（PLC/DCS/SCADA/MES 等）、经营管理类软件（ERP/SCM/EAM 等）、运维服务类软件（MRO/PHM 等）和新型架构类工业软件。横向比较各个细分领域，产品类别齐全但发展不均衡。

综合 2019 年国产工业软件细分领域占国内的市场份额的数据（见图 2-3）、2019 年国内市场前十大供应商中国内外企业数量对比的数据（见图 2-4），以及我们对 30 余家知名工业软件供给侧企业和 28 家头部工业软件需求侧企业的调研结果得出，95% 的研发设计类工业软件依赖进口，国产可用的研发设计类产品主要应用于工业机理简单、系统功能单一、行业复杂度低的领域。例如，中望龙腾、山大华天、数码大方等公司的三维 CAD 产品在模具、家具家电、通用机械、电子电器等行业应用较为广泛。从龙头企业数量的角度来看，研发设计类各细分领域的前十大供应商中，国内企业数量处于明显劣势。生产制造类工业软件占据 50% 的国内市场，在部分领域已经具备一定实力，涌现了上海宝信、和利时、浙江中控等行业领军企业，但在高端市场中还不占优势。经营管理软件占有国内 70% 的市场份额，但高端市场领域仍以 SAP、Oracle 为主。例如调研发现，国内有些企业在创建初期使用国产 ERP 软件，但当企业发展到一定规模时，因国产软件功能难以支撑业务需求，企业将国产 ERP 软件替换成 SAP，出现了逆国产化现象。70% 的运维服务类工业软件依赖进口，国内运维服务类工业软件较多关注数据采集与数据监控以及简单的评估预测能力，缺少成熟的工程应用，缺乏数据和经验积累。

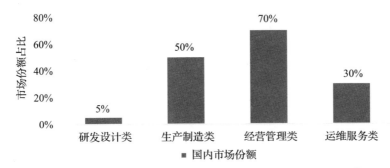

图 2-3　2019 年国产工业软件细分领域占国内的市场份额[一]

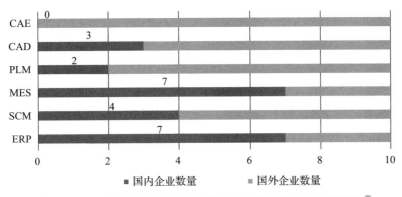

图 2-4　2019 年国内市场前十大供应商中国内外企业数量对比[二]

（一）研发设计类：差距较大，核心技术缺失多

研发设计类软件主要包括计算机辅助设计（CAD）、计算机辅助制造（CAM）、计算机辅助工程（CAE）、电子设计自动化（EDA）及新兴的系统级设计与仿真软件等。目前，国内部分软件厂商虽然有了一定的产品和客户积累，但传统国产研发设计类软件还存在整体水平不高、关键技术对外高度依存等问题。国产新兴系统级设计与仿真软件整体水平与国外差距不大，但目前尚处于技术导入推广阶段与市场培育成长期，市场规模不大，将其暂归入 CAE 一并阐述。

1. CAD/CAM 软件

2018 年全球 3D CAD 软件市场规模约为 86.6 亿美元，由法国达索系统

[一] 数据来源：Gartner 等产业研究机构及相关企业报告。
[二] 数据来源：Gartner 等产业研究机构及相关企业报告。

公司（Dassault Systemes）、德国西门子公司（Siemens）和美国参数技术公司（PTC）三家垄断，占据全球市场份额的60%以上。国内CAD软件市场规模约为7.33亿美元[1]，占比8.5%，95%以上的市场被国外软件所占据，主要有法国达索系统（32%）、美国PTC（18%）、西门子（18%）、美国Autodesk（20%）、美国Bentley（6%）等。国内CAD软件的公司主要有中望龙腾、山大华天和数码大方等，虽然出现了中望3D、SINOVATION等国内领先的产品，但是在功能上与国外软件相差较大，未能实质性地打破国外软件的垄断。

CAM软件是CAD软件的"同根兄弟"，从国内外一流企业发展趋势上看，CAM软件逐渐融入CAD软件中。根据CIMDATA的统计，CAM软件市场的年平均增长率大约在5%~7%。我国的数控机床的产量、进口量和保有量均排在世界的首位，2020年我国数控化率约为45%，距离制造强国的80%数控化率还有比较大的差距，但也表明我国CAM软件未来在数控机床业带动下，还有比较大的发展空间。

2. CAE软件

2018年全球CAE软件市场的规模为65.75亿美元，国内市场规模约为6亿美元，占比约为9%[2]。全球CAE市场的12大领导厂商处于垄断地位，占据国际市场的95%以上，有美国ANSYS、MathWorks，德国西门子，法国达索系统、ESI Group等。国外CAE软件覆盖范围广、功能完善，并逐渐在数据传输等技术上与其上下游产品打通，形成CAD/CAE/CAM/PDM一体化综合软件平台。

国产通用CAE软件有安世亚太PERA SIM、英特仿真INTESIM、前沿动力ADI.SimWork、中船重工奥蓝托前后处理器simWorks等，主要包括多款多物理场仿真及优化平台软件和综合仿真及优化平台软件，相比于国外通用CAE软件，关键技术自主可控程度较低，并且在产品化、集成化和规模化上与国外软件还有非常大的差距。专用CAE软件主要有大连理工大学开

---

[1] 数据来源：国外数据来自Gartner等产业研究机构及相关报告，国内数据基于各公开资料估算得出。

[2] 数据来源：国外数据来自Gartner等产业研究机构及相关报告，国内数据基于各公开资料估算得出。

发的 JIGFEX、中国飞机强度研究所开发的 HAJIF、中国科学院数学与系统科学研究所开发的 FEPG 等，但这些专用 CAE 产品在覆盖度、成熟度、易用性等方面相比国外软件仍有较大差距。国产新兴系统级设计与仿真工业软件有同元软控 MWorks，其自主程度较高并具有底层求解内核，已在系列重大型号工程中开展验证应用，并出口欧美为国外大型工业软件厂商提供内核授权，整体水平位居国际前列。

3. EDA 软件

2018 年全球 EDA 软件市场规模为 97.15 亿美元，国内市场规模为 5.03 亿美元，占比 5.1%[1]。EDA 市场主要由美国 Synopsys、美国 Cadence 和德国 Mentor Graphics[2] 三家厂商垄断，它们占全球市场的份额的 60% 以上，占国内市场份额 95% 以上，华大九天、芯禾科技、广立微等国内 EDA 厂商占据国内市场份额不足 5%。国内厂商以提供点工具为主，仅有华大九天一家可以提供面板和模拟集成电路全流程设计平台，其他的厂商只能提供某领域内的部分工具，如芯禾科技仅可以提供射频设计中的三维电磁仿真、信号完整性分析、电源完整性分析以及参数分析工具。三巨头（Synopsys、Cadence、Mentor Graphics）经过一系列收购并购基本打通 EDA 全流程工具链，能够覆盖全领域的设计需求。相比之下国内 EDA 厂商还需要进一步加快研发覆盖全领域的全流程设计平台的步伐。

（二）生产制造类：高端乏力，细分领域有优势

生产控制类软件（PLC/DCS/SCADA）和制造执行软件（MES）是生产制造类软件的主体。

1. PLC/DCS/SCADA 软件

2018 年全球 PLC 的整体市场规模约为 130 亿美元，中国 PLC 的整体市场规模约为 150 亿元，比 2017 年增长约 14%。2018 年全球 DCS 的整体市场规模约为 65 亿美元，中国 DCS 的整体市场规模约为 100 亿元，比 2017

---

[1] 数据来源：国外数据来自 Gartner 等产业研究机构及相关报告，国内数据基于各公开资料估算得出。
[2] 美国 Mentor Graphics 于 2016 年年底被西门子收购。

年增长约 15%。2018 年全球 SCADA 的整体市场规模约为 60 亿美元，中国 SCADA 的整体市场规模约为 90 亿元，比 2017 年增长约 12%。整体上 2018 年中国的 DCS、PLC 和 SCADA 的市场规模约 340 亿元，其中工业软件份额约占 50%，约 170 亿元○。

国外流程制造行业的软件产品特色主要在于高效的先进控制功能和完善的产品线，可以提供从基础控制、优化控制、生产管理到仿真测试的一站式解决方案。然而国内厂商规模相对较小，主要集中在中低端的细分市场，虽然单项产品具有不错的实力，但是缺少智能工厂整体数字化解决方案。

2. MES 软件

2018 年，中国 MES 的市场规模继续保持较稳定增长，市场规模增长至 33.9 亿元，同比增长 22.0%。预计到 2020 年，中国 MES 市场规模将达到 77 亿元左右○。MES 软件属于一种承上启下的工业软件：上接 ERP 或 PLM 软件，下接 PLC/DCS/SCADA 软件。目前国内 MES 软件产品种类较多，在流程型行业和离散型行业均得到了应用，但在其功能及行业侧重点上有所不同。MES 在离散型行业应用时，侧重于生产过程的管控，包括生产计划制订、动态调度、生产过程的协同及库房的精益化管理等。由于设备种类不同、厂家不同、年代不同、接口形式与通信协议不同，在数据采集方面，离散型行业也比流程型行业的难度要大。当前国内 MES 公司在某些细分领域具有行业竞争优势，但与国外 MES 软件产品相比，在技术深度与应用推广方面还存在一定差距。

（三）运维服务类：前景广阔，国外技术仍领先

目前，全球 MRO 业务市场以 1.72% 的复合年增长率（CAGR）增长，预计到 2020 年将保持增长率并达到 6600 亿美元的市场价值○。据预测，仅

○ 数据来源：国外数据来自 Gartner 等产业研究机构及相关报告，国内数据基于各公开资料估算得出。

○ 数据来源：该数据基于各公开资料估算得出。

○ Vijith Bharghavan（Beroe 分类专家）的报告"Manage Maintenance Repair & Operations (MRO) Category with Ai powered Procurement Productivity Suite"，https://www.beroeinc.com/category-intelligence/maintenance-repair-and-operations-market/。

民航行业到 2022 年我国航空维修市场规模将达到近 100 亿美元，年复合增长率达到 8.6%[①]，高于全球平均水平，具有广阔的市场前景。在国外，国际大型的科技或信息企业开发自有 MRO 产品，同时相关产品在航空、能源、工程机械等领域得到广泛的应用，主要包括 Oracle 公司的综合维护、维修和大修管理系统（Complex MRO）、SAP 的 SAP MRO、西门子的 Teamcenter MRO、IBM 的 Maximo 和 AuRA 等。在国内，主要有北京博华信智科技股份有限公司基于设备故障机理、CPS、大数据分析、RCM 等技术研发的设备全生命周期管理平台、安徽容知日新的 iEAM 系统、北京神农氏软件有限公司开发的"SmartEAM 设备管理系统"。国内相关 MRO 产品不论是产品技术、功能还是市场占有率等都与国外的产品存在一定的差距。

（四）经营管理类：份额占优，高端市场待突破

2018 年，我国 ERP 的市场规模达 415 亿元。国内厂商占据市场份额 70%[②]，代表厂商是用友、浪潮和金蝶等。国内 ERP 厂商的产品主要占据中小企业市场，大中型企业的高端 ERP 软件仍以 SAP、Oracle 等国外厂商为主，占国内高端市场份额的 60%。国内 ERP 厂商起步较晚，我国高端 ERP 软件的技术水平、产品能力和产业规模均与我国制造大国地位不匹配。超过半数的跨国企业、集团型央企和大型企业使用国外 ERP；在军工领域浪潮和用友有 ERP 解决方案与应用案例，但核心业务模块（如供应链和生产管理）仍使用 SAP。

（五）新型架构类：开疆辟土，发展潜力无限量

工业 APP 是基于工业互联网，承载工业知识和经验，满足特定需求的新型工业应用软件，是工业技术软件化的重要成果。工业 APP 的出现加速了工业知识的积累，促进工业向数字化、网络化、智能化发展。工业互联网为工业 APP 的发展带来了强大的活力和增长机遇，基于全新架构和理念开

---

① 摘自前瞻产业研究院发布的文章"飞机维修市场蕴藏商机 全球市场规模将达 800 亿美元"，可见 https://bg.qianzhan.com/report/detail/300/171103-9b9e2e4c.html，资料来源于前瞻产业研究院的研究报告《2021—2026 年中国航空维修行业市场前瞻与投资战略规划分析报告》。

② 数据来源：国内数据基于各公开资料估算得出。

发出来的工业 APP，为工业软件的研制、应用与发展提供了更好的技术路径与应用实践。目前，工业 APP 的数量、效果、用户下载量已经成为工业互联网平台是否成功的关键指标。

近年来，我国政府相继出台了大量政策来推动工业 APP 的发展。2017 年 11 月，国务院印发《关于深化"互联网＋先进制造业"发展工业互联网的指导意见》，其中提出实施百万工业 APP 培育工程：到 2025 年，形成 3～5 个具有国际竞争力的工业互联网平台，培育百万工业 APP，实现百万家企业上云，形成建平台和用平台双向迭代、互促共进的制造业新生态。2018 年 5 月，工信部印发《工业互联网 APP 培育工程实施方案（2018-2020 年）》，该文件在系统研究制约工业 APP 培育的基础性和系统性问题的基础上，提出了至 2020 年的工业 APP 培育的总体要求、主要任务和保障措施，明确了工作推进时间进度。美国通用电气预测 2020 年工业 APP 全球市场规模将超过 2250 亿美元。我国工业互联网增加值规模呈逐年增长态势，2019 年工业互联网增加值规模为 3.41 万亿元，占 GDP 比重为 3.44%。其中长三角地区工业互联网产业增加值规模最高，2019 年市场规模达到 7205.76 亿元。2019 年，我国重点区域的工业互联网产业增加值规模占 GDP 的比重均在 3%～4%[一]。

据中国工业技术软件化产业联盟统计，2020 年 12 月底，我国工业技术软件化率达到 50%，面向特定行业、特定场景的工业互联网 APP 培育数量超 30 万个，繁荣工业互联网平台应用生态、促进工业提质增效和转型升级的支撑作用初步显现。

三、工业软件企业发展经验研究

与国外工业软件产业相比，我国工业软件产业还有一定差距，但近些年依然取得了显著的进步，也涌现了一批优秀的企业，有些在核心软件技术取得了突破性进展，拥有自主可控的产品成果，有些在商业模式、市场推广、技术趋势、企业战略把控方面积累了成功经验，可以作为典型案例进行研究。因本节篇幅有限，我们只选取了其中部分优秀企业，并按照研发设计

[一] 中国工业互联网研究院的《中国工业互联网产业经济发展白皮书（2020 年）》。

类、生产制造类、运维服务类、经营管理类、新型架构类的整体脉络，总结梳理出一些企业发展的宝贵经验，供大家交流借鉴。本节内容基于相关企业提供的素材整理编写而成。

（一）研发设计类

1. 广州中望龙腾

国内 CAD/CAM 软件与服务提供商。广州中望龙腾软件股份有限公司是国内同时掌握二维 CAD、三维 CAD、CAM、CAE 核心技术及产品开发能力的工业软件企业，拥有中国广州、武汉、上海、北京及美国佛罗里达五大研发中心。截至目前，中望系列软件产品已经畅销全球 90 多个国家和地区，并赢得了宝钢股份、海马汽车、保利地产、中国移动等中国乃至世界知名企业的认可，全球正版授权用户数突破 90 万。作为 CAD/CAM 软件与服务提供商，同时也是一家国家规划布局内的重点软件企业，中望软件已为众多企业及集团公司提供软件产品和服务。中望软件旗下核心产品有"中望 CAD"和"中望 3D"。

收购核心技术，并持续坚持自主研发。2010 年中望龙腾收购美国 VX 公司的 VXCAD/CAM 技术及研发团队，摆脱 ITC（IntelliCAD Technology Consotium）的 IntelliCAD 平台限制，推出基于自主可控 Overdrive 内核的 3D CAD 软件，2019 年该公司面向智能制造和高端制造，开始新一代 3D CAD 几何建模内核的研发。2018 年该公司成立 CAE 研发中心，进军 CAE 领域，2019 年推出首款全波三维电磁仿真软件。目前该公司拥有 ZWCAD（2D CAD）、ZW3D（3D CAD/CAM 一体化）、ZWSim-EM（CAE）三类产品，实现了工业设计、工业制造、仿真分析、建筑设计等关键领域的全覆盖。

产学合作培养早期用户习惯。中望软件教育版以校企合作为核心，涵盖课程开发、师资培训、竞赛活动、创客空间，在获取了学校学生的市场外，更是在学生阶段培养了用户早期对中望 CAD 软件操作习惯，从而在学生工作后获得用户的青睐。中望软件公司创办青少年创客社区，给青少年提供 CAD 课程，举办 CAD 建模大赛，同时还积极响应教育部产学合作项目，这有利于公司青少年、学生等早期用户的转化。

2. 安世亚太

研发信息化、工程仿真技术的软件服务商。安世亚太科技股份有限公司成立于2003年，长期致力于工程仿真技术研究及软件开发，有近二十年的仿真技术服务及大型工业软件开发经验和上万例的工业仿真设计实践，是第一家提出协同仿真理念的企业，是国内虚拟仿真及先进设计领域的知名企业，先后建立北京市综合仿真工程实验室、国家工业软件与先进设计研究院、北京市企业技术中心、北京市高精尖产业设计中心。安世亚太自主开发的工业软件分为工业仿真、精益研发、设计创新三个系列，拥有通用仿真软件（结构仿真、流体仿真、电磁仿真）、多学科优化软件、综合仿真平台、仿真APP开发平台、精益研发平台、知识工程平台、需求工程平台、软件工程平台等多款工业软件产品。同时，安世亚太应用云计算、大数据、人工智能等新技术，推出了仿真云平台，为国内各行业用户提供包括仿真建模引擎、仿真软件资源、高性能计算资源、仿真云桌面资源、仿真数据存储资源、各行业仿真APP、在线仿真咨询与技术支持、在线交易等在内的各类云仿真服务。

广泛的全球合作，长期开展仿真技术研究。作为国内知名工程仿真技术及软件服务商，安世亚太与ANSYS、CADFEM等多家仿真软件公司建立了战略合作伙伴关系，与全球10个国家30多家先进技术机构（公司）长期开展各种技术交流及技术合作。安世亚太自成立以来持续增加研发经费的投入，掌握了大量核心技术，在工程仿真领域有深厚的技术基础。通过近二十年的仿真技术服务及技术研究、上万例的工业仿真设计实践，安世亚太掌握了一百多个工业品仿真分析完整解决方案，涉及汽车、电子、兵器、压力容器、航空、航天、船舶、海洋工程、通用机械等多个行业。同时基于系统工程思想，结合多年在工业企业进行仿真技术服务、协同仿真平台建设的经验，提出了仿真能力体系建设方法论，已指导多家企业系统化地创建仿真体系，帮助大型企业提升仿真效益。

自主开发大型通用CAE软件。安世亚太凭借多年的技术积淀和资源优势，聚焦国内工业企业工程仿真的应用需求，自主开发了大型通用仿真软件PERA SIM。PERA SIM包括PERA SIM.Mech机械仿真、PERA SIM.Fluid

流体仿真及 PERA SIM.Emag 电磁仿真三大模块，能够提供结构、热、流体、电磁等学科的仿真计算能力。PERA SIM 基于插件架构，便于扩展，支持多种语言。软件具有完备的前后处理功能，提供能够支持结构、流体、电磁三种学科的统一交互界面及一致的交互方式，支持分布式并行计算，具有大型模型及复杂问题求解能力。PERA SIM.Mech 通用结构力学分析系统提供线性、非线性、静力、动力、热、热结构耦合等分析功能。PERA SIM.Fluid 通用流体仿真系统提供能够精确模拟日常遇到的各种工程流动问题的求解器，支持可压 / 不可压计算、传热计算、多相流计算。PERA SIM.Emag 通用低频电磁仿真系统提供二维 / 三维的静电场、直流电场、交流电场、电瞬态场、静磁场、涡流场、瞬态电磁场求解功能。

3. 苏州同元软控

系统级设计与仿真验证的工业软件、工程服务及解决方案供应商。苏州同元软控信息技术有限公司（简称同元软控）成立于 2008 年，是为装备制造业提供新一代系统级设计与仿真工业软件的高科技企业。同元软控的产品和服务已经广泛应用于航天、航空、核能、车辆、船舶、教育等行业，为大型飞机、航空发动机、空间站、嫦娥工程、火星探测、大型运载火箭、核能动力等重大型号工程提供了完全自主的系统级数字化设计与仿真平台和技术支撑。

高端切入，源头把握；基础创新，国际同步。在当前新一代产业革命时代，同元软控瞄准工业软件发展的新兴变革技术制高点，积极采用国际开放标准，直接从底层核心技术着手，始终对标国际水平，持续推动内核生长延伸。经过团队 20 年持续积累，12 年重点行业应用锤炼，全面掌握了自 CAD、CAE 之后的新一代数字化核心技术——多领域统一建模与仿真技术。采用国际多领域统一建模规范 Modelica，形成同元系统设计与仿真验证平台 MWorks，该平台支持基于模型的系统设计、仿真验证、模型集成、虚拟试验、运行维护以及协同研发。MWorks 是亚洲唯一完全自主的系统仿真软件，自主研发的内核是国际上六个商品化 Modelica 编译求解引擎之一，并已为国际知名汽车工业软件供应商提供内核授权，整体水平位居国际前列。

**拥有开放的系统数字化设计与仿真验证基础平台，提供数字化核心支持。系统设计与仿真验证平台 MWorks 经过持续开发，已形成一个基于标准的、开放扩展的系统数字化设计与仿真验证基础平台。基于这个开放平台，已实现或正在实现对一系列国内空白的设计仿真软件的替代，包括平台软件（系统仿真软件、科学工程计算与建模仿真软件等）、机械多体仿真分析软件、一维流体仿真分析软件、电气仿真分析软件等专业软件，以及航天、航空、核能、汽车等行业仿真软件。

（二）生产制造类

1. 浙江中控

具有完整自主知识产权的工业自动化企业。浙江中控技术股份有限公司（以下简称中控）是目前流程工业领域具有完整自主知识产权的工业自动化企业，国内千万吨级炼油、大型化肥等石化、化工行业的绝大多数控制系统项目都由中控完成了首台套应用。经过 27 年的积累，中控已经成为国内知名的自动化控制系统供应商。经过多年的研发创新，中控获得了国家科技进步奖 3 项，国家技术发明奖、省科技进步奖、中石化科技奖等多项荣誉。中控拥有国家认定企业技术中心、国家地方联合工程实验室等多个国家级研发机构。中控连续 18 年位居全国服务软件百强之列，同时成为国家首批 30 家服务型制造示范企业。多年的技术积累已使中控成为流程工业智能制造整体解决方案供应商，也是国内流程工业领域拥有工业大数据最多的企业之一。

完备的智能制造软硬件产品体系。中控由 DCS 等工控系统产品起家，对流程工业应用需求与客户痛点理解深刻。目前中控拥有自动化现场仪表、工业自动化控制系统、工业软件三大类产品，分别对应智能制造中的设备、单元、车间架构层级。其中，自动化现场仪表对生产过程的各种参数进行监测、反馈和处理，工业自动化控制系统指挥控制物理生产流程，工业软件优化生产计划和执行。完备的产品体系使得中控能满足下游不同客户的个性化需求，从而形成核心竞争力。

参与多个智能制造试点项目，应用经验丰富。中控近几年实施了一系列基础自动化平台＋智能制造新模式的典型项目，同时承担了众多化工、石化等行业的控制系统首台套应用任务，其中包括有机硅材料智能制造试点示范、石化智能工厂试点示范、大宗原料药及医药中间体智能制造新模式等 7 项工信部智能制造项目，为流程工业智能制造技术的全面推广应用奠定了基础。中控在 DCS 国内市场占有率达到 28.5%，排名第一；SIS 国内市场占有率为 22.4%，排名第二；APC 国内市场占有率为 27%，排名第一。与此同时，它牵头或参与了 2 项国际标准和 19 项国家标准，在工业自动化行业地位较高。

2. 和利时科技

自动化与信息化系统集成解决方案供应商。和利时始创于 1993 年，是中国自动化与信息化系统集成解决方案供应商、国家级企业技术中心、国家创新型企业、国家技术创新示范企业、国家首批智能制造试点示范企业，也是首批入选国家智能制造系统解决方案供应商推荐目录的公司。该公司业务聚焦于工业自动化、轨道交通自动化、医疗自动化三大业务板块。

拥有工业基因，坚持自主研发。真正的工业基因，让和利时智能稳步扎根工业自动化、工业安全、工业大数据领域。基于自动化技术基础，和利时从工业生产过程出发，拥有自下而上的构建。和利时自创立以来，坚持自主研发可靠、先进、易用的技术和产品，并提供一体化的解决方案和全生命周期服务。二十多年来，和利时在各个领域和行业积累了超过 12 000 家客户，累计成功实施了 30 000 多个控制系统项目。

做好战略布局，实现现有业务的"智能化"产业升级。该公司在 2018 年提出的"3+1+N"发展战略和 2019 年提出的"智能控制、智慧管理、自主可控、安全可信"战略方针指导下，结合自身在工业领域的优势，不断探索工业互联网、大数据、5G、边缘计算、信息安全等新一代技术与工业的深度融合，促进了智能制造解决方案的落地应用，实现了现有业务的"智能化"产业升级。

（三）运维服务类

1. 广州赛宝腾睿

装备综合保障研究与保障信息系统开发的服务商。广州赛宝腾睿信息科技有限公司专业从事装备综合保障研究及保障信息系统的开发与服务，致力于装备全寿命综合保障技术研究及保障信息系统的开发与技术服务，主要包含装备综合保障领域的相关综合保障方案规划、咨询、培训、软件研发、生产、系统集成、运维及现场技术服务等业务。

积累了丰富的行业知识和工程经验。广州赛宝腾睿信息科技有限公司通过在多个国家重大型号工程的成功实施及与相关工业部门大型研制厂所、部队的密切合作，在装备保障领域积累了丰富的行业知识和工程经验。合作客户覆盖航空、航天、船舶、电子、轨道交通、汽车等领域的300多家单位。

拥有一系列自主研发的综合保障软件平台产品。该公司以扎实的综合保障理论为基础，在跟踪国际、国内的先进标准的基础上，围绕装备综合保障要素，自主研发出了一系列综合保障软件平台产品，包括交互式电子技术手册编制软件（IETM）、训练保障系统（TSS）、故障预测与健康管理软件（PHM）、维修保障系统（MSS）、保障效能仿真与评估系统（LSEES）、供应保障系统（SSS）及便携式维修辅助设备（PMA）等。

2. 安徽容知日新

提供设备智能运维平台和设备预测性维护服务的知名企业。安徽容知日新科技股份有限公司2007年成立于合肥高新区，注册资本4114万元。容知日新公司是一家在工业装备预测性维护和设备管理智能化领域拥有核心技术和完整解决方案的高新技术企业，中国工业技术软件化产业联盟副理事长单位。容知日新公司一直致力于帮助企业实施设备运行管理的信息化和智能化，成为优秀的设备预测性维护服务及设备管理解决方案的提供商。容知日新的主营业务包括：设备智能运维解决方案、预测性维护解决方案、智能传感器、智能诊断分析软件、在线监测站、无线监测站、手持分析仪器等系列装备智能服务产品。

拥有全自主知识产权成套解决方案。容知日新公司开发了成熟的工业设备预测性维护与智能运维平台（RONDS EPM），该平台基于大数据平台架构设计，具备跨平台横向集成能力，支持设备状态和工艺数据（如DCS、SCADA和PLC系统）的同步接入、处理与数据共享，横向兼容其他工业客户管理信息系统。通过该平台可以实现设备状态的实时监测、异常报警、故障诊断、长周期设备健康状态评价，并基于设备运行状态安排一系列的检查维护工作流程管理，实现企业关键设备的预测性维护。经过多年发展，该公司在自制核心部件、数据采集和分析、智能算法模型、智能诊断平台和智能设备管理等方面不断创新，形成了具有自主知识产权的核心技术，拥有完整的产品体系。

积极抓住制造业智能化转型的契机。近年来，该公司积极抓住国家制造业智能化转型升级的契机，依托丰富的行业经验积累和较强的技术研发能力，不断丰富业务结构和产品类型，使得公司产品能够应用到更多的产业领域。其状态监测与故障诊断系统主要包括有线系统、无线系统、手持系统等多个类别，此外，还向客户销售 iEAM 软件、自制传感器和提供技术服务等，容知日新自主设计研发、生产和销售的状态监测与故障诊断系统已经成功应用于风电、石化、冶金等多个行业。

（四）经营管理类

1. 用友网络

国内 ERP 领域知名企业。用友网络科技股份有限公司诞生于 1988 年，始终坚持"用户之友、专业奋斗、持续创新"的核心价值观。近年来，用友形成了以用友企业云为核心，云服务、软件、金融服务融合发展的新战略布局。用友企业云的服务定位是数字企业智能服务，是我国综合型、融合化、生态式的企业云服务平台，服务企业的业务、金融和 IT 三位一体的创新发展，为企业提供云计算、平台、应用、数据、业务、知识、信息服务等多态融合的全新企业服务。用友企业云服务作为数字商业应用级基础设施，已为超过 522 万家企业与公共组织客户提供企业云服务，覆盖大中型企业和小微企业。同时，用友企业云服务作为企业服务产业的共创平台，将汇聚超过十万家的企业服务提供商，共同服务千万家企业与公共组织创新发展，推动中国数字经济与智慧社会的进步与发展。

3.0 战略优先布局，转型成果逐步显现。该公司在 1.0 时期实现了财务软件的普及，推动了中国的信息化；在 2.0 时期推进了 ERP 和管理软件的普及，实现了在亚太地区的领先；在 2019 年发布用友 3.0 战略，目标定于成为全球领先的平台型生态公司。用友网络在 3.0 战略的新时期，将形成以用友企业云服务为核心，云服务、软件、金融服务融合发展的新布局。2019 年用友网络实现营收 85.10 亿元，同比增长 10.46%，实现归属于上市公司股东的净利润 11.83 亿元，同比增长 93.26%，逐步显现出战略转型成果。

布局智能制造，服务产业升级。针对工业 4.0 和智能制造时代，用友网络为实现响应多品种小批量个性化定制和及时供应等需求，打造了用友制造执行系统（MES），服务对象定位于具备用友 NC-ERP 财务、供应链等系统的制造行业客户。同时，用友网络打造了全面一体化的智能制造解决方案，服务工业企业数智化转型与商业创新，包括精智工业大脑、制造中台、用友 PLM 等。用友网络是传统国产化 ERP 软件的龙头厂商，前瞻布局智能制造业务，有望与传统业务形成联动，在我国制造业数智化转型过程中充分受益。

2. 浪潮软件

中国企业管理软件与云服务厂商。浪潮集团是以服务器、软件为核心产品的企业，也是中国云计算、大数据服务商，迄今有 70 多年历史，始终致力于成为先进的信息科技产品和领先的解决方案服务商。2018 年位列中国企业 500 强第 207 位，为全球 120 个国家和地区提供产品与服务，同时拥有计算机信息系统集成特一级资质和 ITSS 一级资质。浪潮 ERP 被列入国家 863 计划"适合中国国情的 ERP 软件"中，浪潮 ERP、SCM、CRM 三个产品全部入选国家 863 计划。该公司率先推出大型财务管理软件，并定义"财务云"，软件过程能力通过 CMMI5 认证。

拥有大型企业数字化平台，行业和客户覆盖度较广。浪潮云 ERP 拥有大型企业数字化平台 GS Cloud、成长型企业新一代开源云 ERP PS Cloud、小微企业财税金融服务平台云会计，以及领域云（财务云、人力云、采购云、智能制造云、营销云、分析云等）、建筑云、粮企云等行业云产品。依托浪潮的技术能力和整合能力，加快推进云计算、大数据、物联网、人工智能、5G、区块链等技术与管理的融合，全面支持企业上云，以"体验、共享、智能、开放"理念为引领，推动企业管理变革和业务创新，加速数字化转型，打造云上未来企业。浪潮云 ERP"引领高端，专注行业"，在建筑、粮食、医药、快消品、装备制造、矿业、交通等行业应用占有率为第一位（由 CCID 发布），成功应用于中海油、中国移动、中国铝业、中储粮、国家开发投资公司、中国节能、中国有色、中国中车、中国中铁、中国铁建、中国交建、中国农发、中国电建、中国能建、中国铁塔等 38% 的国资企业，以及鲁花集团、深圳百果园、韵达快递、中通快递、方太、奥克斯等众多民营企业。秉承"以客户为关注焦点"的企业文化，构建了覆盖全国的服务网络，拥有超过 8000 人的营销服务队伍，利用现场服务、智能云服务等多种模式为客户提供一站式的服务体验。

提升平台生态能力，致力于成为"云 + 数"新型互联网企业。2019 年 3 月 31 日，浪潮在 2020 财年大会上发布了 2019 财年报告，并提出了 2020 新财年的战略目标：继续深化云计算战略 3.0，围绕"云数智"，提升平台生态能力，致力于成为"云 + 数 +AI"新型互联网企业。作为浪潮集团核心业务之一，浪潮云 ERP 将依托服务企业信息化 30 余年的实践经验，在更完整地满足企业数字化转型需求的同时，更好地让利合作伙伴，合作共赢。未来两年，浪潮将围绕 GS、PS Cloud、易云在线三大平台产品，聚合销售类、交付类、方案类、咨询类等多类型生态伙伴 2000 家，构筑面向大中小微企业的云 ERP 生态圈，为合作伙伴提供强有力的技术支撑、知识共享和最佳实践，共创共赢，构建平台生态利益共同体。

（五）新型架构类

1. 海尔数字科技

引入用户全流程参与体验的工业互联网平台。海尔数字科技有限公司属于海尔集团旗下全资高科技公司，承接国家"智能 +"和海尔集团物联网转型战略，建设运营有海尔集团自主产权的 COSMOPlat 工业互联网平台。该公司致力于通过 COSMOPlat 工业互联网平台将海尔 30 多年管理和制造技术经验及行业最佳实践进行云化、软化、产品化，来开放服务社会，通过咨询诊断、系统集成、智能改造、上云服务及新兴技术应用等手段为企业提供提质增效、资源优化配置、业务转型全场景服务，助力我国企业高质量转型升级。

深入研究新一代信息技术，助力产品应用。海尔数字科技有限公司积极在区块链、大数据、云计算等领域展开深入研究，为 COSMOPlat 平台构建了五大能力（灵活部署能力、数据分析能力、泛在物联能力、生态聚合能力、安全保障能力），使平台服务能力全覆盖。该公司推动新一代信息技术与制造业的深度融合，致力于成为世界领先的智能制造和大规模定制解决方案综合服务商，助力中国企业快速升级，为中国智造贡献一个世界级的工业互联网平台。

提供跨领域、跨行业的生态服务。海尔数字科技有限公司目前正在实施跨领域、跨行业的生态服务，横向（从生产、供应、销售等多个维度）为不同行业的企业实施数字化转型升级服务，纵向（从设备层、边缘层、平台层、应用层）提供设备物联、边缘计算、智能网关、大数据分析等技术服务。海尔数字科技在工业互联网平台应用层提供研发设计、采购供应、生产制造、企业管理、仓储物流、市场营销、技术创新、用户服务八大领域的一体化生态服务，每个领域一方面提供标准化定制化解决方案，一方面提供数字化系统。同时，在模具、机械、能源、服装、房车、建陶、农业、教育、医疗等十五个行业进行跨行业复制，为服务企业提供核心解决方案，预计可提升企业整体运营效率 5%～10%，可以带来数千亿的成本节约。

2. 北京索为系统

工业互联网 APP 赋能的工业互联网平台提供商。北京索为系统技术股份有限公司主要从事国内集成研发平台、工程中间件、工业软件平台、知识自动化、工业技术软件化相关领域，为制造业行业领先者提供以知识自动化为驱动的工业互联网、工业安卓平台及工业互联网 APP 开发运营服务。该公司成立于 2006 年 6 月，总部位于北京，在上海、西安、杭州、武汉、成都等地设有分支机构。公司现有 400 余人。其中硕士 86 人，博士 7 人，2 位海外高层次人才。注册资本 6156.7164 万元。

始终坚持自主创新、自主研发。北京索为系统自成立以来始终坚持自主创新，自主研发，努力打造该领域中强大的民族品牌。其核心产品 SYSWARE 工程中间件是完全基于自主知识产权的工业软件平台。基于 SYSWARE 工程中间件，以"知识自动化"为手段，打造"工业软件及硬件装备集成平台",推进工业技术软件化产业发展,帮助用户显著提高复杂产品研发的效率和质量,提升用户核心竞争力,保护用户知识产权,促进企业转型升级。

核心产品帮助客户提升研发效率和质量,助力企业智能化进展。SYSWARE研发设计平台首先对企业研发技术体系进行数字化表达和模型化,驱动各种软件、硬件和设备,从而完成原本需要人工完成的重复性工作,将人解放出来去做更具创造性的工作。其次它能够构建研发过程管控体系,管理产品设计迭代过程以及过程中产生的数据及其关系,实现设计过程可追溯。最后通过对企业历史数据和行为数据的深度挖掘,支撑研发智能化应用。

3. 山东山大华天软件

以 3D 为核心的智能制造软件服务商。山东山大华天软件有限公司成立于 1993 年。作为以 3D 为核心的智能制造软件服务商,华天软件拥有三维设计、智能管理、可视化三大技术平台和创新设计、卓越制造、智能供应链、数字化服务四大系列产品线,业务范围包括 PLM、PDM、CAPP、3D CAPP、CAD、CAM、MES、WMS、SRM、LES 等。华天软件建有山东省院士工作站、山东省三维 CAD/CAM 工程技术研究中心、山东省 PLM 工程技术研究中心,被多部委联合评价为"中国软件服务业企业信用评价 AAA 级信用企业",连续多年被国内权威信息化专业咨询机构 e-works 及 AMT 评价为"PLM 十大优秀本土供应商"及"PLM 领域十强软件商",是 PLM 领域核心厂商。华天软件在全国培育了千余家用户,形成多个汽车、模具、轴承、专用设备等竞争力的行业解决方案,软件产品广泛应用于汽车、模具、机械设计制造、航空航天,3D 技术在 3D 打印、数字化医疗、机器人、建筑 BIM、珠宝等领域发挥核心基础作用,并在北汽福田汽车、奇瑞汽车、潍柴动力、华晨汽车、江淮汽车、雷沃重工、小松(中国)、LYC 洛阳轴承、东风模具等行业内领军企业得到典型应用。

自主研发的完全基于云架构开发的三维 CAD 产品。CrownCAD 是山东华云三维科技有限公司(简称华云三维,由华天软件控股)自主研发的完全基于云架构开发的三维 CAD 产品。它是一款在线建模软件,主要应用于研发设计、协同制造环节,用户不需要安装桌面应用程序,在任意地点和设备上打开浏览器即可进行建模。CrownCAD 除了具备传统的数据转换、零件设计、装配、工程图等 CAD 软件功能外，还支持多用户在线协同设计、特征级细颗粒度的版本管理、项目分享、协同评审等，可极大地提升协同设计效率。其技术优势包括：完全自主的三维几何建模引擎 DGM，完全自主的二维、三维约束求解引擎 DCS，高效的参数化应用层机制，支持超大规模装配设计，先进的三维 CAD 云系统架构，能够在国产芯片和操作系统上运行。基于多年研发的自主"三维几何建模引擎"和"几何约束求解器"，云 CAD 产品自 2016 年开始研发，华云三维的成立加快了产品的研发步伐，CrownCAD 于 2020 年 4 月、7 月分别进行两轮全国上线公测，在业内引起了不错的反响。

华天软件数字工厂系统助企业转型智能制造。SVMAN-DF 是华天软件完全拥有自主知识产权的数字化工厂规划布局、三维展示、虚拟仿真的系统。SVMAN-DF 建立在数字化模型基础上，通过输入数字化工厂的各种制造资源、工艺数据、CAD 数据等建立离散化数学模型，在软件系统内进行各种数字仿真与分析。SVMAN-DF 可以直接与生产设备控制系统以及各种生产所需的工序、报表文件等进行集成，结合网络技术，拓展数字化工厂互联能力，实现虚拟仿真与真实生产的无缝链接，打造数字工厂。华天软件数字工厂系统基于华天软件的三维可视化技术（Sview）和知识管理平台（Inforcenter），结合石化企业实际生产运营的业务需求，整合企业知识数据，梳理公司业务流程，优化产业结构，将数据做一个逻辑性的关联和管理，把各系统之间的壁垒打破，取消信息孤岛，实现互联互通和业务的整合。华天软件将工业化和信息化深度融合，提高工厂自动化和信息化水平，打造属于石化企业的智能制造协同平台和数字化交付平台，提高企业工作效率，促进企业新旧动能转换，为未来知识大数据的积累和深度应用提供专业平台和技术支撑。

四、国产工业软件面临的问题

工业软件种类繁多、技术变革如火如荼、自主发展迫在眉睫。从发展的角度来看我国工业软件将面临以下挑战：

一是需要迎头赶上新一代数字化变革技术并解决传统研发设计工业软件基础薄弱问题，我国工业软件肩负着推动工业"数字化与自主化"发展的责任；

二是需要解决工业软件种类繁多与自主替代策略问题，要求工业软件从共性根基出发进行自主发展，在自顶向下集成模式之外更加强调工业软件自底向上的生长与生态模式。国产工业软件面临的具体问题主要体现在以下七个方面。

（一）国产工业软件缺乏体系化竞争力

国产工业软件缺乏体系化竞争力的原因主要有六点。

一是我国对工业软件和自身工业水平协调发展的重要性认识不到位。导致我们对标国外优秀企业的做法有偏差，盲目对标和跟随国外顶级软件，忽视了我国和欧美发达国家工业水平差距较大的客观现实，严重消耗了有限的经费与精力，却未能显著提升国产软件的实用性和竞争力。

二是我国软件开发商对国内工业企业"刚需"研究不够，脱离用户实际需求，导致产品和用户需求的脱节。反观国外优秀企业都是从工业企业的需求出发，在实践当中不断总结，只有这样，工业软件才会有持久的竞争力。

三是国外大型企业已经形成坚固的竞争壁垒，一方面，企业通过大量并购加速拓展产品线，逐步形成从研发设计、生产制造到运维管理的全产业链供应闭环，构筑进入壁垒，导致以点工具为主要发展模式的国内工业软件进入市场更加困难；另一方面，因用户路径依赖、转换成本巨大构成"锁定效应"壁垒，用户黏性较强。

四是我国贯穿整个制造业过程的生态化部署较少，为用户提供整体解决方案的能力弱，从而造成了"生态效应"壁垒。

五是缺乏统一的软件标准，用户企业的产业链上下游采购不同主流厂商的软件，数据格式、接口标准难以协同，即使通过中性 STEP 格式标准转换也存在重要特征信息丢失的问题，使得国产软件间无法形成合力，难以与国外一体化的平台软件相抗衡。

六是目前国内工业软件缺乏科学合理的价值评估和定价机制，软件价值导向得不到强化，且在招投标中盲目压价和低价择标的现象仍比较突出，恶性竞争影响了软件企业的持续发展。

(二）核心技术缺失，产品竞争力不足

与国外相比，国产工业软件核心技术掌握不足，产品在性能、功能模块数量、平台的稳定性上与国外软件存在较大差距，产品线的完善度不高，且在高端客户中的相关技术积累和市场占有率不占优势。例如，国内 CAX 软件厂商规模较小、研发能力有限，对关键核心技术研发缺少高额度持续性的资金投入，导致国内软件自主核心技术研发进展缓慢；EDA 软件则对先进工艺支撑能力弱，缺乏全流程的设计平台，与国外软件有较大差距；生产制造类软件面临的问题是，由于对特定行业的生产工艺和控制机理缺乏深入的研究，存在技术门槛，再加上产品技术水平偏低，产业规模未发展起来，达不到高端行业用户应用需求，导致国内产品线的完善度不高，产品化程度不够，尚不能为用户提供从基础控制、优化控制、生产管理到仿真测试的一站式解决方案；国内 ERP 软件在技术架构、业务模式分层设计、数据分析等方面与国外存在差距，并且软件业务模型积累较少，智能化应用水平有待提高，尤其是与大型企业合作较少，缺乏对大型企业的业务支撑，导致高端市场开拓受阻。

（三）工业软件人才短缺，师资流失严重

目前，我国面临着较为严重的工业软件人才短缺问题。

一是工业软件师资队伍严重不足，国内自主工业软件行业长期疲弱，国家支持政策缺乏良好的延续性，开展相关研究的骨干教师或转行或转而研究其他领域，使得教师资源流失严重，致使前人的研究束之高阁，出现较大的研究断层。

二是培养工业软件人才的专业设置偏差，绝大部分高校都没有工业软件专业。资深工控专家宋华振指出："大学培养的软件人才基本上都是计算机工程、软件工程专业培养的，缺乏工业基础，而工业软件一定是一个跨学科（包括数学、机械、电气传动与控制、工艺）的融合的应用方向，而我们可能懂软件又不懂工艺，懂工艺的完全不懂软件，懂电气的不懂工艺。"即使有少量高校开设了专门的工业软件专业，大多是挂靠在其他学院中，每年培养的高端工业软件人才数量屈指可数。

三是工业软件人才流失严重，一方面是前些年，国内还没有成熟的吸引人才的政策，大批的人才流向海外；另一方面是其他高薪产业对人才的虹吸效应，由于国内工业软件产业不成规模，工业软件人才的收入与国外有较大差距，金融和互联网等行业的虹吸效应凸显，造成高端人才大量流失。

（四）工业软件知识产权保护意识和力度不足

一是我国工业软件知识产权的保护力度不足。因知识产权保护力度不足，使得国内部分企业、高校和科研院所使用工业软件的成本近乎零。在不加管制的情况下，知名网站上堂而皇之地发布盗版软件销售广告，盗版软件挤压正版软件市场，特别是国产软件无法在市场中依靠性价比来赢得竞争优势，难以实现零的突破，难以起步和逐步发展。盗版软件扰乱了正常的市场机制，淡化了合理的为知识付费意识，破坏了良好的工业软件生态。

二是我国企业保护工业软件知识产权法制意识比较薄弱。很多企业还未清醒地意识到知识产权所能带来的相关权利与利益，也没有明确认识到私自使用和仿造他人产品将会承担的法律责任和财产损失。企业没有建立完善的知识产权管理体系，无法很好地应对工业软件创造、运用、保护、管理的需求。

三是有关部门打击盗版的力度不够。打击软件盗版，常常是"民不举，官不究"的状态，尚未形成常态，尚未与企业管理者的职责挂钩，也未从法律角度明确责罚尺度。企业使用盗版软件貌似省掉了自己的一些软件购置费，但是盗版软件造成自主工业软件难以发展，国外工业软件价格高昂，公平竞争的市场完全失序。最终，其他企业不得不购买国外工业软件所付出的高昂成本，都会平摊在社会性的物料流动、工业成品和相关服务中。使用盗版软件的企业，不仅最终会付出平摊成本，而且还随时面临因侵犯他人知识产权而高额罚款的风险。最重要的是，使用盗版软件基本上等于打击、压制自主软件。

（五）落后的意识观念和信息化程度延缓了产业发展

一是过去我国的信息化、数字化建设有"重硬轻软"的问题。以研发投入为例，根据 Gartner 的数据，2019 年全球 3.8 万亿美元的 IT 支出中有 4310 亿美元为软件支出，占比约为 11%；而中国 2019 年 2.9 万亿元的 IT 支出中有 878 亿元为软件支出，占比仅为 3%，远远低于全球平均水平。

二是国内厂商设备信息化程度低，数据采集困难，抑制国内工业软件需求。以 SCADA 软件为例，此类软件市场前景广阔，但国内厂商设备信息化程度低或产线由"万国"牌设备组装而成，导致数据采集困难，维保难度大，使国内的需求未得到充分发掘。

三是我国过去对发展自主可控工业软件重视程度不足。工业软件是工业技术和信息技术的结合体，汇集了工业生产过程中关键技术、流程、知识、工艺及数据。过去几十年，我国工业企业广泛应用国外软件，长期忽略对我国工业化进程中产生的许多核心技术、知识经验和工艺数据的有效积累和沉淀，导致优质的工业软件企业缺失。

（六）工业软件和工业深度融合不足

一是工业基础薄弱带来的"累积效应"。围绕信息化和工业化所建设的基础要素，是工业赖以生存的基础。但我国因为历史原因，在基础零部件、元器件、基础材料、基础制造装备和检测设备、技术研发和技术创新体系、教育和人才、基础的环境政策等工业基础领域相对薄弱。然而累积效应又进一步放大了工业基础薄弱对工业软件发展的影响。

二是国内工业软件与工业应用需求结合不紧密，难以满足复杂多变的工业实际业务与特定场景需求。国产工业软件产品的成熟度、适用度、稳定性、兼容性等与国外同类产品相比差距较大，算法模型不精确，人机界面不友好，与国外工业软件全系统、全流程、全生命周期的服务能力相比，大多数国内软件企业仅能满足个别阶段、个别层级的简单业务场景需求，尚未形成体系化的软件产品和服务能力，极大影响了制造企业用户对国产软件及产品品牌的接受度和发展信心。

三是国内软件企业和工业企业缺乏紧密联合机制，国内软件产业化和商业化受阻。应用单位认为国产软件不够成熟，导致不愿意使用国产软件，国产软件缺少在应用单位迭代优化成熟的机会，这形成了恶性循环。国企是我国工业软件的主要用户，迫于考核指标的压力，国企对于使用国产工业软件非常谨慎，无形中压缩了国产软件成长迭代的空间。国家资金大部分流入国内代理商和国外软件供应商，自主研发企业生存艰辛。

（七）工业软件的生态环境较差

工业软件的发展需要良好的生态环境。但是恰恰是在生态环境上，工业软件遇到了很大的问题。

一是工业软件在企业中无法作为固定资产。在现行企业的财务制度中，不管花多少钱购入工业软件，都无法将其做成企业的固定资产。因此有的企业只好打擦边球，把工业软件的光盘作为固定资产。

二是因为工业软件不能作为固定资产，因此不能作价为实质性抵押物，既难获银行贷款支持，也难以在投融资过程中清晰计价。

三是对数字资产，特别是对工业软件生成的数字资产无法认定价值，因此在数字资产的存储、管理、交易上都存在国有资产流失的重大漏洞。

四是相关管理部门对工业软件的技术生态认知不够，往往认为抓自主工业软件聚焦于工业软件本身即可，但是极易忽略工业软件生存所依赖的图形引擎、约束求解器、数学算法、材料知识库、图形交互界面、数据转换标准、软件开发语言甚至软件编译器等，这些都是工业软件生存的必备条件。

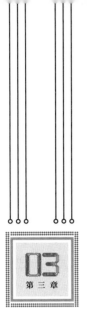

国外工业软件产业发展研究

一、发达国家工业软件产业发展经验研究

近年，欧美发达国家将"掌握最先进的制造业核心软件"视为保证本国制造业"持续掌控全球产业布局主导权"的必要条件。随着工业互联网平台的兴起，新型工业软件再度成为发达国家争夺的战略高地。欧美国家积极布局科技前沿技术，如美国的电子复兴计划中涉及 EDA（电子设计自动化）软件，许多欧洲国家都有国家项目来支持信息和通信技术（ICT）、纳米技术、嵌入式系统、高级计算和软件技术等领域研发，这些领域都和工业软件密切相关。以 IEEE（电气和电子工程师协会）为代表的国际行业协会类的组织，对全球工业软件的应用验证起到巨大作用，出台各种标准应用验证案例，成为国际先进工业软件的对标对象。研究欧美发达国家的相关战略、政策，可为国内工业软件企业发展提供借鉴。

(一) 美国

1. 国家战略层面高度重视

2009 年美国"竞争力委员会"白皮书《美国制造业——依靠建模和模拟保持全球领导地位》，将建模、模拟和分析的高性能计算，视为维系美国制造业竞争力战略的王牌。2010 年美国政府签署规模为 170 亿美元的《美国制造业促进法案》。2011 年美国推出高端制造合作伙伴计划 AMP，重构先进制造发展理念，重点发展三大领域：开发面向复杂系统的设计工具、开发模块化制造设备、开放式参与平台，三者都围绕数值模拟技术的软件工具和软件应用平台。2014 年 2 月，美国政府在伊利诺伊州芝加哥建立"数字化制造与设计创新研究所"（DMDII），旨在进行数字化设计、工程和制造等过程的技术和流程研发与应用，推动数字化建模和仿真等工业软件技术发展。将工业软件发展上升为国家战略是美国工业软件产业得以快速发展的根本所在。

2. 国家和军工企业持续提供强大支持

美国政府和具有雄厚财力的军工企业对工业软件企业大力支持。在国防军工企业充足经费的支持下，开发工业软件的军工企业，通过并购、国际化路线，逐步发展为成熟的市场化企业。工业软件企业发展壮大后，军方依然继续毫不动摇地支持工业软件的发展。2018 年 7 月，美国国防高级研究计划局（DARPA）"电子复兴计划"（ERI）所公开的五年项目中，EDA 软件获得了同级项目中最多的资金支持。EDA 巨头铿腾电子（Cadence Design Systems），一年研发投入近 60 亿元，依然享受高额政府支持，开展面向未来的创新设计。美国国家航空航天局（NASA）联合 GE、普惠等公司，20 年间不断研发 NPSS 软件，内嵌大量发动机设计知识、方法和技术参数。从 2009 年起，NASA 通过各种形式向工业界转化了 5000 多个软件项目，取得了显著成效。

3. 产学研用的完善机制提供了工业软件研发和商业化的良好土壤

工业软件的最大价值在于其背后的工业知识，是工业的精髓，是企业不想说出来的秘密。描述这些问题，必须借助于数学方程、物理方法和化学方程等进行联合求解,以及对复杂边界条件的简化等。正是这种过于数学化的要求,一般企业很难把自己的知识变成软件,它需要企业自身有工程知识软件化的能力。美国完善的产学研用的机制很好地契合了工业软件这方面的需求。美国政府投入经费,扶持高校、研究院的基础研究,市场应用方也一直参与基础研究。项目验收后,经过持续的经费投入和更多应用方的加入,研究成果最终走向商业化。工业软件通过课堂、实验室和重大工程应用等方式推广,从而建立良性生态。

例如,Aspen Plus 是一款面向流程行业的流程模拟与优化软件。在 20 世纪 70 年代后期,由于石油危机引发了整个流程行业对提升效率的迫切需求。随即美国能源部委托麻省理工学院开发新型流程模拟软件,项目名称是"过程工程的先进系统"(Advanced System for Process Engineering,ASPEN)。时至今日,Aspen Plus 软件仍旧广泛用于国内外石化行业。由此可见,激活大学的机理研究优势,并与工程应用相结合,是美国工业软件繁荣的一个很重要的路径。

4. 知识产权政策法规的底层支持

美国不仅开创了集成电路产业和软件产业,而且一手构建了全球集成电路和软件知识产权体系。软件产业的知识产权问题一直是困扰专利界和产业界的难题。过去软件专利常常被理解为一种程序代码或是思维方式,而根据各个国家的专利法规定,人的思想活动是不能被授予专利权的。美国作为软件产业的第一大国,缺少知识产权保护将会极大影响美国企业的利益,于是美国在制度上进行了改革,在 1996 年率先发布了《计算机相关发明的审查指南》,开启了软件专利的保护时代。美国正是通过不断地调整知识产权政策与美国集成电路和软件等优势产业的适配,来实现知识产权制度和优势产业发展的双重引领。在此过程中,专利和商业秘密发挥了重要的作用。

(二)欧洲

1. 制定宏观战略规划,发布系列政策措施

2013 年德国《高技术战略 2020》确定"工业 4.0"为未来十大项目之

一。近年来，为鼓励工业软件产业发展，德国政府从不同层面出台了一系列政策措施，包括：《信息通讯技术2020——为创新而科研》规划、《21世纪信息社会中的创新和就业岗位》行动方案、《信息社会德国2010》行动方案、《中小企业信息通讯科技创新攻势》鼓励措施等。其中，《信息通讯技术2020——为创新而科研》规划旨在支持德国IT产业加速发展，其特点是通过发挥政策、科研推动和市场拉动的合力，设置开放式课题逐一完成工业软件等信息技术产业领域的创新项目和科技成果转化。该规划执行期为十年，其中2007年至2011年期间预算约为32亿欧元，平均每年6.5亿欧元。电子学与微系统研究、软件系统与知识加工、通信技术与网络这3个基础科研领域受到重点扶持。

在法国，软件产业被认为是国家经济的"火车头"。从2000年开始，法国政府就比较重视软件的研究与开发工作，并将软件课题列为国家关键技术项目，这使得法国软件产业发展较快。法国政府对软件领域研究和创新的支持政策由两大部分组成。其一，积极参与欧盟框架研究计划下的信息科技计划（IST）和尤里卡框架下的ITEA计划。其二，利用国家软件技术研究创新网。国家软件技术研究创新网的工作重点是：开发未来的软件元件技术和集成技术，依靠互联网拓展工业和商业信息系统，利用丰富的多媒体信息实现交互作用，为开发新工具提出新概念、新设计，用嵌入式软件来增强工具和软件的功能。

2. 建立完整的现代工业体系，牵头起草相关标准体系

早在20世纪末，欧洲在全球就率先建立了较为完整的工业体系，并通过与发达国家的合作使之不断强化。随着计算机技术的发展，无论是在设计研发还是企业经营决策、生产过程管理和控制等领域，欧洲逐渐成为全球工业软件领域核心技术和标准的主要制定者。生产制造与工业软件二者之间的相互促进支撑起欧洲高度发达的现代工业体系，也孕育出了西门子、思爱普、达索系统、ABB等多家国际知名工业软件企业。

例如在系统仿真领域，欧洲所构建的Modelica技术体系与模型标准，基于FMU/FMI机电一体化设计的标准与接口，让不同国家的建模仿真软件可以实现协同仿真。例如机械、电气控制与传动、安全、工艺类软件可以协

同起来为机器与产线进行整体的联合仿真。

3. 立法经济移民，储备技术人才

欧洲委员会 2007 年 10 月 23 日于布鲁塞尔通过了两项有关经济移民的立法议案，提出设立欧盟新居留证计划。该计划推出了与美国的永久居留证"绿卡"相竞争的"蓝卡"，旨在使欧洲对高技术移民更具吸引力，并且加强对合法居住和工作的移民的保护。"蓝卡"持有者可在欧盟 27 个成员国就业，无须分别向各国申请签证及工作和居住许可。根据这项计划，"蓝卡"有效期最长为 4 年，持有者在欧盟工作期间所享受福利待遇与欧盟居民相当，其家人也能前往欧洲生活。这一计划成功缩减雇工手续，吸引更多外来技术人才，帮助欧盟突破人才短缺瓶颈。

4. 高等教育与产业紧密结合，打造复合型人才

法国、德国等发达国家拥有较完善的教育系统，其教育系统与工业有着紧密的联系和合作，以创造性、实用性和开拓性著称。除了政府以科研和教育为核心推动社会向知识型社会转型的政策指引，高校在设计课程时，也会主动与当地产业界沟通，了解后者的业务发展方向和人才需求，从而使学校教育最大程度符合产业界的需要。学校的就业办公室与各企业的人力资源部门和技术部门保持密切来往，并合作举办产学交流会和毕业生企业见面会。

培养人才是德国实施"工业 4.0"的重要环节，也是企业发展的核心要素。"工业 4.0"战略实施中，数字化的日益普及极大地改变了现有生产内容与工艺流程，并对劳动者知识技能和工作习惯提出新的要求。实施"工业 4.0"战略之后，工业技师需要更强的协调和领导能力，德国技师培训进行了相应变革，重点培养工业技师生产流程优化、新产品研发成本评估、企业人员规划及培训等能力。人才培养团队围绕智能制造趋势，结合自身实践，针对如何建立属于自己的创新体系，重组学校、科研院所、生产企业，在交叉融合领域的组织体系和运行机制等议题进行深入讨论，注重将员工个人发展目标和企业商业目标进行深度融合，切实提升培训的针对性和有效性。

二、国外典型工业软件企业发展经验研究

我国工业软件存在明显短板,其中一个突出表现就是国内工业软件企业弱、小、散,缺乏优秀的大型工业软件企业,然而优秀的工业软件产品必诞生于优秀的工业软件企业。欧美引领全球工业软件技术和产业发展方向,主要依靠的就是一批以达索系统、西门子、参数技术公司、思爱普为代表的全球领先的工业软件企业。研究这些公司,梳理分析其发展路径、模式、亮点,可为国内工业软件企业发展提供借鉴。

(一)达索系统公司(Dassault Systemes)

达索系统于 1981 年从法国达索航空公司独立出来正式成立。达索系统主要从事 3D 设计软件、3D 数字化实体模型和 PLM 解决方案业务,为航空、汽车、机械、电子等各行业提供软件系统服务及技术支持。达索系统开发的 CATIA 是世界知名的 CAD/CAE/CAM 一体化软件,在航空、航天、汽车、机械等领域一直居于统治地位。

1. 具备强大的工业基础支撑

工业软件的本质是"工业之魂",强大的工业软件必然需要强大的工业支撑,达索系统的发展过程印证了这一点。达索系统发展独立于法国达索航空公司,达索航空之前打下的工业基础都成为达索系统在 20 世纪工业软件发展的基石。"工业软件是用出来的",CATIA 诞生于幻影飞机研制过程中,并一直在达索航空的主导下发展,达索航空既是需求提供者、使用者,也是开发者。达索系统是从达索航空这样一家高端制造企业分离出来的工业软件公司,天生自带"工业基因"。工业软件的研发需要大量的资金与各种资源投入,达索系统背靠达索航空,有着丰富的资金资源与工业人才资源基础。这些为 CATIA 与达索系统的初期发展提供了良好的基础。

2. 通过并购快速完善纵深的产品线与横向的战略布局。

并购是达索系统壮大过程中非常重要的一环。达索系统的并购不是盲目进行的,而是根据自身的战略推进,通过并购快速完善了纵深的产品线与

横向的战略布局。达索系统的并购从早期的单纯的三维 CAD 设计走向三维 CAD/CAM/CAPP 设计制造一体化，从单纯设计软件走向设计和管理 CAD/CAM/CAPP/PLM 一体化软件，从三维结构设计走向结构、功能性能（CAE）及系统行为（系统仿真）多维度设计与仿真一体化平台，进一步发展为全流程（CAD/CAE/CAM/CAPP/PLM）、全系统（CAE 部件仿真 /Dymola 系统仿真 /MagicDraw 系统设计）、全领域（CAD/CAE/ 系统模型库）的研发管理一体化和虚实融合一体化的全生命周期数字化、网络化协同研发与管理平台。达索系统在每一次并购之后，都会在一段时间内保持品牌的独立运营。通过一定时间的磨合，待时机成熟便开展多系统整合。

3. 通过平台建立"点、线、面、体"的生态

达索系统在功能覆盖、技术、客户支持、研究或销售方面，不仅使用自己的资源，而且进行充分的外部资源扩展并加强优势，逐步与数百个合作伙伴建立了生态系统。

在技术产品方面，达索系统遵循"封闭与开放并重"的发展路径。一方面，达索系统通过持续的技术研发与并购建立起完整的产品体系，对于核心技术、要素和环节，达索系统坚持自有。另一方面，达索系统遵循开放理念，达索系统的 3D EXPERIENCE 将自己定位为平台，其软件平台并不排斥其他软件，而是让其他软件都可以在达索系统打造的环境中运作。以 SIMILIA 为例，其对数据流程的管理在整个环境上都是开放式的，让其他竞争对手都能够参与技术的融合和社交协同的融合。因此，达索系统通过提供平台，并基于该平台将每个合作伙伴和用户"串"在一起，从而形成共赢的价值链。

在营销路径方面，达索系统售前借助 IBM 庞大的渠道营销网络，售后由 IBM 提供技术支持与服务。这些合作为达索系统的发展壮大发挥了不可替代的作用，是其发展的基本动力之一。

在推广路径方面，达索系统的产品除了用于达索航空公司，还销售给其他飞机制造商。其中与波音公司的合作堪称互相成就的典范，波音在大型制造业中将达索系统的最新产品进行创新应用，建立示范标杆，营造了达索系统在业界的影响力。通过各种方式，达索系统和众多跨行业的合作伙伴形成

生态圈，相互之间有交流、有沟通、有协作，通过平台建立"点、线、面、体"的生态。

（二）西门子股份公司（Siemens）

西门子创立于1847年，是专注于电气化、自动化和数字化领域的全球领先企业。西门子不断收购工业领域的软件企业，成为欧洲第一大软件企业，全球前三的工业软件企业，拥有最广泛的工业软件和服务组合。

1. 通过与战略匹配的多项收购活动完成进阶与转型

西门子的软件收购经历了三大阶段——MES、数字工厂、工业云与大数据。进入新的阶段后收购的层次会更加丰富，与战略匹配，收购思路升级也和工业软件的发展趋势相匹配。

2001年开始，西门子收购了主要提供工业过程优化、咨询和其他工厂服务的巴西化学技术集团，还收购了一系列包括Indx软件、PTI、Myrio、英国邵氏集团、UGS集团等软件和工程服务企业。2001年，收购MES厂商ORSI。2003年，收购食品行业MES厂商Compex。2006年，收购石油化工行业MES厂商Berwanger。2007年，以35亿美元收购工业软件公司UGS，由此获得3D设计软件UG-NX、产品生命周期管理软件Teamcenter、数字化工厂装配系统Tecnomatix，成立西门子PLM软件（Siemens PLM Software）事业部，成为西门子数字化的重要力量。2008年，收购Innotec，增强虚拟工厂建设能力。2008年10月，西门子收购涉及整个产品生命周期的COMOS软件，帮助工业企业优化工程设计流程、缩短流程运行时间以及建立高效的工厂管理。2009年，收购生物和制药行业MES厂商Elan Software System。2010年，整合Simatic IT；同年，推出TIA博途。

2011年开始，西门子收购了LMS、Mentor、Mendix、J2等一大堆大大小小的工业软件、工程服务或智能创新公司，加上其原有的UGS、邵氏等软件及工程服务业务，从而转向向工业提供自动化和数字化领域的解决方案和服务。其中具有里程碑意义的是西门子在2018年AWS上发布的MindSphere3.0——开放式物联网操作系统云平台。在GE准备出售Predix业务时，西门子的MindSphere平台则在工业界取得了一定的成功。2018年

8月，西门子收购云原生低代码应用开发领域的先驱和领导者 Mendix 公司，进一步扩大西门子在工业数字化领域的领先地位。

2. 果断削减核心业务转移发展重心

西门子通过剥离其核心业务和对核心部门的裁员来转移其发展重心。2005年西门子向明基出售手机制造业务，并于2011年将西门子通信子公司出售给诺基亚，从而彻底退出电信市场，这个阶段西门子向数字化硬件设备进行了转型。2009年向富士通出售了计算机业务，2010年年底西门子向 Atos 出售了其 IT 解决方案，从而基本退出了 IT 市场，这个阶段西门子退出数字化硬件设备制造，从而转向数字化软件和服务领域。2007年西门子剥离了汽车业务，2013年又削减了照明业务，并对电力和天然气部门进行裁员。2014年西门子相继将若干核心业务进行重组、分拆和剥离，彻底重新构建西门子业务系统。西门子以数字化为重要发展方向，剥离核心业务，成功向数字化企业转型。

3. 建立了完善的知识产权管理体系，为技术研发和应用提供支撑

西门子是一家以技术起家，至今已有170多年历史的跨国公司，它始终将知识和技术作为企业的核心竞争力来源，高度重视知识产权管理。西门子采取了集中统一知识产权管理模式，然而在公司内部，西门子采取了集团共享知识产权模式。无论是西门子中央研究院，还是各个事业部创造和申请的知识产权，集团内各业务领域都可以免费使用。这种共享模式消除了利益分割，大大提高了知识产权在公司内部的使用效率。尤其是基础性的共性技术，同一项专利往往可以在多个业务领域或事业部使用，通过集团共享无疑有助于加速知识成果的有效转化。西门子选准关键技术领域，有策略、有计划地发展这些领域的知识产权，从新技术和新产品研发早期阶段就开始谋划准备，占据了技术创新盈利的好位置，为公司的发展培育核心竞争力。

（三）参数技术公司（PTC）

美国参数技术公司（PTC）于1985年成立，公司总部位于美国马萨诸塞州。1989年，PTC 在纳斯达克上市，当前市值441亿美元。PTC 是一家全

球性的软件和服务公司,不仅是三维设计软件巨头,其 ThingWorx 也是当前领先的工业物联网平台。PTC 公司联合合作伙伴,致力于促进工业、电子等行业和其他公司数字化转型。

1. 发展战略与制造业发展一脉相承

PTC 根据制造业发展趋势,积极调整企业的转型方向。PTC 从最初的 CAD 软件 Pro/Engineer(后发展为 ProE/Creo)开始,不断完善产品数据管理能力,形成产品全生命周期管理解决方案。随着越来越多的制造业企业开始服务化转型,又形成了服务全生命周期管理解决方案。近年来,制造业产品形态发生变化,产品变得越来越智能,软件在产品中的比例越来越高,PTC 形成了产品智能化应用全生命周期管理解决方案。在"互联网+物联网"快速发展的新形势下,又形成了 PTC 物联网解决方案,积极进入物联网行业,除了提供物联网平台,还进行了物联网和传统企业内部系统整合。PTC 通过收购一些企业形成大数据分析平台;通过收购 VR 企业,形成增强现实整体解决方案。PTC 的发展战略根据制造业的发展趋势不断调整。

2. 专注创新协同发展

PTC 自 1985 年成立以来,不断推出新产品、新技术、新理念。每一次的突破和创新,都是 PTC 概念转移和理念提升的结果。20 世纪末到 21 世纪初,PTC 为 CAD 领域的发展做出了极大的努力。PTC 最早推出的三维设计软件 Pro/Engineer,引领了全球三维 CAD 领域的一场革命。20 世纪 90 年代末,PTC 推出了 Windchill 产品数据管理平台,使企业能够真正提高创新的效率。21 世纪初,PTC 推出 Windchill ProductPoint 解决方案,支持团队间共享 CAD 和其他结构化数据。

作为一个注重开放协同的企业,PTC 还通过收购一系列企业,整合并扩大 PTC 的解决方案。2018 年,PTC 收购增强现实(AR)领域的初创公司 Waypoint Labs,为工业设施提供实时的交互式培训环境,增强在工业 AR 的能力,通过 AR 编程推进价值驱动的 AR 体验。2018 年,PTC 收购创成式设计公司 Frustum,在其核心 CAD 软件产品组合中添加 Frustum 的 AI 驱动的生成设计工具,向智能设计软件演进,提升其 CAD 的竞争力。除此之外，PTC 与 ANSYS 战略合作，发布 Creo Simulation Live，旨在帮助设计师利用 ANSYS 的技术快速获得仿真结果洞察，加速产品迭代创新。这系列收购与战略合作是 PTC 应对 CAD 与 CAE 的日渐一体化趋势，加强开放合作，在 CAD 领域做强以及扩展 CAD 应用前景与范围的战略体现。

在 PTC 所规划的未来愿景中，能够为已有和潜在用户提供从本地端到云端的全套解决方案是其重要的商业目标，云端 SaaS 是 PTC 坚信的未来趋势和发展理念。基于这种理念和规划，PTC 在 2019 年 10 月 23 日花费 4.7 亿美元完成了对第一家云 CAD 软件与数据管理和协作 SaaS 平台供应商 Onshape 的收购，2020 年 12 月 14 日又宣布以 7.15 亿美元现金收购了云 PLM 供应商 Arena Solutions，完成了对 SaaS PLM 的扩展。归根结底，PTC 所做的投资是因为它们希望充分发挥 Onshape 和 Arena Solutions 在云端强大的优势和做好两者的整合，有能力提供 CAD 和 PLM 相结合的云端 SaaS 服务，从而成为行业的领导者。

3. 强调精益产品开发和统一平台

PTC 提供 PLM、CAD、ALM、SCM 和 SLM 等解决方案，完整覆盖整个产品和服务生命周期。PTC 的 PLM 技术发展战略致力于产品研发流程效率的提升，强调精益产品开发和统一平台，公司提出的单一数据库、参数化、基于特征、全相关性及工程数据再利用等概念，可让所有的用户同时进行同一产品的设计制造工作，实现并行工程。同时，PTC 公司将 PLM 的概念拓展到动态出版和工程计算的管理，这些技术创新（参数化建模）实现了对传统行业的颠覆，引起机械 CAD/CAM/CAE 界的极大震动，这是 PTC 公司不断发展壮大的核心因素。

（四）思爱普股份公司（SAP）

思爱普股份公司（SAP）成立于 1972 年，是一家总部位于德国沃尔多夫的全球性软件公司。SAP 于 1988 年 10 月在德国法兰克福证券交易所上市，1998 年 8 月在纽约证券交易所上市。SAP 在企业资源计划（ERP）、分析、供应链管理、人力资本管理、体验管理和客户体验等方面的市场份额全球领先。

1. 内生研发和外延并购双管齐下，完善产业布局

SAP 注重研发投入。2019 年，SAP 在研究与开发方面的投入超过 43 亿欧元，占总收入的 15.5%，拥有 27 634 名研发人员（截至 2019 年 12 月 31 日），占全体员工总数的 27.5%。全球拥有 20 个 SAP 开发中心（SAP 研究院），17 个联合创新研究院和 5 个 SAP 创新网络所在地。但值得注意的是，SAP 的核心云 ERP 均为自研，比如 S/4HANA Cloud、Business ByDesign（中小型企业云 ERP）、Business One Cloud（小型企业云 ERP）。

并购是 SAP 快速成长的助推器。SAP 在云服务产品线中，主要通过业务并购促进细分领域云化进程，在人力、CRM、SCM 等领域都进行了大量收购。人力领域内，2011 年，SAP 以 35 亿美元并购 HCM 领域龙头 SuccessFactors，完善人力资源云业务，SuccessFactors 在全球 177 个国家及地区拥有 6900 多家客户，其核心业务年增长率达到 51%。供应链领域内，2012 年，SAP 以 43 亿美元并购世界第二大云计算供应商 Ariba，完善供应链云业务，Ariba 是基于云计算商务协作应用领域中的领军企业。财务领域内，SAP 于 2014 年以 83 亿美元并购 Concur 后，拥有了全球最大商务网络，每年将完成 6000 多亿美元的交易，在 25 个以上行业中实现无缝商务交易。CRM 领域内，2018 年，SAP 分别以 24 亿美元和 80 亿美元并购了 Callidus 和 Qualtrics。Callidus 拥有云计算的 Lead to Cash 套件，其 CPQ 和 SPM 应用可填补 SAP CX 产品组合的空白，有利于 SAP 与 Salesforce 展开竞争；Qualtrics 是全球前三大在线调查服务公司之一，收购 Qualtrics 后，SAP 企业运营数据与 Qualtrics 人员体验数据相结合，可以为 SAP 云平台和人工智能平台提供更多数据资源。平台产品线中，在 2008 年至 2010 年，SAP 分别以 68 亿美元和 58 亿美元并购商业分析软件领导者 BusinessObjects 和传统数据库厂商 Sybase，进一步强化 SAP 体系。

2. 把握发展趋势，ERP 积极向云化和数字化转型

传统产业运用云计算技术推动新旧动能转换和数字化转型成为当下热点，包括大型企业、集团型企业的企业服务都会走向"云"。服务于企业数字化转型的中坚力量 ERP 软件也在向云化转型，并实现了云业务的快速增

长。ERP 软件的云化已经是大势所趋，SAP 及时推出自己的云 ERP 产品。SAP 传统的本地部署 ERP 版本为每年发布一次，而 SAP S/4HANA 云版本则每季度发布一次。以每 3 个月为周期进行版本更迭，能够确保 ERP 软件中引入最先进的技术和全球最佳实践，以第一时间为客户所用，帮助客户成为智能企业。2020 年 6 月，SAP 正式发布"Industry4.Now"重点战略，通过全面链接"从设计到运维"和"从设计到消费"的 SAP 数字化供应链解决方案，帮助客户并简化在工业 4.0、智能制造、工业互联网领域的数字化转型升级。未来，SAP 总体发展战略是从 ERP 供应商转变成为 NRP（网络资源规划）供应商。

3. 注重和高新科技的融合

平台产品线中，SAP PaaS 平台融合了先进的科技，包括区块链、人工智能、机器学习、大数据（HANA）、物联网（Leonardo）、商业智能平台（SAP Analytics Cloud）等。通过一体化集成，能够把底层所有与物相关的数据，与企业的经营管理无缝集成，实现数据的自上到下的完整贯通，赋能企业的业务数字化智能。2008 年，SAP 并购商业分析软件领导者 BusinessObjects，实现旗下 ERP 产品与商业智能分析的有效融合。

（五）其他企业

1. 欧特克适时调整发展战略

20 世纪 90 年代，欧特克（Autodesk）实施多元化产品战略。一是推广应用 AutoCAD。将 AutoCAD 软件产品定位改为面向中低端市场，扩大用户群。二是完成了产品线多元化变革。欧特克的产品扩展到建筑设计软件、地理信息系统软件、制造业软件、数字媒体以及无线数据服务等方面。三是选择 3D 技术发展路线。1996 年，欧特克战略性地投入 3D 产品，摆脱了对二维产品的过分依赖，并突破了建筑和工程领域，延伸到人们生活中的各个方面。21 世纪以来，欧特克敏锐把握云计算和移动技术的新机遇，大量投入"云"基础设施和移动相关领域，陆续推出多款移动设备的设计软件，如 2009 年发布的 SketchBook Mobile 和 2010 年发布的 AutoCAD WS 等产品。

2011年，欧特克推出了 Autodesk PLM 360，以应用云计算技术对产品生命周期管理进行了全新构想。随后，又推出新一代建筑信息模型（BIM）解决方案 Autodesk BIM 360，彻底改变建筑和基础设施业主、设计师、工程师及承包商的设计、共享和使用项目信息的方式。欧特克积极进入消费者领域，SketchBook、123D Family 等消费类服务产品重塑了其品牌定位。

2. 借助并购壮大市场规模，提升竞争力

国外工业软件巨头都经历了数十次的并购重组后发展壮大，无一例外。除了达索系统、西门子和 PTC，其他公司遵循相似的路径，例如欧特克公司近年来并购了注塑仿真主流软件（Moldflow）、模具行业主流 CAD/CAM 软件（Delcam）、工厂设计软件（Navidworks）、概念设计软件（Alias）等主流软件。计量设备和质量管理领域的领导厂商海克斯康（Hexagon AB）也并购了包括 MSC Software（CAE 软件老牌劲旅）、Integraph（工厂设计巨头）、Vero（开发系列 CAM 软件）、Spring Technology（数字化制造公司）、Q-DAS（质量管理公司）、Bricsys 等一系列知名的工业软件公司。SAP 公司先后并购了 BusinessObjects、Sybase、SuccessFactors、Ariba、Hybris、Concur 等众多公司，成就了在工业软件市场的霸业。ANSYS 先后收购全球第一个通过 ISO9001 质量认证的大型商业 CFD 软件且拥有先进的计算流体动力学技术的 Fluent、Century Dynamics 公司、高性能电子设计自动化（EDA）软件企业 Ansoft、集成电路仿真公司 Apache Design Solutions、复合材料结构分析软件供应商 EVEN、几何造型公司 SpaceClaim、增材制造仿真技术软件 3DSIM、光学仿真供应商 OPTICS、冲击分析软件 DYNA 等，不断扩大其产品线。UGS、明导（Mentor）、LMS 等，在最近十多年投资超过百亿美元来并购众多优秀的工业软件公司，完善了自身的产品线，构建自己的工业软件航母，增强了行业核心竞争力。

3. 通过生产商与经销商结合、与高校/研究机构合作等方式拓展业务

国外主流工业软件厂商非常注重生态系统建设，在全球建立了实施服务商、系统集成商、增值经销商体系，并与硬件厂商、工业自动化厂商结盟，为客户提供开放的配置工具和客户化开发工具。例如，ANSYS 公司不仅大

力发展渠道合作伙伴,而且也与罗克韦尔自动化、PTC、欧特克和新思科技(Synopsys)等主流厂商开展了战略合作;一些专业的韩国模具软件公司借助西门子数字工业软件的生态系统,把业务拓展到全球。

企业积极与高校和科研院所合作,以较低的成本出售教育版或研究版软件,快速占领学校与科研机构市场,锁定工业软件潜在用户。如 ANSYS 公司在全球实行免费的学生版、低价教学版和大折扣研究版政策,快速占领了学校科研机构用户市场,培养了大量的潜在用户,为获得行业第一的位置奠定了基础。

三、国外成功经验借鉴

(一)提升工业软件战略地位,制定可落地的政策措施

不同于我国多年来"重硬轻软"的政策和行业风气,欧美发达国家早在 21 世纪初,就已经开始将工业软件发展上升为国家战略。政府为鼓励工业软件产业发展,接连从不同层面出台一系列政策措施,通过重点扶持基础研究领域,推进创新项目和科技成果转化,将软件课题列为国家关键技术项目,还通过落地金融财税补贴等方式优先发展工业软件产业。我国应吸取欧美国家的经验,在国家战略层面重视工业软件的发展,做好顶层设计,明确工业软件的发展方向和发展重点,重视基础研究和核心技术的突破,夯实地基,并根据我国实际情况,制定可执行可落地的政策措施,坚定、稳步、扎实地改善我国工业软件的发展现状。

(二)提供持续资金供给,加大资源支持

工业软件产业融合信息、工业、管理、服务等多学科技术与知识的复杂系统,其技术含量高、研发工程量大、投入资金大(最主要是开发人员成本高)、投资回报时间长、投入风险高。国外的工业软件大多起源于受到国家支持、具有雄厚财力的军工企业。在政府和国防军工企业充足经费的支持下,开发工业软件的军工企业内部机构,通过并购、国际化路线,逐步发展成为成熟的市场化企业。工业软件企业发展壮大后,政府依然以资金、技术

多方式持续推动工业软件发展。

我国应该汲取欧美发达国家的经验，提高工业软件在战略性新兴产业政策扶持中的优先排序，加快制定相关扶持政策，建立核心技术发展保障制度，建立国家专项资金，推广自主首版次工业软件产品，补贴企业高端人才的资金投入。

（三）完善产学研用的机制，建立人才培养和公共服务体系

美国政府投入经费，扶持高校、研究院的基础研究，市场应用方也一直参与基础研究中。项目验收后，经过持续的经费投入和更多应用方的加入，研究成果最终走向商业化。法国、德国等发达欧洲国家拥有较完善的教育系统，其教育系统与工业有着紧密的联系和合作，以创造性、实用性和开拓性著称。以 IEEE 为代表的国际行业协会类的组织，对全球工业软件的应用验证起到巨大作用。我国应该吸取欧美国家的相关经验，联合国内工业软件龙头企业、高校和科研机构开展"产学研用"合作；构建和完善支撑工业软件企业的技术研发、安全咨询、技术评测、成果转化的公共服务体系；鼓励工业企业联合高校开展工业软件复合型人才的培养，支持工科院校开设工业软件课程，支持国内工业软件龙头企业与高校或培训机构合作，加强面向国产工业软件的实训，提升工业软件人才专业化水平。

（四）重视标准体系建设，逐步提升国际影响力

欧美发达国家积极建设和参与工业软件的相关标准体系。欧美发达国家的标准体系不仅着眼于满足国内需求，还放眼全球，把国际化推广作为主要战略考量，力推本国的制造体系标准可复制、国际化。比如 ISO 为代表的国际标准化组织在工业软件发展方面起到巨大的作用，STEP 标准体系尤为突出。欧洲发达国家已经把 STEP 标准推向了工业应用。它的应用显著降低了产品生命周期内的信息交换成本，提高了产品研发效率，成为制造业进行国际合作、参与国际竞争的重要基础标准，是保持企业竞争力的重要工具。

（五）加大知识产权保护，建立完善的知识产权体系

从国家层面来说，欧美国家较早建立了完善的知识产权制度体系，对欧

美国家的科技创新、文化繁荣、经济与社会发展发挥了十分重要的战略作用，不仅充分调动了人们发明创造的积极性，而且吸引了大量资金注入科学研究，给国家经济社会发展带来了巨大的创造活力。欧美工业软件产业的繁荣发展也与知识产权制度的激励效用和保护作用密不可分。从企业层面来说，欧美企业知识产权保护意识极高，企业高度尊重知识产权，严格遵守知识产权法规，不仅保护本企业的知识产权不受侵犯，也严厉禁止本企业及员工侵犯其他企业的知识产权。企业建立了完善的知识产权管理体系，为技术研发和应用提供支撑。其中包括制定明确的知识产权战略，组建知识产权管理架构，建立完善的知识产权制度体系，注重知识产权教育培训等，从技术研发的前瞻规划开始，直到科技成果的商业化完成，在整个过程中持续为其保驾护航。我国可以借鉴欧美的经验，在国家法律层面加大知识产权保护和惩治力度，并加强知识产权文化浸染和宣贯，推进企业知识产权贯标活动的实施，推动企业尽快完善知识产权管理体系。

（六）鼓励企业深耕工业领域，长期坚守主业不动摇

工业软件的生命力在于与工业需求的深度融合和应用数据的大量积累。从国外高端工业软件企业发展历程来看，**一方面**，无论是欧洲还是美国，工业软件都是各个工业领域催生出来的，起源于工业实践的总结与需求，并通过大量工业应用持续迭代改进，在大量工业企业用户的使用与反馈中发展壮大。工业软件是应用于各种工业行业的软件技术和产品，只有深耕行业、熟悉行业细分流程、透彻理解行业知识，使工业软件具有强烈的行业属性和特点，工业软件产品才能具有很强的生命力，这也是工业软件企业做强之道。**另一方面**，国际知名工业软件在成长为行业领袖之前，都采用聚焦战略，长期坚守主业不动摇，持续积累形成技术优势，而不轻易进行多元化发展。如果需要多元化发展，则采取合作（譬如OEM或插件化开发）模式。我们应该树立关于工业软件的正确认知，并学习欧美优秀工业软件企业这种背靠工业领域深耕细作，潜心研究的态度和做法，才有机会把握属于自己的发展机遇。

（七）构建良好工业软件生态，加强产业链上下游合作

国外主流工业软件厂商非常注重生态系统建设，在全球建立了实施服务

商、系统集成商、增值经销商体系，并与硬件厂商、工业自动化厂商结盟，为客户提供开放的配置工具和客户化开发工具。生态系统既包括上下游的合作伙伴、用户，也包括竞争友商。在一个更加开放的产业环境中，有时候与竞争对手合作构建生态更为明智，通过这种生态的构建来达成多赢的效果。我国可以充分借鉴国外企业的做法，不管是在技术研发方面、营销渠道方面还是产品推广路径方面，尽量拓展"朋友圈"，寻找更多的盟友和企业盈利切入点。

（八）鼓励企业收购并购，加快企业做大做强

并购重组是工业软件巨头发展壮大的重要快捷路径，工业软件企业通过不断并购，快速提升研发实力，并打造体系化竞争实力。一是通过并购快速壮大市场规模，国外工业软件巨头都经历了数十次的并购重组后发展壮大，无一例外。二是通过并购加速提升核心竞争力，一系列并购重组，推动了工业软件企业加快角色转型、完善产业链条、快速占领市场提升竞争力，并给竞争对手或后来者制造竞争壁垒。我国企业可以吸取国外优秀企业的并购发展经验，基于自身的战略规划和发展需求，横向扩张补齐产品线，形成更完善的解决方案；提升自身的产业链辐射能力和产业链协同效率，最终实现在产业价值链上的跃迁。

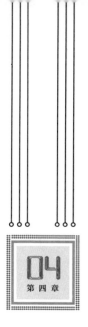

中国工业软件发展趋势研判

一、工业软件产业发展趋势

产业革命驱动工业发展，工业需求牵引工业软件，工业软件支撑工业进步。网络化、数字化、智能化仍将是未来五年到十年的技术主线，也是工业软件的发展方向。当前正处于工业软件技术变革的新时代，也是我国工业软件后来居上的历史机遇期。网络化推动工业软件走向云端化、协同化、共享化；数字化是工业软件发展的核心，产品数字化与数字化交付、过程数字化与数字化转型需要新一代工业软件提供核心支撑；智能化是工业软件发展的未来，但工业智能化一定是以数字化为坚实基础。

（一）从技术趋势来看，工业软件逐步走向集成化、平台化、智能化

1. 设计、制造、仿真一体化趋势推动工业软件集成化发展

系统之间的传统界限正在消失，传统机械设计与仿真软件、电子设计自

动化软件 EDA，以及与其他软件如制造执行系统 MES、人机界面 HMI 等都在逐步融合。CAD 与 CAE 正在紧密地连接在一起，设计即仿真，CAD 与 CAE 将成为工业领域标配，这种融合的力度正在空前加强。传统的 CAD 和 CAE 分而治之的局面，正在由 CAD 厂商率先打破。大型 CAD 设计公司欧特克通过收购大型通用 CAE 软件 ALGOR、模具分析软件 MoldFlow，在 2016 年推出仿真分析 CFD 软件，在 CAE 市场上占据一席之地。为了应对 CAD 与 CAE 的日渐一体化趋势，ANSYS 与 PTC 进行合作，联合开发"仿真驱动设计"的解决方案，为用户提供统一的建模和仿真环境，从而消除设计与仿真之间的界限。达索系统以设计起家，但在最近五年的并购中，有一半是在进行仿真软件的购买，充实达索系统旗下的仿真品牌，不断深耕仿真领域。波音公司、洛克希德公司通过设计、制造、管理软件的全面集成，在飞机型号研制中应用数字化制造技术进行飞机复合材料零件的设计、制造和管理，实现了数字化设计制造一体化。

2. 系统级多学科、多工具融合推动工业软件平台化发展

国际工业软件巨头已经将竞争从单个工具拉到了数字化平台层面。当前越来越多工业产品是集机械、电子、电气等多学科领域子系统于一体的复杂系统，其创新开发从单领域到多领域，从单一应用软件工具到多种应用软件工具的综合应用，所涉及的团队成员、开发知识、数据资源更加广泛，开发过程的综合与协同更加复杂。这就相应地要求将多学科领域的知识、技术和软件相关的信息整合到一个综合平台中，以便开展包括供货商在内的整个价值链的协同。在这种技术趋势下，国外工业软件巨头引导的工业软件竞争已经不是单个工具软件的比较，而是数字化研发平台的竞争和未来智能化研发设计工业软件的竞争。达索系统于 2006 年收购系统仿真软件 Dymola，推出以系统仿真为枢纽，整合 CAD/CAE/PLM 的全系统、全领域、全流程数字化研发平台 3DEXPERIENCE，为数字化工业客户提供从产品生命周期管理到资产健康的软件解决方案组合。西门子收购 UGS、CD-adapco、Mentor Graphics 等工业软件龙头公司，完善其产品链，在 Teamcenter 平台上集成产品数字孪生、生产数字孪生、性能数字孪生体系，贯穿产品设计、工艺、制造、服务的全数字链条，形成一个完整的解决方案体系。

3. AI、VR 等新技术日益成熟推动工业软件智能化发展

人工智能技术在 CAD 中发挥重要作用。传统的 CAD 技术在工程设计中主要用于计算分析和图形处理等方面，对于概念设计、评价、决策及参数选择等问题的处理却颇为困难，这些问题的解决需要专家经验和创造性思维。将人工智能的原理和方法，特别是专家系统、知识图谱等技术，与传统 CAD 技术结合起来，从而形成智能化 CAD 系统，是工程 CAD 发展的必然趋势。近几年，达索系统、西门子、Altair、ESI 等公司纷纷收购大数据人工智能相关的产品技术。计算机辅助技术和虚拟仿真技术的配合越来越紧密，模拟真实世界的能力越来越强，成为人与机械间管理、设计、评价以及反馈等工作的有效帮手。虚拟仿真实验室利用 VR 在可视化方面的优势，可交互式实现虚拟物体的功能，减少实际实验中的材料消耗，大大降低了应用和使用过程中的成本。自 2013 年起，西门子试图在虚拟设计工业软件中采用 VR 来实现人机交互，先后收购了 LMS、VRcontext 和 Tesis 软件。

（二）从开发模式来看，工业软件逐步走向标准化、开放化、生态化

1. 多产品互联互通推动工业软件逐步走向标准化

联合打造工业软件产品研发、集成实施、运维服务等一体化的解决方案逐步成为趋势，这对工业软件的标准化提出了更高要求。在 CAD 技术不断发展的过程中，工业标准化问题越来越显示出其重要性。迄今已制定了许多标准，如计算机图形接口（Computer Graphics Interface，CGI）标准、计算机图形元文件（Computer Graphics Metafile，CGM）标准、图形核心系统（Graphics Kernel System，GKS）标准、程序员层次交互式图形系统（Programmer's Hierarchical Interactive Graphics Standard，PHIGS）标准、初始图形交换规范（Initial Graphics Exchange Specification，IGES）标准和产品数据交换标准（Standard for The Exchange of Product model data，STEP）等。随着技术的进步和功能的需求，新标准还会不断地推出。目前三维 CAD 技术存在的最大问题就是设计还缺乏规范，在数据转换格式中存在一些误差，在设计之初存在误差问题便会给后期的修改工作加大任务量。未来三维 CAD 技术的发展将会更加精确，在设计之初就需要一份精确的规范设计参

考图，参考图中的设计数据都需要规范和精确。

2. 多主体协作趋势推动工业软件走向开源与开放

目前来说，工业软件的开发环境已从封闭、专用的平台走向开放和开源的平台。部分厂商通过开发平台，聚集并对接了大量产业链伙伴，利用行业资源针对特定工业需求进行仿真软件的二次开发，实现了工业仿真功能的扩展。PTC 在 2020 年 4 月发布开源空间计算平台 Vuforia Spatial Toolbox，能够快速开发出一套人机交互界面，提供一套虚实融合的人机交互方式，推进 AR 与空间计算、IoT 结合。IntelliCAD Technology Consotium（一个简称为 ITC 的组织）提供了一个类似 AutoCAD 的 CAD 开源平台，在全球吸引了很多软件开发商。美国欧特克公司推出工业制造仿真平台 Fusion 360，集成了来自多个合作伙伴的服务和应用，包括 BriteHub 的服务、CADENAS 的 parts4cad 应用等，通过不断扩充优化工业模型与行业资源库，使其仿真软件应用范围从单一产品仿真扩展到工艺与生产线装配仿真等领域。中望软件与浩辰软件通过早期阶段加入 ITC，应用 IntelliCAD 开源平台，实现了与 AutoCAD 的高度兼容。

3. 行业巨头推动云的生态化开发加快服务化转型

国外工业软件正在迅速向平台化、可配置、云化和订阅模式转型，呈现向云端迁移的趋势，其部署模式从企业内部转向私有云、公有云以及混合云。基于云平台，全社会可以进行合作开发，各项分工包括开发某种软件的架构、开发微服务、基于微服务开发应用软件、给予应用软件基于特定工业知识的增值开发。一方面，供应商开发建设基于云方案的工业软件，改变原有的软件配置方式。另一方面，用户通过租用软件弹性访问工业云，可以选择直接在本地浏览器或通过 Web 及移动应用程序运行云化工业软件，从而释放服务器等硬件的资源空间，降低对硬件的维护成本。欧特克于 2016 年推出 Fusion 360 云平台，将"卖软件"改为"卖服务"。达索系统 2017 年推出云化版本的 3DEXPERIENCE 平台。PTC 于 2019 年 10 月宣布以 4.7 亿美元的价格收购 SaaS CAD 厂商 Onshape。Onshape 的架构是基于云的，用户可以通过个人计算机、手机、平板等终端，在网络环境下打开浏览器登录 Onshape 开展相关设计工作。西门子将 Simcenter Amesim 和 Simcenter 3D 纳入其 SaaS 产品中，为广大中小企业服务。中国的软件企业也在迅速做出反应，山大华天控股的华云三维公司开发了基于 Web 的云端产品 CrownCAD 软件，浩辰、利驰等公司都加强了线上 CAD 的应用，北京云道、上海数巧、蓝威等国内 CAE 软件企业也正在加强云化部署，避开强敌锋芒，在市场缝隙中寻找机会。

4. 中小企业拉动工业软件走向轻量化及低代码开发

由于现工业软件普遍存在专业性强、开发流程复杂和成本高的特点，导致门槛高，使得中小企业望而却步。为扩大工业软件产品的应用广度，工业软件企业试图调整产品研发策略，拓宽产品系列。低代码开发平台通过可视化的软件功能组件的装配及模型化驱动自动生成并运行代码，无须编码或通过少量代码就可以快速生成应用程序，为工程师快速开发可用、好用的工业软件提供了良好的开发环境。低代码开发平台可以降低企业的应用开发人力成本，也可以将原本需要数月甚至数年的开发时间缩短，大幅提升工业流程业务应用的研发效率，从而帮助企业实现降本增效、灵活迭代。为了更好地适应广大中小企业数字化转型需求，工业软件朝着轻量化、结构化以及低代码开发方向演进，形成新的产品系列。据 Forrester Research 的报告预测，到 2020 年低代码开发平台市场规模将增长到 155 亿美元，75% 的应用程序将在低代码平台中开发。低代码将成为主要的软件交付平台，是打造开发生态的关键支撑。

（三）从市场应用来看，工业软件逐步走向工程化、大型化、复杂化

1. 应用场景行业化要求工业软件具有更高的工程化能力

随着产品、工艺以及需求的日趋复杂化，向行业系统解决方案提供商转型已成为跨国软件企业的重要战略方向，懂行业和工程成为软件企业的必备要求。达索系统可提供面向制造业、建筑业、医疗等 12 个行业的系统解决方案，公司编程人员只占 30%，其他人员均是工程背景出身。欧特克面向电子、建筑、地理信息、土木、机械等领域推出了 AutoCAD Electrical、

AutoCAD Architecture、AutoCAD Map 3D、AutoCAD Civil 3D、AutoCAD Mechanical 等不同的产品系列，不断完善工程化场景应用。ANSYS 针对各个行业的独特且持续发展变化的挑战，在航空航天与国防、汽车、建筑、生活消费品、能源、医疗、高科技、工业设备与旋转机械、材料与化学加工等领域，推出了不同的工程仿真解决方案，满足各个行业的独特要求。

2. 应用场景多样化推动工业软件日渐大型化、复杂化

CAD、CAE、系统设计仿真等复杂工业软件通常是有几百万乃至几千万行代码、覆盖各种工业场景、长时间连续运行的复杂工程系统。汽车、卫星、飞机、船舶等复杂装备数字化研制中，在研制后期随着设备逐步集成会导致设计模型、仿真模型规模庞大，设计仿真计算量巨大，CAD 模型要支持几十万个零部件装配，有限元网络剖分后要进行几千万乃至上亿个离散方程的计算求解，系统仿真要处理几十万至几百万个混合方程系统的分析计算，而且各种工程场景会非常复杂。这种大规模系统、复杂流程场景下，对大型复杂工程问题的处理能力直接决定了工业软件的可用性，也决定了商品化工业软件的能力与好坏。

（四）从服务方式来看，工业软件逐步走向定制化、柔性化、服务化

需求多样化促进工业软件企业提升定制化设计、柔性化生产和高效服务的能力。通过软件工程服务来体现专业价值并在特定用户身上产生黏性，是工业软件不断挖掘用户潜在价值和扩大利润的主要途径和模式。信息技术服务正在从简单的工业软件产品销售转为个性化定制的服务，服务不仅包含应用开发工程本身，还涵盖了分析工业数据、抽象机理模型等。从国际主流工业软件厂商的发展趋势看，工业互联网推动了纵向产业链整合，激活面向个体化需求的横向产业链整合，赋能生产与物理过程的互联互通，构建了数据时代的工业服务新生态。在国内，海尔 COSMOPlat 打造具备自主知识产权、支持大规模定制的互联网架构软件平台，解决用户和工厂资源的交互、参与定制等问题，通过平台提供微服务和工业 APP，使模块之间进行连接，同时满足了工厂高效率和用户个性化定制的刚需。

二、工业软件产业发展机遇

(一) 工业升级，释放数字化及智能化需求

我们对工业软件需求的深度，与工业化进程的深化密不可分。目前工业正在经历第四次工业革命，第一次是蒸汽技术时代，第二次是电力技术时代，第三次是计算机及信息技术时代，第四次则是数字化与智能化时代。第四次工业革命将加速释放工业领域数字化和智能化的产品需求。数字化将会逐步覆盖渗透到所有工业行业和领域，并将推动工业软件的技术变革，这对我国工业软件发展是难得的历史机遇。物联网、大数据、云计算、人工智能等技术的不断发展，全球工业大国相继部署新型制造业发展战略，比如德国的"工业4.0"战略即是以"智能制造"为主导。"智能制造"时代，复杂精密工业产品的自主研发和生产，需要研发环节的整个生态和生产环节众多供应商的协同运作。这些都对工业软件提出了新的深度需求。

(二)"双循环"新发展格局，利好工业软件产业发展

受国际形势变革和疫情影响，经济全球化和产业供需体系受到极大打击，我国外循环的发展模式受到挑战，也面临着极大的不确定性。为了适应新形势新要求，我国提出"构建以国内大循环为主体、国内国际双循环相互促进的新发展格局"。在此大背景下，对国外有依赖的关键产品逐步实现国产化替代是当前和未来重点开展的工作。

工业软件作为"卡脖子"的关键产品，深受国际形势影响，同时也将享受"双循环"新发展格局带来的利好。例如，近期美国对我国企业的禁运升级，通过"实体名单"等措施，限制我国高科技领域相关单位获得美国技术及相关服务支持，如华为、中广核、哈尔滨工程大学、哈尔滨工业大学等单位，均受到不同程度上的工业软件禁用。美国实体名单举措，使中国企业特别是龙头企业产生危机感，去美国化（包括美国工业软件）的需求和积极性空前高涨，国内高科技企业为预防工业软件禁用风险，积极寻找国产可替代的工业软件。"双循环"新发展格局战略构想的提出，将进一步为工业软件发展赢得利好政策空间，在需求内化的过程中给予国内工业软件企业更多与工业企业合作的机会和产品发展进步的空间，工业软件产业有望迎来快速发

展的窗口期。

（三）系列重大创新工程将为工业软件发展提供完整需求和试炼场

我国已经顺利完成第一个百年目标，将为建设社会主义现代化强国的第二个百年目标而努力。社会主义现代化强国的百年目标，**一方面**要求我国在作为工业核心支撑的工业软件产业上全面突破、全面自主并且进入国际第一梯队；**另一方面**，为支撑强国梦建设，"十四五"乃至其后更长时间内我国将持续建设一批重大创新工程，如嫦娥工程四期、载人登月、新型大飞机、民用航空发动机等。重大创新型号工程具有带动工业软件发展的属性和责任，欧美诸多大型工业软件都是在重大创新工程中锤炼而成。重大创新工程对于新时代工业软件提出了全面完整的需求，提供了深入打磨的试炼场和迭代机会。

（四）国内外工业水平不一，蕴含工业软件市场新机遇

从我国工业发展角度，一方面，国外软件虽然功能强大，但鉴于中国工业水平和需求所限，中国企业当前对国外工业软件的依赖尚未定型。另一方面，中国工业发展水平处于中高级水平，对于工业水平发展较低的国家，我国的工业软件更容易获得认可。**从我国工业软件企业发展角度，**国外软件在开发中国市场的过程中，培育了大量具有技术服务能力的国内代理公司，这些公司有望成为国内工业软件推广和能力建设的咨询服务力量。

（五）政策环境优化，保障工业软件产业发展

自 2015 年《中国制造 2025》提出后，全国稳步推进智能制造和工业软件领域的发展。"十三五"规划以来，各部门出台多项政策引导行业发展方向，包括《关于深化制造业与互联网融合发展的指导意见》《软件和信息技术服务业发展规划（2016—2020 年）》《关于深化"互联网＋先进制造业"发展工业互联网的指导意见》《工业互联网 APP 培育工程实施方案（2018—2020 年）》《制造业设计能力提升专项行动计划（2019—2022 年）》《国家智能制造标准体系建设指南（2018 年版）》等。2020 年 8 月，国务院印发了《新时期促进集成电路产业和软件产业高质量发展的若干政策》，从财税、投融资、研发开发、进出口、人才、知识产权、市场应用、国际合作八个方面支

持软件产业发展。

国家还高度重视科技成果转化，自 2015 年修订《中华人民共和国促进科技成果转化法》以来，我国相关部委高度重视促进科技成果转化工作，教育部已公布两批高等学校科技成果转化和技术转移基地认定名单，共 76 个，其中有 5 个依托地方的基地，其他均为依托高校的基地。

（六）知识产权保护力度加大，释放市场需求

根据历年《中国知识产权发展状况评价报告》显示，中国知识产权环境指数自 2010 年以来连续提高，这显示知识产权制度环境、服务环境等方面优化效果明显，社会公众及创新主体的知识产权意识进一步提高。近年来我国在知识产权领域的司法体制改革成效显著，知识产权案件审判质效大幅提升，知识产权司法保护水平、司法公信力和国际影响力明显提高；知识产权保护职能不断强化，通过行使民事、行政和刑事三种审判职能，对知识产权提供全方位司法保护；对知识产权侵权行为的惩治力度不断增加，严格依法判令侵权人承担侵权责任，努力降低维护权益成本，加大侵权成本。知识产权保护力度的加强将有利于盗版软件的取缔，从而释放巨大的工业软件市场空间。按照中国工业增加值来测算，中国的工业软件的需求至少增加 3～5 倍。

（七）人才政策完善，提升对国际高端人才的吸引力

随着我国经济不断向好发展和配套政策不断完善，我国对海外人才的吸引力显著提升。为吸引海外人才，中国采取了一系列开放包容的外国专家引进政策、留学回国人才政策，积极主动地引进海外人才（特别是高层次人才），极大提升了国家自主创新能力，有效降低了对他国技术的依赖程度。中央统战部网站数据显示，2020 年以来活跃求职的归国海外留学生较 2019 年同期增加了 58.19%。北京大学未来教育管理研究中心 2020 年的调查显示，从中国走向海外的高端人才中近七成（69.6%）未来优先考虑回国就业。其中，居于美国、英国、加拿大、澳大利亚的高端人才回国意愿分别达 67%、72%、69%、73%。

(八)新一代信息技术发展,催生工业领域新需求

人工智能、大数据、云计算等新一代信息技术的发展,为工业大数据、工业 APP、云化工业软件等技术的实现提供了有力支撑,使得工业互联网平台成为工业软件领域快速发展的新赛道,催生了工业领域新需求。国内工业软件企业可以利用本土优势把握新机遇,依托国家"新基建"政策,加快传统工业软件与新一代信息技术融合,推动工业 APP 等新型工业软件发展。

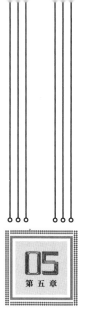

促进中国工业软件发展的建议

前文在充分的数据统计和分析基础上,全面总结了我国工业软件产业的发展现状、面临的问题、发展机遇,以及工业软件发展趋势。在充分借鉴国外发展经验后,尝试给出以下促进我国工业软件发展的建议。

一、政府侧

(一)持续优化政策环境

高度重视工业软件发展,将其上升为国家战略,坚持底线思维,制定战略规划,明确发展思路、战略目标及战略举措。

一是针对研发投入不足的问题,统筹现有推进资金,加大对工业软件投入力度,推动成立工业软件发展专项基金,以国家资金撬动社会资金持续投入。

二是针对产用脱节,企业不敢用、不愿用的问题,探索出台软件首版次政策，通过保险补贴、研发应用双向奖补等政策，推动国产软件在各行业各领域应用。

三是针对工业软件人才缺口大的问题，出台工业软件人才专项政策，给予工业软件研发人才医疗保险、子女入学等优惠政策。

四是针对企业小、散、弱和缺乏龙头引领问题，出台鼓励企业兼并重组政策，在国有企业改革框架下，推动成立国有大型工业软件集团，以投资基金促使股权联合，依托国有大型工业企业集团进行产业收购整合，加快培育工业软件大企业。

五是针对工业知识积累薄弱问题，建立工业知识搜集、积累、流通使用机制，规范相关标准，促进工业知识流动传承，鼓励工业知识软件化，促进工业 APP 发展。

六是加强知识产权保护力度，开展工业软件正版化检查，加大对互联网传播盗版工业软件的治理，依法严厉打击从事工业软件盗版活动的企业、组织及个人。加强从源头封堵盗版行为，强令关停提供盗版下载的网站。

七是加快制定推广软件成本度量和价值评估标准，推动建立科学合理的软件定价机制，在全社会营造尊重软件价值的文化氛围。

（二）夯实产业发展基础

一是建立关键共性技术突破机制。整合国内产学研用优势力量，建设协同开发与集成验证环境，加强计算物理、计算数学、并行算法等基础研究，推进三维几何建模引擎、求解器等关键技术联合攻关。在超算、异构数据处理等领域推进企业与高校、科研院所的合作，完善知识产权和科技成果转化机制。

二是建立国家级公共知识库共享平台。针对 CAD、CAE 等大型工业软件研发共性需求，布局基本求解算法库、标准零部件库、基础数据库、知识库，通过开源等方式，促进企业资源开放共享和开发利用。面向不同行业工业研发设计需求，布局行业通用的结构、功能、性能模型库，降低企业重复研发成本。

三是建立自主数据模型和接口标准体系。基于市场对国际主流工业软件的模型读取转换、异构协议转换、软件二次开发等兼容性和定制化要求，发展和定义自主数据模型和接口标准，形成覆盖设计、建模、仿真、制造、运维等不同环节的自主数据表达和交换能力，发展对国外产品的替换能力。

（三）组织关键技术攻关

一是由政府主导，打造国家级工业软件发展基地。建设软硬件适配中心和国家级产学研用联合攻关平台，构建有效运行的产学研用联动机制。

二是由政府主导，建立工业软件关键技术攻关平台，选择相关高校和科研院所作为主体，协调研发设计类工业软件企业参与，突破工业软件关键技术，引导供给侧工业软件企业使用自主内核并实现典型应用示范。

三是设立工业软件重大攻关项目。围绕三维几何引擎、约束求解器等"卡脖子"技术，设立工业软件重大攻关专项，选择在工业软件领域具有良好基础和积淀的高校和科研院所作为主体，联合行业龙头企业和优秀供给侧厂商开展工业软件核心技术攻关。

（四）逐步加快国产软件应用

一是聚焦重点领域工业软件，开展国产工业软件产品供给能力评估工作，编制重点行业工业软件产品目录。

二是推动军用领域国产工业软件软件应用。对于成熟可用的国产工业软件产品，可以在军用领域试点应用；对于部分可用的工业软件产品，以军民融合发展为契机，加强供需对接合作，突破应用难点，逐步加强军用领域的工业软件可控程度。

三是推动工业软件在重点行业领域的典型示范应用。面向船舶、航空航天、汽车、轨道交通等重点领域，开展国产工业软件产品试点示范，明确示范应用的思路、方法、技术、结果和目标，打造一批优秀行业解决方案，促进一批重大项目立项和建设，逐步推进国产工业软件在更多领域拓展应用。围绕产品主价值链的系统性软件产品应用，形成整体解决方案。

四是维护好市场环境，鼓励国内工业企业，采用国产工业软件完成能力体系建设，逐步加深国产软件应用程度。尤其是亟须鼓励国有大中型企业使用国产工业软件，建立相关激励机制，引导国企使用国产工业软件。

五是依托工业互联网建设，推动国产工业软件的普及应用，借助国家大力发展工业互联网，发展基于工业互联网平台的工业软件服务模式。探索利用云化软件、订阅等模式，引导中小企业在工业互联网平台上使用国产新型工业软件。

六是借力工业 APP，破解国内工匠不足难题，推进两化深度融合，搭建工业互联网平台应用生态。

二、企业侧

（一）完善市场和商业生态

一是与产业化能力强的商业公司合作。通过政府层面撮合或者政策引导，加强拥有先进技术能力的机构与商业公司共建合作平台，加快我国工业软件核心技术突破。

二是加强企业软件体系实力建设。针对中国企业购买工业软件多，但使用不足问题，遴选国内若干家具有较强工业软件体系建设和咨询服务能力的公司，牵头建立中国工业软件服务生态，组织和孵化国内工业软件技术公司，解决中国企业工业软件应用实效不高等问题，同时推动用户向使用自主可控工业软件过渡。

三是创新盈利模式，以免费应用带动高端增值服务。利用免费的基础工业软件获得客户群，特别是高校和中小企业，通过云平台培养用户使用习惯，挖掘客户深层应用需求，鼓励大型工业软件实施有偿使用，扩大产业收入规模。

四是通过软件与服务结合的方式，扩大市场份额。信息技术服务正在从简单的工业软件产品销售转为个性化定制的服务，服务包括为企业提供的售后服务，也包括能为企业带来更多附加价值的软件工程服务。相比欧美发达国家，我国的人力资源成本相对较低，同时具备本土优势，可以通过与软件服务结合的方式扩大市场份额。

（二）加速工业技术软件化进程

一是提升软件架构能力，促进工业知识软件化。以市场需求为牵引，针对工业生产中每个环节的知识点，利用工业技术软件化的方式快速开发工业 APP，形成工业技术资产，加强工业知识系统化积累。

二是通过工业 APP 构建企业自有技术体系。工业技术必须相互支撑、形成体系才能发挥强大作用。通过工业 APP 将行业工业技术结构化、数字化和模型化，建立各种工业技术之间的有序关联，形成覆盖工业产品制造和运行全过程的完整知识图谱。借助工业 APP 的可存储、可计算和可升级的特点，不断地促进企业知识的更新换代。

（三）优化企业成长模式

一是聚焦主业不动摇。国内工业软件在尚未获得明确竞争优势之前，聚焦主业发展，不轻易扩大技术领域和业务方向，集中精力发展长项技术和业务。

二是开展国际并购快速补齐短板。在中美贸易摩擦和科技对抗加剧背景下，并购国际第一梯队工业软件的可能性微乎其微。应着力瞄准在中国市场上淘金、具备优秀技术、但市场表现不佳的"第二梯队"国际软件企业进行并购。

三是供需两侧联合打造利益共同体。工业软件企业与工业企业加强战略合作，通过并购、股权投资、成立合资公司等市场行为形成互利共赢的利益联合体，深入开展技术研究和产品研发，面向特定行业领域开展研发并寻求突破，加快国产化替代步伐。以军民融合发展为契机，加强军工集团与工业软件企业联手，针对军工重大需求与重大运用，突破系列重点领域，大幅提升工业软件产业供给能力，提升核心竞争力。

四是借鉴并推广先进商业模式。加大对云化工业软件的支持，学习借鉴达索的 3DEXPERIENCE 平台的全套数字化解决方案，依托现有企业和产品，将国内现有的云化工业软件产品资源汇集，加快推动国内云化工业软件发展。依托我国首个开源基金会——原子开源基金会，参照国际上开源软件商业模式——GPL 协议，推动国产开源云化工业软件发展。

（四）积极拓展全球市场

鼓励工业软件企业走出国门，拓展全球市场。当前中国工业处于中等发达国家水平。基于工业软件水平与本国工业发展水平匹配的原理，国产工业软件技术和功能水平超过其他中低等工业水平国家企业的"刚需"。因此，我们看到一个现象：中低等工业水平国家的海外用户更倾向于使用中国工业软件。广州中望、上海望友、苏州浩辰等企业按照这个规律独立攻关，已取得不小成就。国外销售额甚至可以达到 30% 以上，反过来也赢得了国内企业的重视。

三、高校科研机构侧

（一）加强工业软件人才培养

一是响应国家特色软件学院建设号召，依托国内高等院校，设立"工软"特色软件学院，建立工业软件研究实验室，开展工业软件通用技术基础研究，培养综合性研究人才。

二是聚焦行业面临的突出问题，鼓励国内科研院所、高校和企业开展联合培养，建立"产、学、研、用"综合实践应用平台、人才实训基地等，把握研发端和需求端的特点和需求，供需两侧共同培养一批高端工业软件人才。

三是依托职业技术学校，细化工业软件相关学科专业，针对国内外常见的工业软件，打造各应用领域的工业软件职业技校，培养专业技术人才。

四是借鉴国外经验，加大自主可控研发设计类工业软件在高校、科研院所推广应用。开设自主工业软件核心技术的专业必修与选修课，培养国产工业软件人才，同时增强软件用户黏性。

五是在工业软件的学科教育中注重工业工程知识的传授和积累，例如在课程设计上，注重工业基础知识课程的学习，在课程教学上，引入有工业企业背景的课程教授，或邀请具备丰富工业企业经验的外部专家等。

（二）注重技术创新与科技前沿

抓住 5G、云计算、大数据、人工智能等新一代信息技术发展机遇，加快工业软件与新一代信息技术融合的步伐，促进工业软件技术和架构创新，推动工业 APP 和工业互联网等相关前沿技术的研发。传统的设计仿真技术已经相对成熟，但大幅度的技术突破比较困难，大学与科研院所需要重新定位和梳理设计仿真基础研发类课题方向，从传统设计仿真技术的新应用突破、与新的技术领域结合、吸引人才加入设计仿真技术的研发工作等方面下手，提升传统学科的新活力。

（三）加快科技成果转化

鼓励高校和科研院所积极参与高等学校科技成果转化和技术转移基地建设，建立科技成果评估评价机制，逐步健全技术转化体系，不断优化科技转化流程，提高市场化运行效率，持续完善奖励分配政策，充分调动科研人员积极性，加快高校成果转化，使得高校的技术真正成为促进行业发展的有效动力。

（四）采用开源策略服务社会

鼓励高校和科研院所搭建开源平台，提供软件开发验证的环境和资源，实现技术资源共享和反馈，将教学与实践有效结合，用真实的用户场景培养学生。

四、第三方机构侧

（一）加强政策宣贯沟通

充分发挥行业协会（联盟）在政府与企业之间的桥梁作用，加大相关政策文件宣贯力度，加强行业调研与统计，收集总结产业发展困难与诉求，及时向主管部门进行反馈，推动企业之间的紧密联系与合作。

（二）促进供需有效对接

发挥行业协会（联盟）与企业联系紧密的优势，由行业协会（联盟）牵头，选取各行业龙头企业作为推广主体，推动工业龙头企业与国产工业软件企业"结对子"，采取产用协同攻关模式，以应用为牵引，通过以典型解决方案作为试点示范，加强宣传，以点带面，推进国产工业软件的应用推广，提升国产软件知名度，增强工业制造企业对国产工业软件的信任，提高国产工业软件国内市场占有率。

（三）完善行业支撑服务能力建设

一是完善工业软件标准体系，包括统一的工业软件测试评价技术体系、试验验证标准、测评指标集、方法和准则、工具和环境、数据集和操作规程等。

二是开展工业软件测试评价，为国产工业软件进入国家目录提供测试评估，增强对高端工业软件核心技术、关键算法的评价能力，形成具有创新性和广泛应用性的测试评估支撑平台。

三是开展行业适配验证，搭建国产工业软件适配验证平台，发布国产工业软件测试相关的行业专用测试环境，在测试平台上开展验证试用，对研发设计类工业软件产品质量和安全性进行独立客观的测试、验证和评价。

四是提升综合保障能力，建立涵盖基础关键技术、通用应用场景、行业专用技术以及行业应用场景等的平台，提升共性技术服务水平。提供产业生态构建所需的综合保障能力，包括知识库、组件库、工具库、数据库、场景库、解决方案库、缺陷库、试验床等。提供开源管理和技术管理能力、工业软件质量数据上报服务，打造各要素集约化、网络化、智能化与服务化的集成服务平台，提供工业软件的成果展示和应用推广窗口。

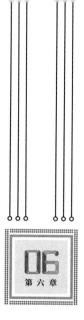

工业软件行业应用案例

本附录的素材由厂商提供，或摘录于其宣传材料，其中信息和数据的客观性和真实性，本书不做担保，仅供读者参考。

一、航空航天行业应用案例

（一）湖北航天技术研究院总体设计所——固体火箭发动机数字化快速总体论证 APP

固体发动机是运载火箭的心脏，也是商业航天的核心，运载火箭的研制首要解决动力问题。它主要由五大分系统组成，在燃烧室内产生 3000 度以上的高温燃气，压力可达 100 个大气压，高温燃气经喷管超声速喷出，产生上百吨推力。发动机工况严酷，决定了它的设计是一个多学科的耦合过程，包含了燃烧、流场、传热、力学等。可以看出，固体发动机的总体论证有

"三高"，一是复杂度高，二是耦合度高，三是对可靠性要求高。

固体发动机设计参数多，论证过程复杂，传统的论证模式需要总体及分系统专业人员全部参加，多次迭代才能达到性能最优。不满足现在高质量、短周期的论证需求，表现在三个方面：一是流程缺乏统一管理，对人的依赖程度比较高，人为疏忽难以避免，有时也很难发现；二是知识重用率低，没有充分利用成熟发动机的成果；三是系统之间接口不标准，不便于迭代优化，无法满足发动机个性化需求。面对当前研制任务繁重、人力资源紧张及人员年轻化的现状，急需规范设计流程，解放人力资源，实现经验传承。

解决思路是引入工业 APP 理念，在固体发动机论证中实现了"三化"：一是设计流程固定化，二是工程经验知识化，三是数据接口统一化。由此，实现了方案论证的自动化，大幅提升了设计效率和准确性、可靠性。

具体做法有三点：一是规范设计流程，统一数据管理；二是将隐性的工程经验封装到 APP 中，形成显性知识库，可以继承前人经验并加以优化；三是规范数据接口，自动迭代优化。将一次迭代周期从 5 人 7 天缩短成 1 人 2 天。

快舟运载火箭发动机通过应用这款 APP，将设计周期缩短了 50%，发动机性能进一步提升。通过后续试验，发动机设计的准确性、可靠性、安全性均得到验证，同时 APP 支撑了快舟产品线的快速扩充，下一代复合材料壳体发动机已通过地面试车，后续更多型号和直径的快舟发动机正在论证中。

该 APP 不仅适用于商业航天领域，部分功能还可以推广到高温高压容器等相关领域，如石油天然气运输、LNG、氢能源汽车等。

由于 APP 基于流程化、模块化的架构搭建，它具有可继承性、可迭代优化、自主可控的特点，该 APP 的设计思路和技术架构几乎可以应用于工业制造的各个领域，具备移植到移动端的条件。

（二）苏州同元软控信息技术有限公司

1. MWorks 在航天领域的应用案例

（1）基于模型的大型航天器系统级设计验证应用

针对规模庞大的空间站系统，在 MWorks 平台中基于 Modelica 建模语言，建立了空间站全舱段的动力学与控制、能源、环热控、推进、信息、数管、测控七个分系统模型，覆盖总体、分系统、关键单机设备，分别对分系统典型工况进行仿真分析，并集成了空间站单舱、两舱、三舱全系统综合模型，对空间运维等典型场景进行分析验证，实现了空间站系统级、全边界、全工况的分析验证。

借助本项目实施，为航天器系统设计提供统一的综合仿真手段，使系统设计从静态走向动态，实现设计方案的动态可视化，构建即可运行；实现了从分系统、单学科设计向系统级、多学科协同设计的转变，可以在航天器系统层面实现动力学、GNC、能源、推进、热控、通信、综合电子等专业的统一建模与仿真联动；实现了设计、仿真、验证的一体化，支持可行、方案及详设阶段的设计 – 仿真 – 验证 – 设计闭环迭代，进行需求阶段指标分解合理性验证、方案和详设阶段指标满足性验证，实现构造即可行，提升设计效率；为系统多学科优化提供统一模型支持，为基于模型的系统工程提供系统仿真支撑，可以其为模型计算核心，构建空间站系统或分系统快速方案设计平台，为未来空间站在轨伴飞打下坚实基础。

（2）面向专业的专项设计与仿真应用

航天器能源系统数字化设计、验证与伴飞系统：基于数字卫星对供配电系统信息化设计的要求，建设供配电静态大图生成工具，并进一步结合 Modelica 模型库构建供配电信息流仿真验证平台，以辅助供配电系统设计，验证和优化供配电系统设计方案，提升供配电系统性能。在此基础上成功实现了"嫦娥五号"能源系统数字伴飞应用。对航天器在轨运行状态进行全任务、全时段监控，解决非测控弧段缺失遥测数据而带来的状态监控盲区问题，及时掌握非测控弧段是否出现非预期飞行事件；通过在线仿真与离线仿真结果的融合，直观掌握按照既定飞行程序执行的关键指标数据趋势，也能够以嫦娥五号所处的在轨运行状态为基础，结合未来任务周期内的飞行事件，快速仿真推演、预测未来的供配电系统运行状态，为在轨飞控预案决策提供有力的数据支撑。

航天液体动力系统方案设计与仿真验证：面向航天某发动机研究所，针对现有静态分析任务中存在的自研工具功能覆盖面不全、规范性和易用性差、型号之间互用性缺乏等问题，基于 Modelica 多领域统一建模规范，采用统一架构下的模型映射技术，实现了同一平台下系统的平衡计算、状态计算、调整计算和内外干扰因素分析，有效支撑了液体火箭发动机系统在不同内外部干扰和工作点偏差情况下系统的性能分析。针对液体火箭发动机物理实验技术风险高、成本开销大、适用范围窄等业务问题，通过对发动机系统动态行为特性的模型化表达，以"模型重用、系统重构"为技术特征，开展了基于模型的发动机系统性能数字化仿真分析技术的研究，构建了一套具有很强型号适用性的发动机动态仿真软件和模型库，有效支撑了发动机系统动态特性的预示和验证。

基于模型的航天控制系统数字化验证与仿真：面向航天某控制系统所，采用新一代多领域物理统一建模技术，通过构建建模仿真规范，构建可重用模型库体系，建设国产自主的控制系统设计、仿真验证与模型管理一体化集成系统，覆盖卫星系统研制全流程，支撑产品正向设计。通过本项目的成功实施，实现了 MATLAB 和 Modelica 模型的相互备份，结合各型号特点提供了新的设计与仿真验证手段，支持对全新型号方案开展双重仿真验证，初步打通了基于 MBSE 的航天器控制系统典型应用。构建了覆盖方案论证阶段、方案设计阶段产品研制流程的卫星控制系统模型库体系，能够支撑从方案设计到数学仿真的一体化验证，打通了从数学仿真到半物理仿真流程，并结合试点型号进行了案例应用验证，取得了较好效果。

2. MWorks 在航空领域的应用

飞机多领域模型开发及综合集成虚拟试验：结合飞机研制流程，考虑飞机系统多专业、多系统、强耦合的特性，在设计初期基于 MWorks.Sysplorer 建立飞机级虚拟综合集成试验系统模型，包括飞行控制系统、液压能源系统、起落架系统、飞机动力学及气动特性计算、发动机系统、环控系统、环境系统等。该飞机系统集成模型可用于型号初期的验证、各系统集成接口验证、针对各类飞行工况的模拟、极限工况的功能性能分析等，进而对飞机系统的设计需求进行验证与确认，并为飞机物理综合试验提供先行的技术保障。

液压起落架与刹车系统：针对国产某型号飞机机轮刹车系统的控制、液压、机械等分系统，通过数字仿真系统建立模型，进行数字仿真，并通过代码生成模块生成目标代码。目标代码由综合管理系统下载到仿真目标机中进行实时的半物理仿真。综合管理系统对整个半物理仿真过程进行统一管理，实现自动测试、数据分析、航电信号模拟、故障注入等功能。仿真目标机通过数据接口与硬件实物交互，进一步进行硬件测试与试验。同时，信号模拟系统为仿真目标机以及座舱仪表显示系统提供模拟的航电系统信号。

飞控系统： 针对国产大飞机的设计改型阶段，根据已有理论基础，通过MWorks.Sysplorer建立该型号飞机飞行控制系统模型，覆盖飞控控制律、作动器电子控制装置、动力控制单元、标准气动模块、飞机本体等模型，以形成完整飞控系统闭环。通过试验数据和试飞数据对模型进行自底向上的模型验证和标定，以确保模型的准确性，最终保证所构建的飞控系统模型能够以较高置信度反映其当前构型。在此基础上，通过模型开展针对改型设计的验证与分析，支持飞行控制律的设计验证、作动回路的动态特性分析、飞机操纵稳定性的评估与验证等。

模型驱动的"XIL"试验： 面向国产某飞机的集成验证阶段，针对某型号飞机的起落架系统，建设了模型驱动的半物理仿真试验平台，通过半物理仿真实现由数字模型到实物试验的"逐步逼近"。数字仿真通过MWorks.Sysplorer建立起落架系统控制部分和被控对象的多领域模型，开展MIL仿真；再通过MWorks.Sysplorer的内核，基于模型生成可在下位机实时环境中运行的模型代码，进而开展SIL、RCP、PIL、HIL等类型的仿真试验，以支持起落架收放系统、前轮转弯系统、机轮刹车系统、液压综合控制系统的设计和试验全过程。模型驱动的XIL试验相比于传统的半物理试验，免去了手工编码的困难，同时保证了设计的一致性和较好的代码可追溯性。

飞发一体化联合仿真： 针对航空发动机传统的仿真手段局限于各个专业模型局部仿真分析，缺乏系统级的仿真分析和验证的问题，本项目基于MWorks.Sysplorer内核开展多专业异构模型的联合仿真平台建设，采用统一的国际规范建立联合仿真平台，支持导入飞机模型、发动机模型、滑油系统模型、空气系统模型、控制系统模型、燃油系统模型、短舱系统模型等。通过联合仿真，可以全面考察设计研发过程中的系统性问题。联合仿真技术将整机与动力装置各分系统视为一个有机联系的整体，强调在整个飞机发动机研制项目中的一体化融合设计理念，支持在动力装置开发过程中不断地从飞机实际的运行场景中提炼需求、分析需求、更新和细化需求，不断地在飞机实际的应用场景中对动力装置的研制方案进行验证和确认，通过这种持续的一体化迭代融合过程，最终实现"1+1>2"的设计理念和发动机性能的实质提升。

（三）英特工程仿真技术（大连）有限公司

1. 综合仿真平台——专用多物理场耦合仿真软件

英特仿真为某航天科研院所打造专用的多物理场耦合仿真平台，具备通用接口、开放架构和统一的前后处理界面，可自由地集成自研软件、开源软件和第三方商业软件，分析和解决运载火箭的转场、竖立、发射，以及飞行过程中的各类多物理场耦合问题。

平台功能包括：

1）支持航天器的结构、流体、热、电磁等物理场的单场分析和多场耦合分析。

2）支持航天器外流场的高速和超高速流动问题的分析。

3）支持航天器在起飞和飞行过程中复杂环境下的运动、分离问题的分析。

4）支持航天器在高速、高热环境下的气动加热和材料烧蚀问题的分析。

2. 专用软件定制——电磁阀多学科仿真及优化平台

电磁阀是运载火箭管路阀门系统中重要的元器件之一，其工作过程受电路、电磁、结构、流体、热等多物理场综合作用的影响，英特仿真为电磁阀仿真提供了全面的解决方案，完美解决了一般商业软件无法解决的电路－电磁耦合、电路－电磁－流体耦合、电路－电磁－热耦合等一系列多物理场耦合问题。

技术亮点包括：

1）几何全参数化建模。

2）全流程自动化仿真计算。

3）支持模型库/材料库/仿真任务导入导出。

4）几何模型动态预览。

5）涵盖电磁吸力、动态响应、优化分析、场路/电磁–AMESim/电磁–热耦合等仿真功能。

6）仿真报告自动生成。

（四）北京世冠金洋科技发展有限公司

1. GCAir 在数字卫星仿真中的应用

航天八院及战支某部应用 GCAir 实现了数字卫星的虚拟组装、快速构建，完成了在轨卫星的故障分析和故障推演工作。由于卫星工作环境的复杂程度，对卫星的设计进行试验验证有很大的难度。本项目中，世冠基于 GCAir 平台，为用户定制开发一系列卫星的模型库和建模标准，构建了一个用于支持数字卫星系统设计、在轨卫星稳定运行的，满足多源异构模型集成需求的数字卫星系统仿真软件平台，实现了在地面预演卫星轨道作战任务，并在真实任务中提供实时支持，实现了卫星故障的仿真、推演和反演，有效保障了卫星安全稳定和长寿命在轨运行等。

2. GCAir 在商飞国产大飞机研发中的应用

在国产大飞机的研发项目中，由于国产大飞机的研发涉及航空发动机、环控、液压、飞控、电气等多个子系统，在通常的研发工作中采用多种仿真软件来应对不同子系统的建模需求，因此如何将不同建模工具搭建的子系统模型集成，形成整机模型进行虚拟测试是一个技术难点。

本项目中，商飞应用 GCAir 中的 FMU 模型集成测试环境用于支撑虚拟铁鸟测试，实现不同模型间接口的自动连接，测试任务的自动测试和模型性能的评估，故障注入分析，以及试验过程可视化等功能。用户可以通过该平台进行虚拟铁鸟 FMU 模型的集成仿真和测试，提前发现问题，排除故障。

3. GCAir 在商用发动机研发中的应用

发动机是航空工业中技术难度最大、研制周期最长的子系统。而商用发动机又必须解决高可靠性、高性能、高经济性问题。本项目中，GCAir 为用户提供了一个接近实际运行场景的飞机、发动机一体化的集成仿真环境。用户可以在此基础上建立全包线评估发动机性能、噪音、排放和安全性的能力,可以集成不同功能模块(包括控制系统、燃油系统、滑油系统等),并且能够利用三维视景技术动态显示飞机的飞行场景,最终为动力装置研制的需求分析与定义、动力装置及其系统研制的飞机级确认活动以及虚拟飞行试验提供技术平台和依据。

4. GCAir 在无人机 GNC 系统虚拟测试中的应用

无人机 GNC 系统需要将捷联惯导、卫星导航及大气数据进行融合处理,研发设计过程中,进行系统性的集成仿真需要打通不同的设计手段(Simulink 模型、嵌入式 C 代码以及 SCADE 系统)之间的软件接口。本项目中,航空 611 所应用 GCAir 实现了各子系统的集成,应用 GCAir 提供的空天虚拟测试环境,快速多次迭代,圆满完成了无人机 GNC 系统的阶段设计任务。

(五)金航数码科技有限责任公司

1. 金航业务基础平台

金航业务基础平台是工业软件的研发工具和运行框架。它面向企业随需而变的业务,基于模型驱动、低代码开发、组件化、开放性的设计思想,采用云原生(微服务、容器云、DevOps 等)技术架构,为工业软件设计、开发、运行、维护全生命周期提供支撑环境,大幅提升工业软件开发水平和交付质量。

典型应用案例:

1)平台支撑的自主工业软件研发。基于业务基础平台研发了三维工艺设计与管理系统、企业资源计划系统(AEPCS)、制造执行系统(MES)、产品数据管理系统(PDM)、复杂装备维修系统(MRO)、知识工程系统等 20 多个自主可控工业软件产品,已在 700 多个高端装备制造业客户、2000 多个信息化项目中得到广泛应用。金航业务基础平台为打造自主可控的工业软件生态提供了坚实的技术支撑,推动了自主可控产业标准和规范的建立,加强了产业链协作,为国防工业和高端制造业的自主可控、安全可信提供了有力保障。

2)陕飞总装脉动生产线:基于业务基础平台开发的陕飞总装脉动生产

线项目，通过平台的流程引擎，满足总装关键业务流程、管理模式及制度体系的升级要求，实现了生产作业计划优化、可视化生产现场管理、高度透明的生产展示和质量跟踪以及全面的数据集成。平台的工业物联网适配接口，为实现 IT 与 OT 的融合提供了有力技术支撑。

3）中国商飞 CMOS 项目：CMOS 是中国商飞制造运行平台的简称，是基于业务基础平台开发的面向商飞全公司管理的软件平台。CMOS 是承载中国商飞管理体系的系统平台，以业务基础平台为底座，依托三大方法、五大工具、一条主线和两个方面，统一了计划任务平台、业务流程平台、问题管理平台、文档/数据平台、管控平台，并为后续管理方法、理念、工具的导入提供了统一的集成平台。

2. 金航三维工艺设计与管理系统

金航三维工艺设计与管理系统在航空工业及其他军工行业具有大量客户，包括航空工业洪都、西飞、陕飞、制造院、昌飞、航宇、成飞、江航、中国航发南方等。

1）陕飞三维工艺设计与管理系统。陕飞项目覆盖并行工艺协同、工艺规划、冷热工艺设计、审批、发布，以及工程项目管理、工程更改、首件鉴定和工艺标准贯彻等国标企标的管理内容。系统基于 XML 标准文件格式实现工艺信息的定义、设计、数据管理，实现与 PDM 集成并完善结构化对象编制方面的不足，重点解决工艺指令一体化编制、审批、BOM 关联等业务需求，能够支撑用户基于同一平台完成工艺设计、审签等相关工作。

2）洪都三维工艺设计与过程管理平台。洪都于 2018 年上线使用三维工艺设计与管理集成软件平台。该平台以航空制造企业工艺设计、管理及产品制造的实际业务为应用目标，覆盖工艺策划、工艺详细设计、工艺审签、工艺更改、工艺发放等业务环节，提供了集成化的应用环境，建立了从工艺方案策划、详细工艺设计到车间生产执行的完整业务数据链，实现了工艺数据与信息在工艺设计及制造过程的准确性、有效性和完整性管理，能够支持工艺研制的业务流程优化。

3）成飞民机三维工艺设计与仿真系统。成飞民机三维工艺仿真项目主要实现三维工艺设计、三维装配仿真与验证。通过三维工艺仿真软件的应用完善了成飞民机在三维工艺设计和仿真方面的工具应用。通过场景、案例的实施，针对型号工艺研制场景进行应用与验证，切实提高了工艺人员对软件的应用能力。基于成飞民机工艺业务数据特点，对三维 CAPP 的数据对象和业务流程进行定义与集成。在实施过程中注重与现行系统平台和业务工作保持协调，系统实施过程中基于成飞民机业务特点以及信息化现状，提高工艺设计与仿真能力。

4）江航工程研发采用 CATIA 进行产品三维设计，并正在建设与推广 PDM 系统以进行产品数据管理与研发协同，但其原有的 CAPP 系统依然是二维卡片编制与签审，造成产品研制模型数据链不连续，也不能保证唯一。通过项目建设，建立符合基于模型的三维工艺设计的工艺管理模式，通过工艺数据集成统一接口实现工艺平台软件与其他系统的数据交互，实现基于工艺业务过程一体化管理平台软件进行业务组件的建设与接入，覆盖工艺与设计并行协同、工艺研发、三维工艺设计、设计更改贯彻等工艺全过程管理。

3. 金航制造执行系统

该系统主要面向国防装备制造业，用户群体主要集中在航空工业、航空发动机、兵器、船舶、航天、电子等领域。在航空工业及其他军工行业具有大量客户，主要包括中航飞机、郑飞、江航、雷华电子、陕西航空电气、南京晨光、新航、商发、黎明等多家国有企事业单位。

1）中国航发黎明制造执行系统案例：完成九条生产线的制造执行系统建设，在统一的企业平台下支持不同车间、多加工模式，形成了全局的应用效果。

2）航空工业西飞制造执行系统案例：制造执行系统在零件车间和装配车间均上线应用，并与 ERP 系统应用相同技术平台，实现生产系统的平台统一。

3）航空工业雷达与电子设备研究院制造执行系统案例：实现从计划到执行的全面管理和监控，可以调节现场生产节奏，调配生产资源，应用条码技术采集现场数据，保证生产的顺利进行。

4）航空工业哈飞数字化装配信息系统案例：将直升机部装、总装、试飞三种相近但不完全相同的业务综合考虑，统一管理，适应多品种、大批量、短周期的生产模式。

5）航空工业新航 MES 案例：实时可视化展示全业务状态，支持动态、快速响应和决策，实现了 MES 与车间数字化设备的互联互通，自动采集。

6）航空工业惠阳复材及热表厂 MES 项目案例：对复合材料工艺、热处理工艺、表面处理工艺车间进行有效的现场管理，并应用条码技术实现快速检索。

7）中国航发商发装配执行系统项目案例：实现商用航空发动机研制阶段的装配过程管理，解决涉及单位多、集成难度大、设计更改频繁等问题。

4. 金航 AEPCS 在航空制造领域的应用

金航 AEPCS 在航空工业及其他国防工业具有大量客户，包括中航飞机、成飞、江航、雷华电子、青云、陕西航空电气等多家航空企事业单位，航天科工南京晨光、航天科技北京光华无线电厂、兵工集团哈尔滨建成、中国航发商发、中国航发黎明等也均为金航数码的长期合作客户。

典型用户应用情况：

1）西安飞机工业（集团）有限责任公司生产计划管理系统：实施后，达到很好的应用效果，通过生产计划全公司"一本帐"，初步实现了从调度管理到计划管理、从批次计划到架次计划、从月份计划到周/日计划的"三个转变"；将条形码技术用于飞机生产管理，实时采集各类生产现场数据，实现了生产、质量、工艺信息的集成和现场监控，用信息技术推动管理进步，规范企业的基础管理工作和业务流程，改变管理模式，促使公司向精益生产方式逐步迈进。

2）哈尔滨建成集团有限公司科研生产管理系统：系统实施以后，规范和优化了生产计划和采购计划编制体系，规范了外协管理流程。强化了中心库房的物料中心职能，打通了物资库、中心库和车间二级库的实物流和信息流。通过科研和批产生产计划的统筹管理和零部件级计划考核，强化了生产计划的精细化管理。通过标准化的生产流程实现过程控制、过程优化，借助信息技术实现生产过程的可视化和数字化，以及生产过程数据的全面共享，提升公司的整体运作效率，帮助公司实现跨越式发展，促进企业信息化与工业化融合的进程。

3）南京机电生产计划管理与制造执行系统：系统实施后，实现了计划、生产全过程信息贯通。生产计划与物资供应紧密衔接，实现计划与发料的联动；生产计划与车间计划的衔接，实现车间计划与任务要求的紧密联动；通过实现在制进度、任务工时、任务进展的统计看板，实现生产现场工作进展、发生问题、质量状况的可视化。截至目前进入系统的在产产品 1200 多个、订单 70 000 多个、完成订单 35 000 多个、产品投产策划 250 多次，成为生产计划员、调度员生产计划管理的良好工具。

（六）武汉开目信息技术股份有限公司——航空航天行业智能制造数字化车间解决方案

航空航天行业智能制造数字化车间解决方案：随着航空航天行业的发展，产品的多品种、小批量、短周期、快变化、高可靠性和低成本要求越来越高，对智能制造系统中生产计划、物流及质量精准管控的要求越来越高。搭建航空航天行业智能制造数字化车间，建立航空航天行业基于知识的智能化三维工艺规划系统，建立管理航空航天行业产品全生命周期的 PLM 系统，建设智能制造运营管理系统与制造执行系统，提升我国航空航天智能制造整体能力及自主核心制造能力，推广行业智能化制造、区域智能化制造，提高我国航空航天装备作战性能与整体结构性能及可靠性，减轻航空航天装备结构质量，降低制造成本，缩短制造周期，具有重要意义。

在产品全生命周期管理（PLM）、基于知识的三维工艺规划和仿真（3DCAPP）、企业资源管理（ERP）、数据驱动的制造执行系统（MES）、基于实时制造数据的可获取车间仿真系统、数据采集与监视控制系统（SCADA）、基于设备互联互通的零部件动态加工过程参数高精实时检测系统、基于智能制造平台的加工设备能耗监控与设备故障智能诊断系统、云制造平台等系统的支持下，实现支持航空航天行业零部件智能制造的数字化车间及其智能生产管理与决策系统。

该行业方案将达成以下技术目标：

1）应用 PLM 技术建立航空航天行业产品的全生命周期数据管理体系，应用 3DCAPP 实现智能化工艺规划和仿真，运用基于智能数据库的刀具及工艺参数优化技术实现铣削参数的优化，缩短产品研制和生产准备周期 30% 以上，提高研制质量，减少设计更改 30%。

2）数字化车间将在车间采用自动化生产线代替人工操作，在物料输送环节采用全自动输送带，在产品检测环节实行全部自动化检测，在仓储环节采用自动化立体仓库。采用企业资源管理（ERP）技术实现企业生产计划管理，通过数据驱动的制造执行系统（MES）、可视化的虚拟车间实时监控系统、数据采集与监视控制系统（SCADA）、基于设备互联互通的钛合金零部件动态加工过程参数高精实时检测系统、基于智能制造平台的钛合金加工设备能耗监控与设备故障智能诊断系统等工业软件的支持以及配套的机器人、自动化仓库和输送设备、在线检测工作站等制造装备的现场数据，实现透明化精细化管理，节省人力70%以上，提高生产效率20%。

3）建立基于物联网技术的制造现场"智能感知"系统，改造升级现有智能化系统，建立全制造过程可视化集成控制中心；降低产品不良品率20%以上，提高能源利用率10%以上，降低运营成本20%以上。

（七）安世亚太科技股份有限公司

1. 航空飞行器气动仿真

航空飞行器的研制通常具有周期长、费用高的特点。以军用航空飞行器为例，其研制过程包括概念论证设计阶段、方案设计阶段、详细设计阶段、设计定型阶段和生产定型阶段五个阶段。在这几个阶段中都需要大量的气动计算。精确的气动计算越多，就可以减少更多的风洞试验，就更有利于缩短研制周期、降低费用。因此，气动分析需要稳健的求解器，我们为此开发大型三维CFD软件（包括强劲快速的网格生成工具），以及求解器高效的并行处理功能，来计算多个飞行器实际工况，例如大迎角分离流动，亚、跨、超音速全机气动力计算，多段翼地气动计算，翼身－挂架－外挂的跨音速小扰动计算，翼身组合体跨音速全速势方程计算，进排气系统的内流计算等。

某航空客户采用我们提供的全机气动力分析的解决方案，用基于密度基的耦合算法，求解了马赫数为0.85时超临界机翼处于局部小分离状态或偏移设计点的中度分离状态、不同雷诺数和攻角下的气动力，获得运输机飞行时的精确升力、阻力、力矩计算结果。验证了我们的求解器可以保证获得航空飞行的精确气动特性，为飞行器优化设计提供参考。

2. 飞机精益研发平台

该平台是为我国某航空设计研究所建设的，该所主要从事飞机的总体设计与研究工作，科研实力雄厚，专业设置齐全。为适应飞机型号研发模式由仿制改型衍生发展到自主创新的转变，应对新一代飞机型号研制周期大幅度压缩的要求，解决研制队伍年轻化带来的能力建设和知识传承问题，适应由过去从已有型号研发流程的朴素总结到基于系统工程方法的新一代飞机型号数字化研发流程的正向梳理的转变，适应由过去专业内的平台建设向覆盖跨专业流程的平台建设的转变，该所决定建设集系统工程、知识工程、综合设计、质量管理等系统为一体的大型精益研发平台。

通过飞机精益研发平台的实施，梳理了该所的数字化研发流程，使该所内各种研发活动规范化，清晰定义出各级业务流程；梳理了研发流程中工作包所涉及的数字化研发工具（CAX 软件）的使用规范，包括用何种工具、如何使用等，并且把这些工具根据业务要求定制了工作模板，按照业务逻辑打通了工具之间的接口；形成全所内部统一的研发设计工作环境，便于实现跨学科专业的协同，并搭建了专业的应用系统；将知识融入飞机研发流程中，实现所内科研知识的重用和传承，形成了所内独特且宝贵的研发知识库；将过程质量管理融入研发体系中，为设计人员自检、专家检核以及质量评审提供指导；最后，提供了研发作战指挥室系统，便于高层对研发过程进行监控和指挥。

3. 特种装备知识工程平台

以某特种装备知识工程平台在海军装备行业的应用为例。某大型装备研究院，正在实施建设创新型研究院所和一体化科研中心战略，需要通过信息化平台建设，把体系做强、手段做强、能力做强。在知识的管理过程中存在如下现状：知识和资料分散在各院所、科室的科研人员手中，软件使用过程不规范，知识难以共享和重复利用，研制工作缺乏知识的有效支撑；新老两代研发人员的更替，导致经验和知识流失严重，知识管理和成果积累比较困难；知识管理与研发活动"两张皮"，知识没有贯穿到研发过程中，知识的利用率低；大量详细资料和研发资源掌握在各科室手中，院级统一公共信息化资源库的建设还没有形成体系和规模，资源共享度有待提升。

为有效减缓知识的无形磨损和流失,我们通过整合该院已有的业务系统,构建了以业务流程为纽带、面向业务的特种装备知识工程平台。特种装备知识工程平台容纳诸多战术技术数据、模型、图片等各种格式的文档,并提供知识转换接口和知识应用接口,提高了知识资源的使用效率,实现了汇聚企业智慧、整合组织资源、共享业务知识的目标,并以知识为基础实现研发效率和决策质量的大幅度提升。知识工程建设,一方面为该院提供了知识工程的技术条件,另一方面提供了"以人为中心,组织为保障,技术是支撑"的以人为本的知识管理理念。

(八)重庆诚智鹏科技有限责任公司——PDCC 在中国航发南方工业有限公司发动机零件的加工工艺规程校核中的应用

1. 模型说明

某轴类零件结构如图 6-1 所示,车削加工保证零件轴向尺寸 A34、A41、A43、A61、A62、A63,请校核零件加工工艺。

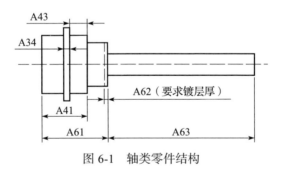

图 6-1 轴类零件结构

2. 加工工艺流程

1)以毛坯左端面为基准加工尺寸 A11、A12。

2)以 A11 右端面为基准加工尺寸 A21。

3)以 A12 右端面为基准加工尺寸 A31、A32、A33。

4)以 A32 左端面为基准加工尺寸 A41、A42。

5)表处理镀层厚度 A51。

6)以 A32 左端面为基准加工尺寸 A61。

3. PDCC 解决方案

1）根据工艺规程，快速输入工艺流程图，清晰表达工艺过程，如图 6-2 所示。

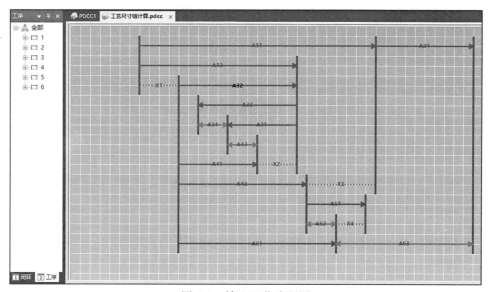

图 6-2　输入工艺流程图

2）可同时计算基准转换、余量及表处理，一键计算输出清晰工艺错误点，如图 6-3 所示。

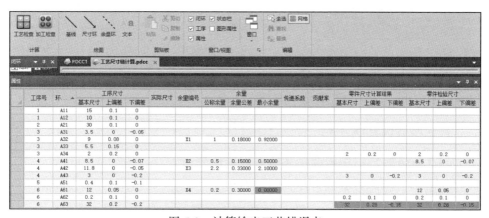

图 6-3　计算输出工艺错误点

3）选择错误尺寸，自动显示相关敏感因子及贡献率，如图 6-4 所示。

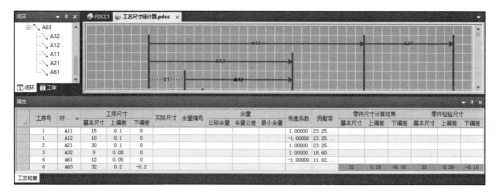

图 6-4 显示敏感因子及贡献率

4）效率大幅提升，如图 6-5 所示。

- 若某零件加工工艺中需要计算的零件尺寸及余量有30个，同时用传统手工与PDCC软件进行计算，通过数据分析对比，效果如下表：

工艺尺寸链计算方式	传统手工	PDCC软件
计算时间	8小时以上	10分钟以内
准确性	容易出错	结果准确
工艺错误提示	手工对比	软件自动提示
计算报告	手工整理	软件自动输出

图 6-5 效率提升示例

（九）北京索为系统技术股份有限公司

1. 大型客机总体方案综合设计系统

（1）服务客户：中国商用飞机有限责任公司

大型客机总体方案综合设计系统定位于民机概念设计、方案设计和部分预发展阶段，系统涵盖适应性与经济性、布局、外形、布置、重量、气动、性能、操稳、载荷等专业。通过对大型客机总体方案设计的流程、方法、规范、数据进行研究，在综合设计系统框架软件SYSWARE的基础上，集成民机方案设计阶段主要学科专业的建模和计算分析工具，封装民机总体方案设计的规则、方法和知识，建立标准的民机总体方案设计流程，构建一套高度开放、灵活和可扩展的大型客机总体方案综合设计系统。

（2）实施方案和技术路线

大型客机总体方案综合设计系统包括"总体设计基础数据库、总体设计工程组件库、民机总体方案设计流程库、方案数据管理系统"四大部分。

（3）项目成果及实施成效

通过该系统对总体设计过程进行有效管理和控制，提高了设计过程的规范性、效率和质量；通过集成化、模块化设计，减少了总体设计过程中的人工重复劳动，实现了总体方案的快速设计，提高了工作效率；通过多方案对比和多学科优化提高了总体方案的设计质量，为大型客机总体设计技术奠定了坚实的数字化支撑环境，缩短了大型客机的研制周期。

2. 仿真试验数据分析软件

（1）服务客户：北京航天自动控制研究所

建立制导、姿控仿真试验数据分析软件，以实现对各型号的设计工具与仿真模型的统一管理，实现各型号不同设计阶段、不同仿真状态、不同人员的设计成果统一管理，实现仿真程序的规范化、统一化，实现对设计知识和经验的积累及重用，便于对知识及经验的继承与借鉴，以进一步提高研制效率，保证设计和仿真验证的规范化。

（2）实施方案技术路线

该软件系统主要包括设计模板库、集成设计流程、仿真模型库、集成仿真流程、数据管理等功能。

软件具有基础的软件集成、模板封装、流程搭建与数据管理功能。

设计模板主要对导航、制导、姿控设计工具进行封装，以模板为设计单元进行工具快速应用。通过设计模板等功能组合，可形成规范的设计流程，实现设计数据的关联和传递。

仿真模型库基于各专业的仿真算法（VC）进行构建，形成规范的仿真模型。通过仿真算法集成和仿真模型应用，可自由搭建仿真流程，形成仿真模板。数据管理主要包括个人设计仿真数据管理和共享设计数据管理。

该软件系统基于客户端/服务器模式实现，具备C\S+B\S两种架构。客户端用户实现集成化设计与仿真，以及数据处理工作；服务器端用于数据存储、管理及远程计算执行。其中，客户端集成环境、调度服务器及执行服务器执行环境为集成设计与仿真环境（简称IDE），进一步分为设计和仿真两种环境。

（3）项目成果及实施成效

软件运行正常，系统整体上可满足用户实际使用要求。在软件的整个开发研制过程中，从用户视角、管理员视角及开发人员视角对软件性能进行了响应测试、并发测试、大数据量测试等测试，测试结果表明软件性能满足使用要求，并且软件具有良好的可扩展性，用户可以开发、封装新的模块成为系统功能。此外，软件还提供了与大部分商业软件的专用接口，软件的安全性和可靠性均满足要求，解决了有关设计的经验与结果大量存在于分散的设计、分析报告、会议记录等文档，知识重用度低的问题，且节约了设计研发人员大量的时间与精力。

二、船舶行业应用案例

（一）北京索为系统技术股份有限公司——快速设计系统

1. 服务客户：中船重工第七一九研究所

快速设计系统是在总体、性能及船体三个专业基础上，基于SYSWARE集成开发环境搭建而成，用于进行总体快速设计、性能分析及结构参数化建模等设计分析工作，旨在减轻设计过程中烦琐的设计输入，减少设计、计算过程中的迭代造成的重复工作，打通各专业间数据孤岛，提高所内工程人员效率。

2. 实施方案技术路线

具体建设内容包含：建立总体、船体专业设计环境，集成专业设计方法、工具和软件，构建总体、船体专业应用系统，为专业人员提供专业工具模块；实现过程数据管理，完成对专业设计的过程数据的有效管理。

涉及关键技术：CAD 快速艇体参数化建模技术，CAD/CAE 模型转换技术，Word 报告快速生成技术，工具适配器技术，丰富的模板开发技术。

3. 主要模块

（1）门户集成模块

具备门户入口界面，实现统一单点登录，提供系统安全功能设计，实现用户角色与权限配置。

（2）设计模板管理模块

实现研发数据、活动、流程、专业设计模板管理及应用。

（3）性能指标量化模块

以基础数据库为基本数据源，采用统计分析和理论分析相结合方法，建立战术技术指标和潜艇性能之间数学模型。

（4）型线设计模块

集成所内自研程序，完成主艇体、甲板、围壳型线及附体型线设计功能，能根据型线设计数据，自动完成二维图纸生成。

（5）性能计算模块

通过开发潜艇静力性能计算模板，用户能自由搭建潜艇静力性能计算流程，完成性能计算各项目任务。

（6）结构设计与分析模块

4. 项目成果及实施成效

实现了各项任务、流程及知识的融合。基于各项任务、流程及知识可支持型号的快速设计及方案验证。实现了设计数据的统一管理。实现了知识的统一管理及应用。

三、机械行业应用案例

（一）苏州浩辰软件股份有限公司——浩辰 CAD

三一集团有限公司始创于 1989 年。是以"工程"为主题的装备制造业的世界最大混凝土机械制造商。浩辰根据三一集团项目的特殊性，安排专业技术人员到三一集团进行深入交流、了解需求。经过研发和部署实现浩辰CAD与企业内部其他管理软件达到了深入集成,实现信息管理一体化,同时协助三一集团内部建立标准化、规范化的技术团队,为后期团队高效协作建立基础,同时协助三一集团完成了企业内部图纸标签等接口的集成问题。

浩辰公司从前期的深入调研到后期的部署,始终以用户的需求为导向,切实解决了公司一直以来的多方软件集成问题,提升了信息一体化管理。

(二)北京兰光创新科技有限公司——兰光智能MES在宁夏共享集团的应用

北京兰光创新科技有限公司为共享集团实施了MES、APS、DNC/MDC系统,并通过与ERP、PLM等系统的集成,实现了数据在信息化系统之间的自由流动。

工程师在PLM中使用CAD进行三维设计,计划人员在ERP中做出主生产计划,并被MES接收后,经APS(高级排产系统)自动生成最优的作业计划,可以具体到每一工序、每一设备、每一分钟,机床需要的加工程序直接通过DNC系统传输到机床里,通过MDC系统实时采集机床状态、加工进度,基于这些数据形成智能化的决策分析与可视化展现,并通过MES系统反馈到ERP系统,实现企业闭环的管理。

共享集团利用该系统,实现了计划的快速排产,通过可视化、透明化、图形化的技术管理手段,为车间生产提供科学、可靠的生产计划;通过系统的能力平衡,完成对设备资源合理、均衡的调配,提高生产计划的准确性和可执行性。将生产过程中的人员、设备、物料、工序等基础信息通过MES系统进行准确、可靠的精益管理。并通过数据自动采集等技术实现了生产过程控制的目的,提高了产品的生产质量,降低了生产成本,明显提升了企业的市场竞争力。

该系统的建设体现了"纵向集成"思想,实现了信息化系统之间的深度集成,生产设备之间的深度集成,生产设备等物理世界与信息化系统等虚拟世界的深度融合。系统实施后,显著提高了企业生产率,机床利用率提高了30%,产品的制造周期缩短了25%以上。共享集团已经成为中国智能制造的典范。

(三) 重庆诚智鹏科技有限责任公司

1. 通过 DCC 软件尺寸链计算和公差分析来解决实际的工程问题

在模具设计中存在公差匹配的问题。例如，钻模模具设计要求为钻孔后零件孔端面到零件底部的距离为 66 ± 0.15，检查模具公差设计是否合理，如不合理该如何优化相关模具公差。

公司通过 DCC 软件快速构建该钻模的尺寸链模型，输入相关参数就可以获得的当前设计零件实际加工零件尺寸为 66 ± 0.45，很明显存在超差。通过软件的仿真算法，模拟实际生产中该模具的加工情况，仿真得到当前设计零件实际加工零件的合格率为 88.48%，如图 6-6 所示。显然当前的设计存在缺陷，加工出的零件合格率不高，需要优化。

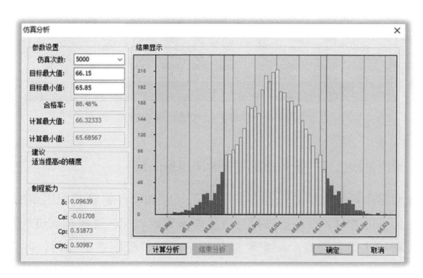

图 6-6 仿真分析

传统的优化方法通常需要反复修改并验算模具的各公差，手工计算需要花费大量的时间。但是，软件的公差分配功能可以根据质量性能目标反向自动分配模具相关尺寸的公差，一次性获得满足质量性能要求的最经济公差，大幅提高公差优化的效率，如图 6-7 所示。

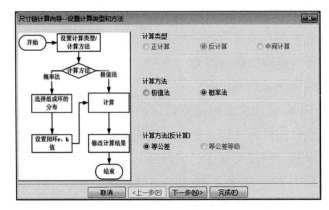

图 6-7　软件的尺寸链计算功能

2. 解决发动机进气管和增压气管装配困难问题

在实际生产装配中总是存在发动机进气管和增压器管装配困难的问题，工人在装不进去时，往往通过敲打进气管来完成装配，这将造成进气管的爆裂，进而产生设备报废。厂家希望分析造成该装配困难的原因，并进行优化，如图 6-8 所示。

由于该案例涉及空间尺寸链的分析，传统的手工计算无法计算。通过诚智鹏 DCC 尺寸链计算和公差分析软件，快速地对发动机装配进行建模分析，通过计算分析发现，进气管和增压器管的中心偏差为 ±3.2mm 远大于连接管允许的变形量（±1.75mm），这就是存在装配困难的原因，通过仿真功能获得合格率为 86%，与实际加工统计的数据吻合，如图 6-9 所示。同时通过分析计算找到了影响装配的关重尺寸。软件自动计算的传递系数可以判断对装备影响最大的是 β 角度；通过软件的智能优化建议，帮助客户迅速找到了优化目标并最终解决了该装配困难的问题,为客户一年避免1000多台设备的报废,带来了巨大的经济效益。

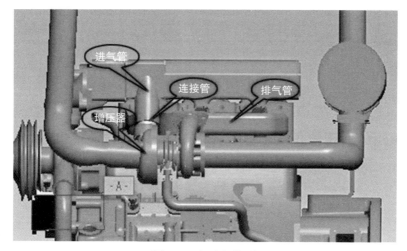

图 6-8 发动机管道

编号	基本尺寸	上偏差	下偏差	环类型	公差	属性	传递系数
N	0.47725	3.21782	-3.21782	闭环	6.43565	平面	
A2	80	0.8	-0.8		1.6	平面	0
β	132	120	-120	减环	240	角度	-80.00000
A4	33.5	0.2	-0.2	增环	0.4	平面	0.34200
A5	38.5	0.3	-0.7	增环	1	平面	0.34200
A7	94.5	0.5	-0.5	减环	1	平面	-0.93970
A9	40	1.2	-1.2	减环	2.4	平面	-1.00000
A1	70	0.8	-0.8	增环	1.6	平面	0.74310
α	68	120	-120	减环	240	角度	-3.43500
A3	74	0.2	-0.2		0.4	平面	-0.34200
A6	111.5	0.2	-0.2	增环	0.4	平面	0.93970
A8	40	1	-1	减环	2	平面	-0.66910
κ	20	60	-60	减环	120	角度	-4.44810

图 6-9 发动机装备建模分析功能

(四)杭州新迪数字工程系统有限公司——协同设计平台和 3D 电子目录项目

南京福贝尔五金制品有限公司是中国紧固件十大新锐品牌,年产值近 1 亿元,是专业紧固件制造生产企业。目前面临研发管理和研发效率跟不上、研发能力不能及时响应客户需求,研发与销售和生产不协同,并且企业本身应对市场需求的降本增效管理能力也不足等问题。

新迪为福贝尔量身定制,提供了三维 CAD 软件、3D 产品目录系统和

PDM 产品管理系统解决方案，以解决研发管理、研发和销售的数据打通与关联等问题，打造一个研发、销售一体化的数字孪生平台。

该平台整合新迪 3D 设计软件、3Dsource 电子目录、新迪 PDM，并最终与福贝尔的 ERP 及电商平台打通，平台建设完成后，将提供从设计数据诞生开始到最终销售端展示并提供给用户选型使用的完整链路，具备 3D 数据贯彻始终，准确、实时、高效，打通不通部门之间的数据壁垒，减少相关人员工作量，实现提优增效。

（五）银川华信智信息技术有限公司

1. 华信智产品数据管理 PDM 系统在浙江海德曼智能装备的应用

浙江海德曼是高档精密车床生产加工、柔性生产制造单元产线生产的成套方案供应商，获得全国机床行业质量十佳、国家重大专项以及国家高新技术企业等荣誉称号。

2015 年上线华信智产品数据管理 PDM 系统，首先从客户编码进行规范管理，从而为 ERP 上线及数据接口打通进行提前规范。华信智产品数据管理 PDM 系统，是专门为机床行业进行的产品设计开发，针对机床行业设计的机械设计和电气设计分开的模式，进行机械单元和电气单元的区分，对于单一产品进行产品、单元、零件三级划分。其次，针对机床行业特色，客户针对其不同零部件的加工需求，以及机床有不同的功能需求，因此在此 PDM 系统中，将客户关系管理（CRM）系统进行了集成，实现了线上需求管理、销售制单、技术实施、客户查看确认等功能。

系统与生产也进行了关联，提供个性化定制模块以及标准功能包模块，针对客户选项，技术部门进行标准功能包/特殊选项功能包输出，采用技术通知单方式下发生产，设计与生产数据同步，生产管理针对下发的计划执行计划排产、机床号设定、针对标准机的提前计划设定等功能。

与 ERP 系统的集成，保证技术 BOM 变更、ERP 数据的同步更新、采购物料升级、技术 BOM 升级、实现技术设计与采购数据的双向同步更新。系统融合了财务审批，针对付款方式等问题，进行了系统在线审批。

通过系统应用，海德曼实现了从客户需求对接、客户关系管理、合同管理、发货管理等销售系统管控，技术设计与客户需求确认，生产计划排程与进度管控，财务审核等全流程管控；不仅仅实现产品的数据管理，也实现了从接单到交付的全过程管理。

PDM 系统应用效果：

1）浙江海德曼通过使用华信智 PDM 系统，消除了销售、技术、生产管理、财务部门间的信息壁垒，实现了销售岗位个性化定制需求、技术审批特殊选项等流程的在线操作，提升销售岗位的沟通效率约 16%；生产管理岗位依据顾客功能需求与交付时间约定、进行在线排产、确定计划，从而实现产品设计约定、生产部门交付时间约定，保证了交付时间；另外通过与财务部门的信息同步，确保付款方式的有效管理。

2）针对机床行业特殊选配订单进行了特殊设计，从而实现选项功能包的标准化，提高技术设计效率约 20%，针对同类客户需求，只需从系统内调用选项功能包即可。

3）华信智数据管理系统不仅仅是针对产品进行数据管理，其更多涵盖了客户关系管理（CRM）系统管理，技术与销售信息同步，以技术引导消费的模式，为客户提供更好的解决方案，从而拉动销售的成单率。

2. 工艺管理 CAPP 与生产管理系统在新乡平原航空液压设备的应用

新乡平原航空液压设备有限公司前身为 116 厂参股子公司，正式注册成立于 2006 年，2015 年完成了"军转民"，成为经营机制更灵活的民营企业。主要从事军用及民用航空、航天、战车、舰船等领域的过滤器、快速自封阀、液压和气动阀门产品的设计、开发、生产和服务。

华信智结合新乡平原航空液压设备有限公司的订单、生产需求，为公司量身定制了工艺管理 CAPP 与生产管理系统。

系统通过与客户现有用友 U8ERP、PLM 系统进行集成融合，在 CAPP 实施过程中，需要从 PLM 系统取得产品的整个工艺路线，以 PLM 系统中的工艺路线为标准在车间执行生产制造过程；通过与客户所使用的 MRP 系统进行智能排产，通过工艺管理 CAPP 与生产管理系统集成应用。通过数据库与财务软件进行对接，提高财务数据实时性。系统建成后应具备高度自动化、高实时性、高精准度，减少相关人员工作量，实现减员增效。

(1）项目内容

工艺管理主要功能为工艺的设计和审核，在工艺路线的编制过程中，还增加了对工艺、工时版本、工序辅助内容（设备、班组、工装夹具）的定义，基本实现了生产管理关键要素的全面关联。

成本管理实现了加工材料的管理，除加工材料的基本信息之外，系统还提供分材料密度、单价、形状等多种因素组成的成本核算功能，可准确计算出材料成本。

车间管理实现了产品加工过程的管理，在工序汇报环节加入了设备、人员等内容，可准确反映加工过程中相关数据；同时还实现了加工单扫码汇报、生产进度、计划完成进度等便捷化功能和统计报表，可实时掌握小到加工工序，大到生产计划的多层级生产情况，并且在质量检验模块，实现了加工过程中产品质量的管理。

生产计划管理（与 ERP 融合应用）从 ERP 中取得相关的销售订单和生产任务单，关联 CAPP 的生产加工过程，以此来跟踪客户产品交货期和生产进度；同时，客户针对 CAPP 系统中加工工序中成本、质量检验、报废料信息要求可以回传到 ERP，以供 ERP 进行产品成本的核算。

工艺中心实现了工艺图纸、工序图纸以及作业指导书等相关文档的管理，生产现场人员可实时查看相关文档。

在追溯产品下线时，系统为每个/每批次分配唯一的标示条码（客户端已分配），条码含批次信息。产品下线成功后，系统将该产品条码与工艺参数、生产过程数据等自动进行绑定、记录。技术质量部门可通过终端检索到产品批次信息，将质量检测结果与产品批次进行绑定。在对产品进行追溯时，通过扫描条码，可获取到产品生产过程的所有数据信息和批次质量检测数据信息。

(2）取得效果

1）大大提高排产效率，由原来人工排产 1～3 小时提升至 15～30 分钟。

2）通过成本核算与统计，质量问题分析，降低了废品损失 7%。

3）实现产品的唯一性追溯码，提升质量，并且也形成了质量管理的标准化、规范化，质量问题处理效率提升 5%。

4）工艺与生产计划同步，通过及时修改工艺文件，使其对应计划，质量提升了 6%。

四、石化行业应用案例

（一）和利时科技集团有限公司——有机硅工艺 APC 优化案例

本项目是针对有机硅流程工艺的合成装置、水裂解装置、分离装置、氯甲烷装置、白炭黑装置实现全流程的 APC 先进控制优化。本项目采用和利时 HOLLiAS 多变量先进控制软件对有机硅全流程各装置实施优化控制，使各装置能够实现"安全、稳定、连续、自动、优化"运行。

有机硅装置是典型的流程生产工艺，包括反应器、精馏塔等操作，是一个多输入多输出的多变量过程，内在机理较复杂，动态响应迟缓，变量之间相互关联，具有典型的多变量、强耦合、大惯性、大滞后、强干扰的复杂控制对象，本项目通过采用 HOLLiAS 多变量先进控制软件对有机硅全流程装置的 DCS 控制回路进行了参数整定，优化 PID 参数，保证系统自动投用率达到 95% 以上、生产稳定率达到 95% 以上，通过对反应单元、各个精馏单元实施 APC 多变量预测模型优化，最终实现各装置的稳定生产、精准控制，达到提高装置产量，提高产品品质，实现"卡边"操作，降低装置能耗的效果，并实现装置的"黑屏操作"。

（二）北京互时科技股份有限公司（原北京中科辅龙科技股份有限公司）

1. 中科炼化一体化项目—— RZONTM 4D 精益管道施工管理系统

RZONTM 4D 精益管道施工管理应用是中科炼化智能工厂设备管理域的重要组成部分，实现了管道焊接施工全流程监管，保证了焊接施工过程数据的真实准确，并为业主、EPC、施工、监理、检测和各参建单位的协同办公提供可视化管理平台，使管道焊接施工的进度和质量信息透明三维可视，同时为数字化交付和生产运营奠定了数据基础，助力中科炼化智能工厂建设。

中石化集团投资 400 亿的新建工程，工程量达 980 万寸，含管道建设主项共计 85 个，涉及 EPC 单位 10 家、施工单位 20 家、监理单位 12 家、检测单位 16 家。自 2019 年初工程建设项目进入管道施工环节起，该系统已成为该企业及参建单位的主要工作系统，系统总用户数达 835 人，日平均在线用户数 118 人，进度透明，实时统计每个 EPC 单位完成进度，10+ 万条管线 216 万道焊缝位置信息、焊接信息、热处理信息、无损检测信息等 4 亿多个的属性信息均形成数字化数据资产，可追溯焊缝全生命周期信息。

2. 中石化茂名分公司——OneHitTM 数字工作台

自 2014 年起，接收粗粒度装置 61 套，构建精细化装置 4 套、智能 P&ID 399 张，通过数字工作台全面、自动地聚合、治理多源异构数据，主动发现数据质量缺陷，提高数据与现场一致性，形成企业的数字底座，并在此基础上探索了一系列智能应用，推动企业高质量数据自动流转，提升工作效率近百倍。

持续治理数据机制，数据质量透明可见，在变动环境中始终保持数据与现场 100% 一致。

基于 NLP 技术解决材料规格异构描述带来的一物多码、编码清理工作，提升工作效率 80 倍。

降低人工识别和提取图纸数据工作量，支持 PDF、PNG、DWG 等常用格式，提高治理效率近百倍。

一站式数据查阅，获取数据以秒计，事件洞察响应速度提升 90%，项目实施过程中避免 2 次装置停工，减少损失达 1000 余万元。

采用统一信息模型结合工业 Know-How 构建业务主题模型并发布数据，降低 IT 系统初始化工作 90 人天 / 年，降低各类台账表单编制工作 160 人天 / 年。

（三）安徽容知日新科技股份有限公司

1. 广州石化泵群状态监测解决方案

2016 年，广州石化机动部向总部提报"机泵群监测系统（一期）"安全隐患治理项目，总部批复投资 240 万，2017 年实施。

泵群监测系统分两期实施，目前建成部分覆盖 9 个作业部、69 个装置、1547 台设备、2138 个测点。第一期于 2018 年 7 月投用，第二期于 2019 年 1 月投用。

广州石化之前用的是深圳永祥的 MEMS 传感器，频率范围窄，无法捕捉到机泵早期故障。轴承早期故障、工况不佳（如抽空）、润滑不良等故障频率一般在 10KHZ 以上，要发现早期故障，必须选用频响达到 10K 以上的压电式加速度传感器。压电式传感器又有三种，分单向、三向、1+2 形式（一个压电式、两个 MEMMS），考虑到成本及现场安装因素，最后选择容知日新公司的压电式三向传感器（1+2 形式）。

泵群监测与预测性维护项目上线以来，截止到 2019 年 1 月底，共发现 73 起案例，在设备故障早期介入，做到问题提前发现、及早处理，确保设备安全可靠、长期稳定运行。

泵群监测系统投用以后，实现了机泵检修模式由传统的故障检修加计划检修相结合的模式到预测性维修模式的转变，故障维修比例大幅下降，预测性维修比例大幅上升。之前故障维修占比 62%；高温热油泵进行计划维修，占比 23%；在班组和建筑安全的巡检、测振、测温基础上，开展预测性维修，故障诊断准确率提高 15%。系统投用后预测性维修大幅上升 55%，达到了 70%，待系统完善，稳定运行后，预测性维修比例应稳步上升到 90% 以上。

（四）北京拓盛智联技术有限公司

1. 智能巡检系统在九江石化的应用

智能巡检系统（如图 6-10 所示）2015 年 5 月在九江石化上线运行，在运行中经过不断修改和完善，系统运行质量逐步提高，应用效果越来越显著，在生产巡检管理中发挥着越来越大的作用。

九江石化炼油运行部外操巡检到位率环比，由 91.44% 提升至 100%，化工运行部由 78.46 提升至 100%。

基于 GIS 地图，GPS 定位技术，实现全厂巡检线路轨迹的查看，给管理人员在巡检问题追溯、分析、决策，带来了有效信息支撑，如图 6-11 所示。

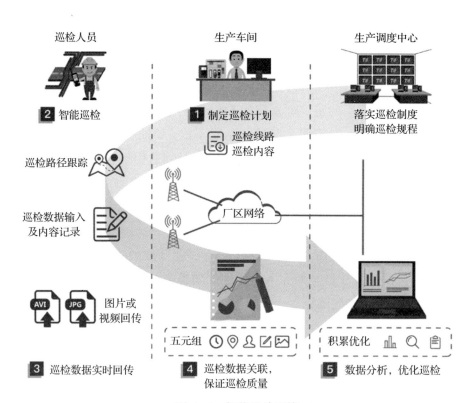

图 6-10　智能巡检系统

图 6-11　巡检管理系统

巡检过程中发现的异常实时上传至后台隐患库与快报 APP，通过管理员确认异常等级后转为工单，通过识别、分析与控制在危险作业过程中的危险及隐患，通过智能化调度，有效地规避风险及事故；针对承包商准入、承包商工作协同，提供强大的数据依据及基础，实现作业全过程有效管理及生产、运行，提高了作业管理的智能化与精细化。

2. 基于工业移动物联网生产辅助管控应用解决方案中的融合通信管理

如图 6-12 所示，九江石化现有 16 个频段内的对讲机，可以通过 16 个车载台，实现对讲语音的落地。再通过"集群对讲网关"，将这 16 路音频信号进行模数转换，并通过以太网络与"语音集群调度服务器"进行数字通信。同时，防爆终端也注册到"语音集群调度服务器"，通过"语音集群调度服务器"最终实现与已经接入的摩托罗拉防爆对讲机的互联互通。"语音集群调度"可以对"防爆对讲机"及"防爆智能终端"进行统一管理、统一调度，解决内外操协同困难及终端管理的问题。另外，巡检软硬件能对工业现场噪声进行抑制，噪声抑制最高可达 30dB，能广泛应用于工业现场高噪环境下。在巡检的同时，方便操作人员进行语音和视频交互，提高了沟通效率，解决了操作人员同时携带对讲机和巡检仪的麻烦，可有效替代进口摩托罗拉防爆对讲机在石油化工行业的应用。

（五）南京科远智慧科技集团股份有限公司——科远智慧化工解决方案

科远智慧化工解决方案针对化工安全信息化建设要求，以"四大功能"模块实现"五位一体"建设需求，全面覆盖化工企业安全生产管理各个环节。

重大危险源监测预警系统：基于 GIS 地图，监测化工企业构成重大危险源的危险化学品储存及生产装置实时数据和预警、可燃有毒气体数据及预警、危险化工工艺安全参数监测预警，以及监控视频报警联动等信息。

安全风险分区管理系统：系统根据风险分级管理的结果，结合 GIS 地图，使用红、橙、黄、蓝四种颜色，实现企业安全生产风险分区分布"一张图"可视化展示。并生成分级管控清单、危险（有害）因素排查辨识清单，及对应的应急处置措施。

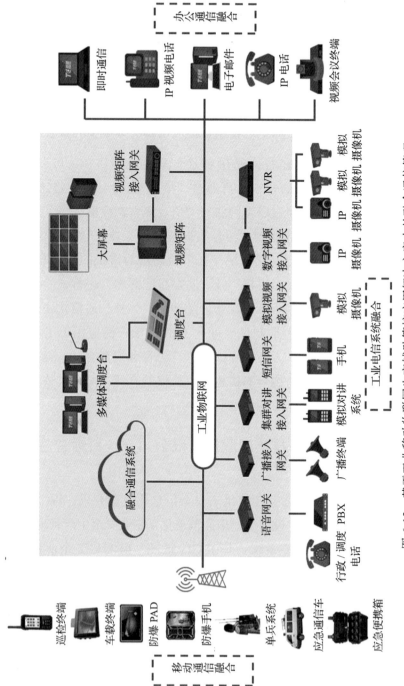

图 6-12 基于工业移动物联网生产辅助管控应用解决方案中的融合通信管理

人员在岗管理系统：用于管理化工企业作业人员定时、定人、定岗履职的物联网信息系统，提供人员及车辆定位管理功能，针对在岗、离岗、串岗人员及车辆越界、滞留、超速等情况提供及时告警，实时获取现场信息。

安全生产流程管理系统：安全生产目标责任管理、现场管理、智能可视化巡检、隐患排查治理、电子作业管理、应急管理等安全生产管理集成于GIS地图中，安全管控人员、领导在办公室，就可以真实客观地感知现场的生产状况与作业情况，真正做到运筹帷幄。

五、轨道交通行业应用案例

（一）苏州浩辰软件股份有限公司——浩辰CAD

中国中车是全球规模最大、品种最全、技术领先的轨道交通装备供应商。浩辰CAD通过精确、完整地读取企业内的各版本图纸，有效解决了中国中车之前因软件兼容问题导致的图纸信息丢失和交流障碍。浩辰软件包含的上百种简单实用的绘图工具，以及标准化、智能化的机械绘图设计环境，帮助中国中车的工程设计师提高工作效率，满足了中国中车对于强兼容性CAD软件的需求。

浩辰软件在辅助全球众多知名企业完成CAD设计不断提升和完善的同时，也参与诸多国内重大项目的设计应用，如：世博会中国馆、国家博物馆、北京地铁、鸟巢等重大国家工程，浩辰CAD持续为企业用户及重要项目提供强兼容、更安全的国产CAD软件。

（二）和利时科技集团有限公司——MACS-SCADA4在轨道交通燕房线项目中的应用

本项目是以行车指挥为核心的轨道交通综合自动化系统，是在大型综合监控软件平台（MACS-SCADA）上进行软件二次开发后产生的系统。系统以实现"高安全、高效率、高品质服务和节能环保"的智能型城市轨道交通为目标，采用统一的软硬件及网络平台用于实现对车辆、信号、供电、环控等二十多个全专业设备的智能化集成监控，实现了电力设备监控调度、环境设备监控调度、行车调度、车辆监控调度、乘客监控调度、网络管理调度、综合维修管理、培训仿真等主要功能，提高了运营调度效率与灾害及故障模式下的自动化处理能力，系统达到了国际交通协会定义的列车自动化运行最高等级 GoA4 级，满足全自动无人驾驶要求。

具体说明如下：

1) 统一的软件平台：整个 TIAS 系统建立在同一软件平台基础上，在同一平台基础上，搭建 ATS、PSCADA、BAS 等不同的业务应用功能。

2) 统一的硬件平台：TIAS 系统选取统一的实时服务器群、历史服务器和综合维护服务器等用于统一的数据存储和处理。前台选取统一的调度/值班员工作站用于信号、供电、机电、车辆、站台门、乘客服务等设备的监控。

3) 统一的网络平台：TIAS 系统采用统一的工业以太网骨干网的方案，ATS 功能、PSCADA 功能、BAS 功能等业务统一部署在同一个工业以太网交换机组成的骨干网络。

4) 综合系统维护：TIAS 系统的 IMS 子系统，融合了信号、供电、机电、车辆、通信、站台门、乘客服务、网络等设备管理系统。IMS 子系统统一对全线的设备进行状态监视，进行设备的预防修、状态修和计划修，并针对设备故障提供分析支持，辅助维护调度决策。

5) 实现节能减排：可以实施多列车的自动、实时、系统控制，实现列车、车站机电设备节能优化运行，降低系统整体的能耗（节能 10%～15%）。

6) 行车综合自动化系统深度集成了 ATS 子系统，与其他子系统共同建立在统一的软硬件平台上，实现了数据传输的扁平化，为统一的运营指挥调度提供了保障。国外同类系统多数采用全面互联的方式，但是各个机电系统仍然独立建设各自的管理系统，造成重复建设，造成成本提高。

7) 行车综合自动化系统设置了主备中心，采用了"N+1"冗余技术，极大地提高系统的可靠性。国外同类系统多采用单机配置，出现故障后会造成严重影响。

8) 行车综合自动化系统利用数据挖掘、人工智能技术，形成以乘客为中心的列车调度指挥体系，并形成了以节能为中心的车站设备转运控制体系。国外同类系统没有为管理者提供更多的决策信息，影响对运营的决策。

（三）南京国睿信维软件有限公司——株洲时代电气绿荫保障平台项目

株洲时代电气是轨道交通行业核心部件供应商，服务于机车、动车、城轨约两百多种不同车型，上万辆车，全国、海外服务站点约400多个，运行保障及售后服务责任重大。本项目建设了时代电气统一的售后服务平台，实现配置管理、服务管理、检修管理、物资管理等业务的全寿期、全过程、全要素管理，从而构建了面向总部领导层的全资可视化、决策支持与穿透追溯，面向业务管理层的端到端闭环、跨系统协同与规范化管控，面向现场级服务的移动化作业、精确化服务和实时化反馈。

1）实现以SBOM为中枢、OBOM为核心的一车一档、一物一档技术状态管控：实现产品从设计、制造和售后的xBOM（EBOM、MBOM、SBOM、BBOM、OBOM）数字价值链打通，实现一车一档、一物一档的全寿期服务数据的数字化、结构化和精细化追溯。

2）覆盖现场服务、检修服务、备件保障、质量闭环的纵向端到端流程化闭环管控：以业务流程为驱动，建立各类业务的规范化、结构化流程管控，实现全过程、全要素、全系统的集成与协同。

3）规范的物资备件管理流程和制度，统一账务管理，实现账物同步：实现服务备件在ERP系统管理总账，在MRO系统管理现场备件库存、调拨、领用等过程，打通与ERP系统账务同步，实现售后服务备件管理一套账，保障账物一致。

4）基于微信小程序的移动作业，形成现场服务的移动化灵活办公：基于微信小程序，构建了移动作业平台，通过移动端即可完成现场作业、备件申领、扫码录入、数据实时采集等各类作业和查询总部维修规则与知识，提高现场保障效率。

5）基于一物一档的条码管理，实现全寿期电子履历有效追溯：实现产品及物料基于一物一档的条码管理，实现生产过程的正向打码管理，实现库存备件使用过的逆向补码管理，实现关键业务扫码录入和获取产品及履历信息。

六、汽车行业应用案例

（一）广州中望龙腾软件股份有限公司——中望 3D 在汽配行业中的应用

在国内汽配行业，大多数厂商是接受外部数据进行生产，因此，存在着设计软件多样化和数据源头不统一的问题，导致企业需要配备不同版本软件，给企业带来成本压力。

中望 3D 能够兼容市面上主流软件数据，尤其是汽车行业最流行的 CATIA 数据。依靠直接建模功能，还可对无参数数据进行编辑，极大提升用户工作效率。通过中望 3D 的数据格式兼容可以解决汽配用户的数据源头不统一的问题，并减少数据交互的次数，同时提供必需的设计功能，帮助汽配用户解决难题。

（二）山东山大华天软件有限公司——三维 CAD/CAM 软件 SINOVATION

华天软件的 SINOVATION 在国内已拥有数百家汽车冲压模具用户，其中知名企业有一汽模具、东风模具、上海赛科利模具、富士瑞鹄、江淮福臻、福田模具、长安模具、华晨汽车模具、兴林模具、合润模具、天倬模具等。

案例 1：

东风模具应用 SINOVATION 间隙设计模块的凸包处理、压料面处理、侧壁处理和强压空开处理功能，快速生成偏置面，同时可以自动生成高质量的过渡面，使得处理后的模面光顺性得到保证。普通 CAD 需要 18 小时，SINOVATION 仅需 4 小时，提高效率 75% 以上。

案例 2：

长安模具应用 SINOVATION 凹角避让模块，可以自动找出模具型面 R20～2mm 的凹 R，自动进行凹 R 缩小造型，同时提供高效修补功能。普通 CAD 需要 6 小时，SINOVATION 仅需 0.5 小时，提高效率 90% 以上，圆角干涉减少 90%。

案例 3：

江淮福臻模具应用 SINOVATION 回弹模块的精确整体变形功能，根据要求设置变形量和相切边界线,软件能够快速生成高质量的回弹补偿面。普通 CAD 需要 16 小时,SINOVATION 仅需 0.5 小时,提高效率 95% 以上。

通过应用 SINOVATION,模具制造企业的设计制造效率得以提升,大大缩短了模具及相关汽车产品的制造周期。

(三)武汉天喻软件股份有限公司——江淮汽车集团汽车产品维修服务图册在线发布平台应用解决方案

安徽江淮汽车集团股份有限公司是一家集全系列商用车、乘用车及动力总成研产销于一体,以"先进节能汽车、新能源汽车、智能网联汽车"并举,涵盖汽车出行、金融服务等众多领域的综合型汽车企业集团。

天喻机电产品备件电子图册及维修服务管理平台支持产品企业一站式管理,是企业与服务商的协同平台,帮助企业实现服务信息实时交流、提高工作效率、提高服务质量。支持在线与离线两种方式,既可以通过互联网在线方式浏览数据,实时获得最新数据,也可以通过发布的更新包更新离线数据。系统能灵活扩充语言种类。提供多语言字典管理,方便维护零件属性的多语言信息。

平台分为前台和后台。后台是企业进行服务技术信息维护及处理备件采购订单的系统。根据产品型号、产品 VIN 码建立产品服务 BOM 数据,包括 BOM 结构、零部件信息、零部件图片及三维模型。服务 BOM 支持时间有效性查询。服务商可以追溯不同理事时间点的备件信息。支持基于爆炸图的热点标注。

对于产品内部的零部件,可通过爆炸图查看零部件及其详细维修服务信息。平台前段是服务商入口,服务商通过平台前段查询浏览各产品服务 BOM 及备件信息,下达备件订单。产品服务 BOM 可以层层展开,通过逐层备件透视图,展开定位到服务商查询的备件,查看备件详细技术信息。备件三维模型展示,可旋转、缩放、测量。方便服务商与本地产品实物件进行详细核对,避免下错备件订单。天喻机电产品备件电子图册及维修服务管理平台支持 8 种主流国际语言,支持全球分布式部署,支持 1 万家以上服务商在线访问,支持备件三维模型在线浏览,网页平均响应时间小于 10ms。

截止到 2019 年,其汽车备件电子图册及维修服务管理平台已经覆盖全球 5 大洲、83 个国家、1600 余个服务站点，系统内同时使用了 8 种国际语言进行产品维修技术信息的全球发布。

（四）和利时科技集团有限公司——HOLLiAS-N 系统平台

目前该产品已成功获得红沿河核电站 1#～6#、宁德核电站 1#～4#、阳江核电站 1#～6#、防城港核电站 1#～4#、巴基斯坦 K2/K3 等 24 台百万千瓦级核电机组数字化控制系统合同，以及秦山二期改造工程项目合同和石岛湾高温气冷示范堆数字化控制系统合同，截止到 2018 年 3 月，其中 14 台机组已投入运行，且宁德 1# 机组已投运 5 年以上，总运行时间超过 40 个堆年，系统运行状况良好，可用率达到 99.99%。

该软件具有高度的适应性，能够同时满足于二代、三代和四代核电站的控制要求。得益于其优秀的平台化设计，能够在满足不同项目需求的同时保证系统平台的稳定性。

平台应用情况如下：

1）14 台为二代 CPR1000 机组，在 2013～2017 年陆续按计划投入商业运行，目前使用情况良好。

2）6 台为二代改进型机组（广东阳江核电站 5#/6# 机组，辽宁红沿河核电站 5#/6# 机组，江苏田湾核电站 5#/6# 机组），阳江 5#/6# 已经于 2018～2019 年投入商业运行，其他 4 台机组正在调试中。

3）秦山二期核电站项目是老核电站的改造，于 2014～2015 年完成，目前运行情况良好，通过这个项目展示出系统软件对改造项目良好的适应性。

4）石岛湾高温堆核电站是四代核电站，目前正在进行现场调试。

5）广西防城港核电站 3#/4# 机组是三代华龙一号机组，目前正在厂内测试。

6）巴基斯坦卡拉奇核电站 2#/3# 机组是华龙一号出口的首堆工程，对国家一带一路和核电走出国门从技术上起到了保驾护航的重要作用，目前该项目正在调试过程中，进展顺利。

（五）北京亚控科技发展有限公司——五菱汽车车桥厂 MES 系统

北京亚控科技发展有限公司结合柳州五菱汽车工业有限公司车桥厂的订

单、生产需求，为公司量身定制了制造执行系统。

系统通过高级算法结合在产、在库的实时产品数据，对产品订单实现自动化、分品类、全实时性的高级排产功能；通过对各个生产环节、库存单位的实时数据进行数字化采集、上传，实现生产进度可视化，通过 RFID 技术实现产品生产周期全程可追溯；通过结合班组信息和质量、产量数据实现人员绩效核算；通过数据库与财务软件进行对接，提高财务数据实时性。系统建成后应具备高度自动化、高实时性、高精准度，减少相关人员工作量，实现减员增效。

1. 项目内容

（1）生产计划管理

根据车桥厂、塑料件厂生产特点，车桥厂以后桥总成为核心，制定生产计划和产线作业排序，拉动其他工段生产计划和库存，其他工段主要以库存生产为主。塑料件厂以涂装工段为核心制定生产计划和作业排序，拉动注塑和装配。

（2）生产过程管理

通过可视化终端，根据权限配置，各部门、人员可对生产过程相关部分进行实时监控。如生产管理部门，可查看整个生产过程所有状态和信息；设备部门，可查看所有生产设备状态和信息；现场操作人员，可查看和操作负责区域内所有生产过程、设备、质量等数据和信息。

（3）质量管理

柔性生产过程中为了满足客户定制化的需求，多种产品混线生产会涉及大量的生产排列等问题。因此，必须首先采取防差错处理。为此，本系统在质量管理方面将采用如下技术：

1）物料防错技术：对关键物料进行条码化管理。物料库终端系统通过控制中心获得产品信息及相应物料配置，对物料进行扫描后配送。

2）工艺参数标定分析和寻优。通过系统对历史工艺参数进行分析、优化，找出各种条件下能达到质量更优的工艺参数，作为生产指导。

3）关键工位进行视频监控：在关键工位设视频摄像头，采集视频信号，视频记录人员操作过程可以尽量避免人为操作的错误，当出现质量问题时可以调取当时的视频资料进行责任追踪。

4）人工工位作业指导：为了在生产时使现场工艺人员能够熟悉相关的操作步骤，每个关键工位上设置看板，同时显示所处工位的操作步骤的文字说明和操作示范图等。

（4）设备管理

根据设备维保期设定值和生成情况，系统自动生成设备维保计划。根据设备维保期快要到达、已到达等时间节点，系统自动生成设备维保的预警和告警信息，并可根据配置推送到相关人员终端进行提醒。预警和告警信息可自动存储到系统数据库中，供查询使用。

（5）历史追溯

产品在下线时，系统为每个产品分配唯一的标示条码（客户端已分配），条码含批次信息。产品下线成功后，系统将该产品条码与工艺参数、生产过程数据等自动进行绑定、记录。技术质量部门可通过终端检索到产品批次信息，将质量检测结果与产品批次进行绑定。在对产品进行追溯时，通过扫描条码，可获取到产品生产过程的所有数据信息和批次质量检测数据信息。

2. 取得效果

1）大大提高排产效率，由原来人工排产 2～4 小时提升至 10～20 分钟。

2）采用设备管理机制，提前预警，设备故障率降低 10%。

3）生产效率大幅提升，采用自动排产后生产效率提升 5%。

4）形成全面可追溯的质量管理体系，实现质量标准参数化、程序化。

5）建立一套完整的生产过程质量标准体系。整车质量问题下降 8%。

（六）北京东土科技股份有限公司——工程车辆控制系统解决方案

为提高工程车辆施工的生产效率及生产质量，需要无人驾驶及多车协同驾驶技术。无人驾驶技术，需要辅助雷达或摄像头等视觉设备，与自动驾驶应用配合，因此需要硬件平台具备一定计算能力。多车协同技术，则需要将原车载 PLC 控制器通过无线网关接入更上层控制器，由更上层的控制器来协同控制各个车辆。

传统车载 PLC 控制器，由于其功能、性能单一，通信能力差，计算能力差，通常会需要额外的工控机设备来专门完成相应的自动驾驶、视觉处理任务，需要额外的通信设备来实现协同控制。

增加工控机和通信设备会带来占用空间增加、成本增加的问题。并且多数车载 PLC 控制器接口有限，仅提供车载自身的通信总线，不支持接入多个外部设备，改造困难。

1. 系统需求

提供一个面向自动驾驶、协同控制应用的新型车载控制平台，支持原工程车辆 PLC 控制器控制功能，并提供丰富接口以连接视觉辅助、雷达、无线网关等外设，提供强大的计算能力以支持自动驾驶、多车协同控制应用。

2. 解决方案

东土科技为某大型工程机械厂家提供以工业服务器为核心的新型车载控制方案：利用工业服务器预装的 Intewell-H 边缘操作系统虚拟化特性，提供两个实时系统，一个用于工程机械的 PLC 控制，一个用于运行自动驾驶应用，另外提供一个桌面系统用于视觉辅助应用以及协议网关 KyGate。

东土科技提供完全自主研发的、符合 IEC61131-3 规范的工业控制编程平台 MaVIEW，以支持工程车辆生产商对车辆进行控制编程。MaVIEW 支持常见的 IEC61131-3 编程语言，支持图形化拖拽式编程，支持对工业服务器进行虚拟化配置。

工业服务器支持分布式 IO 使用方式，与 IO 模块之间支持使用 CAN、AUTBUS、以太网等多种总线通信。工业服务器提供标准 CAN 接口，兼容工程车辆原车各车载 CAN 总线设备，包括各车载 ECU、驾驶室物理开关、驾驶室显示器、驾驶辅助 GPS 模块。提供以太网接口，支持与驾驶辅助摄像头之间直接采用以太网连接。

工业服务器提供内置 WIFI/4G/5G 模块，预装 KyGate 协议网关应用，支持工程车辆车地通信，从而实现远程维护、控制，以及基于端的多车协同控制。

工业服务器满足工程车辆对于抗振动冲击、环境温湿度、连接可靠性等的核心要求。

3. 用户价值

工业服务器一机实现工程车辆控制、视觉分析、自动驾驶、上云连接,节省工程车辆厂家的设备采购成本,节省设备在工程车上的安装空间。

(七) 中汽数据(天津)有限公司

1. 厦门金龙试验计划管理解决方案

厦门金龙日常同步开发十余款车型,测试与开发部门每年承担 1000 余项开发阶段的试验。产品开发阶段和投产阶段的试验验证是测试与开发部门的首要重点工作,每款产品立项之后,测试策划推进团队就开始着手安排每个阶段需要完成的试验项目,全新产品需要完成 200 余项的开发试验。随着试验室进行的 CNAS 认证,试验管理流程已经逐渐标准化:从项目初期安排整体的试验计划,配比试验样车,协调试验室资源,到试验车辆下线,派发测试业务申请,进行并完成试验,提交测试报告。

厦门金龙试验计划管理系统主要执行业务流程是:试验矩阵→试验计划→调整跟踪→统计分析。

(1) 试验矩阵维护

试验矩阵属于项目管理中试验策划的一种有效展示形式。输出每个项目每个阶段需要哪些样车做哪些试验的整体策划。以树形结构展示,属性包括项目代码、开发阶段(VFF、PVS、OS、SOP 等阶段)、底盘号、试验类型、试验项目、试验目的负责人等关键信息,如图 6-13 所示。

图 6-13 试验矩阵

（2）试验计划生成

依据项目优先级、试验优先级、工艺流程、工时、资源瓶颈、时间要求等因素根据试验矩阵自动生成月度试验计划，每月固定时间冻结。对于资源紧张专项试验室（如碰撞、EMC 等）可以生成专门月度计划，如图 6-14 所示。

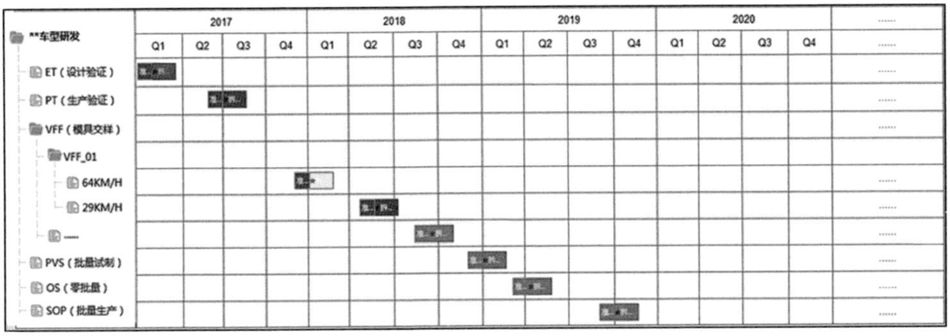

图 6-14 试验计划

（3）计划调整跟踪

试验计划发布之后，可以共享给相关角色，支持订阅该试验计划，当试验计划有变更时，会自动提醒相关角色人员。支持短消息/微信推送/邮件方式提醒。如要调整计划，需发起变更申请，提交的申请经审批后根据智能排程规则，自动更新试验计划。

（4）统计分析看板

支持试验问题统计分析、试验工程师工作量统计、试验计划调整频次、样品到样及时率统计等各类统计；同时提供现场看板（如 LED 显示器等）可用于展示时间跨度为一周左右的试验计划、工位信息实时进度信息。

2. 汽车行业解决方案

汽车行业工业 APP 云平台作为汽车行业解决方案输出载体，已实现多个优秀解决方案在行业内的大范围应用。

（1）设计制造协同的应用情况

企业试验工程信息化：为整车及零部件研发试验提供全方位信息化服务，实现试验业务全生命周期管理、企业统一构建试验平台，企业统一试验数据管理、分析，最终构建整车企业试验工程领域信息化。核心功能包括试验业务管理 TTM、设备在线管理 EOM、试验数据管理 TDM。平台建设期间的典型服务用户有厦门金龙、北京中公高远汽车试验有限公司、吉利汽车、爱驰汽车等 10 多家主机厂。

ELV 环境合规：基于《汽车有害物质和可回收利用率管理要求》，实现汽车产品回收利用率计算及有害物质核算。核心功能包括高效完成零部件材料数据采集与合规校验、汽车产品回收利用率和有害物质的分析与核算、生成公告和认证所需报表。平台建设期间的典型服务用户有杭州长江乘用车有限公司、观致汽车、上海蔚来汽车、北汽、广汽等几十家主机厂。

（2）生产管理优化的应用情况

生产一致性管控：基于研发、认证、生产制造、质检全过程一致性的管理思路，为企业提供生产一致性管理信息化整体解决方案。核心功能包括多维官方发布数据同步、实车一致性核查、零部件一致性核查、证书一致性核查、一致性结果分析。平台建设期间的典型服务用户有浙江零跑、一汽大众等主机厂。

（3）设备健康管理的应用情况

新能源动力蓄电池管理：是为支撑《新能源汽车动力蓄电池回收利用管理暂行办法》的落地实施，受节能司委托建设开发的动力蓄电池溯源信息系统，并与新能源汽车国家监测平台实现对接。核心功能包括电池生产管理、整车生产管理、整车销售管理、电池维修管理、电池租赁管理、整车报废管理、电池回收管理、梯级利用管理、再生利用管理、数据统计分析、对企业开放对接接口。平台建设期间的典型服务用户有上海申沃、威马等主机厂。

（4）服务效能提升的应用情况

市场决策支持：市场决策支持系统以完整、准确的市场数据为依托，为企业提供高质量、高可视化的数据。采用高可视化工具，可以自定义数据报表和可视化图形，满足不同企业对数据表现形式的各种要求。核心功能包括市场数据查询、报表自定义、数据下载。核心优势包括准确的市场数据、灵活的报表生成方式、高可视化的统计图形。核心能力包括集成天津卡达克对汽车市场的最新研究成果和数据能力、提供商务智能多维数据分析与数据挖掘工具。平台建设期间的典型服务用户有大众、宝马等 20 家主机厂。

(八)航天云网科技发展有限责任公司——可视化系统三维电子棋子板项目

某知名汽车工厂可视化系统三维电子棋子板项目基于"数字孪生"的概念,利用产线仿真建模产品开发构建了 H 工厂、L 工厂虚拟孪生系统,对车间的总体进行三维化仿真,通过集成接入生产过程、质量、产品、能源、关键设备等数据的信息采集,建立工厂的透明可视化体系,提高生产准确性,优化设备效能,辅助工厂管理者、生产者管理决策。

1. 具体内容

(1) H 工厂/L 工厂虚拟孪生系统搭建

虚拟工厂系统映射实际 L、H 工厂总装车间的虚拟场景,对车间的总体布局进行三维化展示,并可交互漫游,用户可以自主查看 H 总装车间的各个工位状态,各级管理者和客户可以快捷地了解车间和设备生产能力的情况。

(2) 工厂生产过程实时虚实映射

虚拟工厂系统接入了 MES 系统数据,根据实际车间工位的生产节拍数据实时驱动虚拟车间的对应工位的车辆显示,如:当实际车间扫描获取到有新车上线投产时,会向 MES 系统发送一条新车数据,与此同时,MES 系统会将这条数据发送给虚拟孪生系统,虚拟孪生系统将会根据新车数据在对应的工位上显示三维车,如此达到虚实同步。

(3) 产线车辆实时检索

系统提供自动检索功能,用户可以通过具有唯一识别标志的 VIN 码对当前产线中的车辆进行检索,输入 VIN 码后,对应车辆在相应工位上高亮显示出来,这样能够跟踪特定车辆的生产进度和状态。

(4) 产线生产预警

系统根据生产节拍设置预警功能,当生产节拍超过了某一时长时,则发出预警,将产生延迟的加工工位上的车辆高亮显示出来,从而及时提醒管理者。

(5) 车辆生产信息透明化

虚拟工厂中的每一辆车都接入了相应的 MES 数据,在三维场景中点击车辆即可调出显示。接入的信息包含VIN码、车型、系列、车身码、最新生产时间等信息，支持车辆质量信息追溯。

2.项目效果

通过整合各类数据，建立工厂的可视化展示体系，解决目前H工厂/L工厂信息孤岛的困境。

1）全面感知工厂计划、质量的全业务数据，支持工厂的日、周工作协同会的决策。

2）计划完成率提高了10%。

3）工厂设备基本实现感知全覆盖。

4）数字双胞实现订单全管控，实时感知订单所处的工位和工艺阶段，方便高端客户查询进度。

（九）宜科（天津）电子有限公司——奇瑞汽车设备智能管理应用案例

在奇瑞汽车，宜科公司为其量身定做了智能报警解决方案，该解决方案主要功能包含设备报警、分层级报警、共享维修信息、推送功能、报警总览、扫码功能。

1.具体功能

1）设备报警：维修人员不必再像以前一样值守在中控室或者车间的某个工位等待报警的出现。通过手机APP可以在车间的任意地方获取到报警信息。

2）分层级报警：将1~10分钟内的报警推送给现场维修人员；超过10分钟且小于20分钟的报警推送给维修组长；大于20分钟的报警推送给车间主任；使得现场报警信息可以有效快速得到解决。

3）共享维修信息：通过IoT Hub平台的开放式接口REST API，可以将扫码得到的信息共享给其他系统，不会因为新的系统结构形成新的信息孤岛。

4）推送功能：可以实现报警的推送功能，应用没打开时也可以推送。

5）报警总览：可显示每个区域的报警数量。

6）扫码功能：针对涂装车间的特定工位采用智能工业手机，可以方便快捷地扫描车身条码，并选择目标位置，通过 IoT Hub 平台将扫描信息及制定目标传给现场操作系统，线体程序执行相应操作。针对现场的产量信息，集成到手机终端，管理层可以实时、随时随地查看产量信息以及达成率。

2. 取得效果

整个项目监控了现场 36 套 AB PLC、10 万个报警点信息；有效提升了维修人员的维修效率；经统计测算，每天为奇瑞减少 20～60 分钟停线时间；成为奇瑞汽车首个工业 APP 参与生产的典型案例。

七、电子行业应用案例

（一）南京国睿信维软件有限公司——中国电科集团某研究所数字化工艺系统

南京国睿信维软件有限公司为中国电科集团某研究所实施了数字化工艺系统，构建了面向产品全生命周期、设计工艺制造一体化的工艺管理平台，形成了完整的集成工具和接口，降低工艺设计人员获取数据输入源的难度，从而缩短了产品从设计转工艺的周期。将型号研制过程中的业务部门、业务过程和应用有效地整合在一起，大幅度缩短型号研制周期、降低研制成本和提高产品质量，提高了该所的管理水平和业务能力。

经过实施，总体业务流程实现设计技术状态与制造技术状态的一体化管理，确保设计更改信息能够自动传播至工艺制造环节，并在系统中记录整个更改的处理过程，便于以后的追溯；建立企业级的业务流程管理框架，通过系统提供的强大工作流引擎，确保设计、工艺、工装、制造等各业务环节的有效衔接和相互之间的信息顺畅传递，确保制造工艺相关工作流程得到规范化和自动化的执行；完成了对工艺相关工序、工步、工艺资源（型架、工装、人员技能等）、材料等的动态结构化管理，并准确维护各类数据之间的关联关系；构建统一的工艺制造知识库，集中存储制造工程中产生的各类数据。基于三维制造工艺管理系统构建统一的制造工程信息中枢，实现与无纸化终端、MES 等系统之间的集成。

该研究所利用此平台,打通设计工艺协同工作环境,整合设计与工艺数据信息流,保证产品设计和工艺设计的一致性。实现对设计、工艺单一数据源管理和流程的统一管理,保证数据相关性和协同工作环境;基于现有 PDM 系统平台,依据 EBOM 快速创建 PBOM,在 PBOM 基础上实现工艺路线编制,完成工艺分工,在此基础上开展各专业工艺设计;通过同时满足二维和三维的设计、工艺、仿真工具的引入,在技术上建立全三维管理的基础"硬件环境";实现任务驱动的工艺编制模式,通过结构化工艺数据管理,实现编制过程中数据的权限控制。通过任务驱动模式实现可追溯的工艺设计过程;支持对典型工艺知识进行归类管理、重复使用,建立工艺知识积累和重用机制,可以在知识库基础上快速创建新工艺。

数字化工艺设计管理平台作为该研究所信息化重点建设平台,集成行业优秀的工艺设计、仿真工具,建成无纸化生产车间应用能力,建设企业级的资源管理以及知识积累管理等管理制度,并最终将全过程无缝融合到同一平台上。

(二)南京科远智慧科技集团股份有限公司——科远智慧 iMIS 智能协同制造系统

iMIS 智能协同制造系统结合应用工业物联网、云平台、大数据和人工智能等技术对科远智慧滨江智能工厂的生产、测试、仓储、物流等设备进行智能化升级改造,完成了适用于电子产品制造业的智能工厂示范建设,最终实现对产业园内的多类工业现场的软件系统、生产数据分析、设备数据智能处理、设备故障监控的云端集成。

科远智慧滨江智能工厂改造后实现了从订单下达到产品完成的整个产品生产过程的优化管理,对工厂发生的实时事件,及时做出相应的反应和报告,并用当前准确的数据进行指导和处理。

此外,iMIS 智能协同制造系统实现了与 CAD、PDM、ERP、PLM、SCM 以及财务的 FM、人事 HRM 等系统对接,打通产品数据和企业经营信息,实现信息系统一体化,为全面掌控企业的整体运营方向,为企业的决策调整提供有力的平台保障。

iMIS 智能协同制造系统还打造了智能化仓储系统，包括自动化的组装测试系统、高效率的仓储物流系统、准确的生产计划及物料管控系统。通过自动包装线、码垛机器人、自动货柜、智能货架、AGV 等先进的仓储物流设备，大大降低车间工人搬运的作业强度、提高作业效率和准确性。

八、能源行业应用案例

（一）天津美腾科技股份有限公司——斜沟选煤厂智能化解决方案

斜沟选煤厂智能化解决方案，利用美腾科技自主研发的工业互联 APP 软件和工业设备控制模块，对斜沟选煤厂进行改造升级，实现选煤厂智能化。

斜沟煤矿选煤厂设计生产能力为 15.00Mt/a，产量大，系统多，设备先进，管理规范，人员素质较高，智能化升级的基础良好，但其在降本增效、稳质提效、自动化、智能化等方面仍然有很大的提升空间。

斜沟选煤厂智能化系统共包括智能服务平台、智能经营中心、智能生产中心、智能资产中心四大部分，其中智能服务平台是智能化系统运行的基础，为了使生产及日常管理过程中的信息交流更便捷，研发移动端平台——智信，实现信息的多线程、多方式快捷沟通。具体功能点包括：通讯录、即时通信、群组设置。

智能经营中心涵盖能源管理、报表管理、生产分析三个系统，主要面向计划决策层，实现能源、报表及生产分析方面的管理，通过信息化手段对电力、介质、药剂、防冻液等消耗情况实时监控、统计、分析；系统自动生成各类生产、调度、煤质相关报表以及经济效益分析报告。目标是大幅提高选煤厂经营管理效率，辅助管理人员进行生产决策。

智能生产中心包括产品质量控制、生产过程控制、生产运行保障三个系统，主要面向于选煤厂生产管理，生产管理包括产品质量控制、生产过程控制、生产运行保障三个方面。在硬件上增加相关在线监测传感器，软件上建立产品质量稳定调节模型，实现选煤厂产品质量稳定控制；提高选煤厂自动化水平，减轻工人工作强度；增加智能化监控监测手段提升巡视效率；采用信息化、智能化手段提高沟通协作效率；在各类监测、保护措施的基础上结合数据分析手段最大限度地预防故障的发生。

智能资产中心包括全生命周期设备管理及备件物资管理系统，主要面向机电管理及资产管理，将重点设备的在线监测数据（振动、温度、电流）接入智能化系统，实时监测设备运行状态，异常数据自动报警，自动生成设备的维修和保养计划；备件物资管理实现对出入库、备件消耗和库存的实时查询和登记，自动对备件消耗情况进行分析，合理降低库存。

（二）北京东土科技股份有限公司——燃气站监控系统解决方案

东土科技提供以工业服务器为核心的燃气站监控系统方案，以东土工业服务器为核心，将整个控制层和监控层业务整合到一个工业服务器平台。工业服务器预装具备高实时虚拟化特性的 Intewell-H 工业互联网边缘操作系统，提供了若干个实时系统执行虚拟 PLC 控制任务以及一个非实时系统来执行 SCADA 任务和边缘计算任务。

东土科技提供完全自主研发的、符合 IEC61131-3 规范的工业控制编程平台 MaVIEW，以支持工程人员进行虚拟 PLC 控制编程。

KySCADA 应用预装在非实时系统 Intewell-H 中，通过 KySCADA 的数据库整合站控系统，实现了虚拟 PLC 以及其他非 PLC 的数据采集和保存，形成统一数据访问接口。

Intewell-H 提供了开放的编程生态。非实时系统支持常见的 Windows/Linux，提供支持 C/C++ 的针对操作系统的开发软件以支持用户深度开发应用，KySCADA 数据库提供了数据读写的 API，支持客户基于应用需要开发数据清理、预测性维护、节能策略等边缘计算应用。

工业服务器提供了丰富的接口和协议。集成常见的 ModbusRTU、Modbus TCP、CANopen、EtherCAT、MQTT 等协议，轻松对接现场各种专用设备。非实时系统提供 KyGate 协议网关，可将工业服务器通过 KyGate 实现数据上云。

最终实现的用户价值是一台工业服务器替代了传统方案的 PLC 控制器、SCADA 服务器、操作员站工控机、工程师站工控机、边缘计算工控机、边缘网关多台设备，预计设备采购成本能减少大约 40%，整个监控系统占地面积能减少大约 80%，系统设备用电能减少大约 40%，设备安装施工周期缩短大约 60%，整体运维人员成本能节省大约 50%。

（三）瀚云科技有限公司——瀚云 HanClouds 设备远程运维云

瀚云 HanClouds 设备远程运维云目前已广泛应用于热泵设备运维中。热泵设备远程运维解决方案，可分为两个典型版本，一个是面向供应商和用户的移动端版本，一个是面向运营企业和监管部门的 PC 端 + 移动端版本。前者更加注重低成本和易用，后者更加注重可靠性和分析处理能力。

1. 面向供应商和用户的移动端版本

用户模块中，用户类型分为普通用户、维护人员、管理员三类，其中管理员可搜索设备和对人员进行管理、绑定设备、查看所有设备。普通人员和维护人员只能查看已绑定设备，一定程度上保证了设备信息的保密性。

设备模块中，用户可远程操控设备，实时查看设备各项参数，修改设备的温度和关键数据，操作简单，使用便捷。当设备出现异常时，会及时发出警告，相关人员及时进行处理操作，避免出现更大损失。运维支持每个设备详细信息的实时展示。便于关注每个关键参数，了解设备当前状态。

2. 面向运营企业和监管部门的 PC 端 + 移动端版本

该版本应用更为复杂和深入，包含厂商管理、地图分布、热泵管理、报表设计、工单管理、告警管理、指挥仓、综合分析等功能。

其中，热泵设备运行管理方面，支持从停机开机、故障运行、地理位置、厂商分布、地区统计等各种维度进行分析展示，帮助管理者时刻把握设备运行状态。例如，按时间、组织机构、厂商维度对热泵数量、热泵开机数量、故障数量情况进行统计分析及排名；按组织机构、厂商维度对用户覆盖率情况进行统计分析；对运维单位的工作量、工作质量、效率等情况进行综合分析，并查看各运维人员相关分析指标排名情况等。

在维护方面，一是支持巡检管理，能够根据工作计划安排、异常监测管理生成的故障设备清单，编写现场巡检工作计划，并统一制定月度和年度计划，规范化管理采集设备周期巡检。巡检计划生成后，系统根据督巡任务的网络化分布区域，结合各运维承包单位的责任区域，手工或自动开展运维任务包的发放管理。最终根据业务管理要求,抽取已完成的巡检任务,对结果进行质检,并对巡检人员处理进行评价。二是支持消缺管理,对热泵故障的异常信息进行监控,及时安排人员进行处理。运检处理人员处理完异常任务并反馈处理结果后,运检管理人员查看并审核异常处理结果,并对人员处理情况进行评价。支持移动端运检,通过手机抢单和最终完成任务并提交。

在档案管理方面,支持对用户、热泵设备、供应商、运维人员进行管理和增删改查。

基于瀚云 HanClouds 热泵设备远程运维解决方案提供的实时监测和综合管理应用,助力热泵运营企业实现提升设备利用率 40%,降低设备综合运维成本 20%。

(四)唐山报春电子商务股份有限公司——"云上钢铁"钢铁云电商平台的应用

钢铁电商销售服务方面通过依托互联网等手段,将钢铁流通领域打造成了一个集资讯、交易结算、物流仓储、加工配送、投融资和金融中介等功能于一体,使得从生产企业到市场用户各方主体实现共生共赢的全国性生态型钢铁服务平台。

"云上钢铁"钢铁云电商平台搭建完成后,报春电商服务的钢铁企业所销售的产品部分通过平台进行销售,将销售渠道扁平化,并结合物流,金融等板块,形成供应链金融体系,成为能够为钢铁企业及其上下游服务的交易平台。

钢铁电商销售平台以在线交易平台为核心,整合第三方支付结算平台、多级监管的仓储物流平台、在线融资服务平台,形成了由钢铁生产企业、贸易企业、终端用户、仓储企业、加工企业、物流企业、银行和保险公司等组成的多方共赢的完美闭环。

各模块进行协作,形成钢铁行业综合服务电子商务应用平台。不断进行系统运营推广及迭代,同时进行服务内容的拓展,并通过市场运作与第三方服务机构合作,拓展企业服务,让各项服务覆盖钢铁行业及其上下游企业。

公司各平台服务已经成为实践大数据、云计算、物联网的重点之一,它将应用运行所需的IT资源和基础设施以服务的方式提供给用户,包括了中间件服务、信息服务、连通性服务、整合服务和消息服务等多种服务形式。为实现平台服务，提出了"平台即服务"（Platform as a Service，PaaS）的交付模式。PaaS 模式，基于互联网提供对平台应用的支持，减少了用户在购置和管理应用生命周期内所必需的软硬件以及部署应用和 IT 基础设施的成本，同时简化了以上工作的复杂度。公司采用了 PaaS 模式，通过云平台系统，让钢铁企业能够在线应用平台系统，进行自身的在线销售、采购等电商交易，而无须大量投入开发和人工维护成本。可以独立运行在线交易与三方大平台进行数据交易物流的对接，形成云交易模式。

在云平台中搭建三套系统体系：

1）电商销售系统：该系统目前国内电商的主流系统，通过电商平台，将平台客户的现货产品在线进行订购、打款，并通过物流配送直达终端。平台将与其他钢铁企业的内部信息化系统进行连接。

2）电商采购招标系统：为了及时准确地以合理的价格采购到生产过程所必需的高质量的原材料，最根本的目的是降低采购成本。包含不同采购方式的分块：协议采购、询比价采购、动态竞价采购、招标采购、配送采购、特殊采购。

3）电商物流系统：该系统与钢铁企业电商平台进行运输管理对接。将电商和物流连接起来，形成能够管理企业内部车辆和外部运力的整合。

九、环保行业应用案例

（一）宜科（天津）电子有限公司——天津咸阳路污水处理厂智能监控应用案例

目前大部分污水处理设备的监视系统一般使用 PLC 作为下位机，计算机作为上位机，在厂区内设立一个中控室进行监控。这种监控系统需要指派专门人员在中控室进行二十四小时值守，出现问题时需要值班人员逐个通知相关人员。容易出现关键节点监控不到位、重要信息通知不及时的情况。

通过我们的解决方案，使咸阳路污水处理厂工作人员无论身处何地，都可以实时监控污水厂运营状态，及时收到报警信息。并根据 APP 中智能报表功能提供的数据，对污水厂的运营及时做出调整，实现精细化管理，优化生产。

1. 具体功能

1）实时水质监控：每日进水的流量、液位、每小时污水提升量、出口每日污水排放量、出口小时排放量、污水瞬时流量；水质数据（常规项 COD、BOD、SS、TP、TN、NH3-N、PH 等）等实时展示在 APP 中，并可根据用户需求进行分类显示。

2）实时设备监控：实时监测鼓风机、提升泵、加热器、加水电磁阀、脱氯电磁阀、二氧化氯电磁阀、计量泵、水位浮球开关污泥泵和反冲洗泵等设备信息和运行状态。

3）实时报警：系统出现报警信息后，可实时将报警信息上传至 IoT Hub 赋能平台，通过赋能平台将报警信息分类，下发至不同的设备操作员和管理人员手机 APP 中。

4）预警报警：可设置设备故障报警的上下限，一旦监测信息到达设置的上下限后，立即下发通知到设备操作员和设备管理员手中。

5）数据报表：将日进水水质数据、污水出口瞬时水质数据、每日出水水质数据、周分析的水质项目数据、月分析水质项目数据（主要根据各地监管部门的要求对 GB18918—2002 的水质数据进行选择）通过 IoT Hub 平台进行处理，整合出可视化报表，呈现到手机 APP 中，如图 6-15 所示。

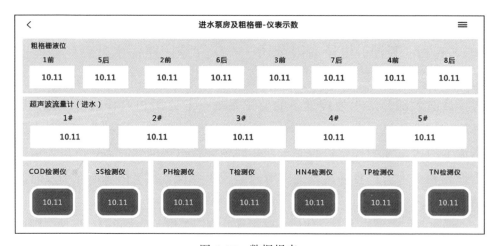

图 6-15　数据报表

2. 取得效果

采用 WorkBench+APP Cloud+APP Store 开发模式以及与数据库、自定义软件应用程序和其他 OPC 服务器的连接，以 IoT Hub+Edge Controller 从边缘到云端的分布式部署实现解决方案，同时通过 SSL 和 TLS 增强消息安全性，通过自带 REST API、WEBSOCKET、OPC UA 接口，可实现与其他系统集成，利用自带总线模块，实现内部模块的耦合重组，并提供服务，最终实现采集 36 套 AB PLC、10 万个报警点信息，让厂区工作人员无论身处何地，都可以实时监控污水厂运营状态，及时收到报警信息。并根据 APP 中智能报表功能提供的数据，对污水控制系统中各项参数及时做出调整，优化生产。此外，还能让监管部门实时了解污水厂运营状态，实现对关键节点第三方把控。在污水厂运行过程中，有效避免关键节点监控不到位、重要信息通知不及时的情况，减少对突发事件的处理时间。

十、其他行业应用案例

（一）南京科远智慧科技集团股份有限公司——科远智慧建材解决方案

科远智慧建材解决方案从水泥、玻璃等建材制造企业的生产、管理、信息需求出发，为其量身定制了智能生产管控系统，从而满足建材企业信息化、智能化需求。

科远智慧建材解决方案基于统一的基础应用平台，将具体业务功能和系统底层的系统服务功能分离，实现基于业务流程的功能集成。将生产经营管理的各个环节纳入目标管理中，对重要生产经营数据进行综合统计，为经济活动分析提供多种科学、客观的分析方法，为确保供应、降低成本、领导决策提供可靠的依据。

科远智慧建材解决方案构建了集团/业务板块/工厂所关注的 KPI、集团层面企业服务总线平台、企业核心知识管理和经验分析体系，满足集团层面各业务系统与管控相关的数据信息的灵活集成和业务创新。

（二）北京亚控科技发展有限公司——亚控定制信息化系统

定制家具行业客户的产品生产模式是小批量多品种个性化，订单包含产品生产周期相差大、产品外购等复杂因素，导致工厂很难答复客户订单交货期，造成订单流失或交付过期。

亚控通过引进信息化系统，能够助力家具制造行业转型升级，提高企业的核心竞争力和订单的达成率。信息化系统定制的目的主要包含三个方面：一是提高生产效率，通过高级排产系统、产线作业排程、物料配送计划、产品包装计划等，做到按计划来驱动生产，协同制造；二是降低生产成本，提高库存周转率和板材利用率等；三是提高产品质量。

1. 解决方案架构

大量小批次、非标准订单是家具制造行业的典型特征，柔性生产能力是根本。通过利用信息化系统将生产中的供应、制造、销售等进行智能化连接，实现快速、个性化的产品供应。方案架构如下。

（1）系统架构

亚控新型五级架构中，KingFusion3.5 产品实现 SCADA、MES、ALS、APS 功能，其中 APS 系统实现集团订单排产及分厂揉单批次排产功能，ALS 系统实现产线作业排序，MES 系统实现进度、物料、质量、设备、人员、生产执行管理，SCADA 系统负责产线监控执行，需要对接的系统包含 ERP 系统、拆单系统、排版优化系统、WMS 系统等。

（2）系统软硬件部署

系统硬件主要由二台主机、多台显示器和一个交换机组成，并连接在一个局域网内。系统软件部署：在一台主机上部署 KingFusion3.5 工程服务、库服务；第二台主机上部署 KingFusion3.5 数据计算引擎、采集引擎以及 WEB 服务；产线看板数量若干个，KingSCADA 负责产线生产监控；KingIOServer 负责采集工厂产线数据，如图 6-16 所示。

（3）综合集成的业务流程

统一的数据接口，实现设计、订单管理、拆单、揉单组批、排版优化、批次生成、产线作业排程、生产执行、产线执行监控整个业务流程的综合集成，如图 6-17 所示。

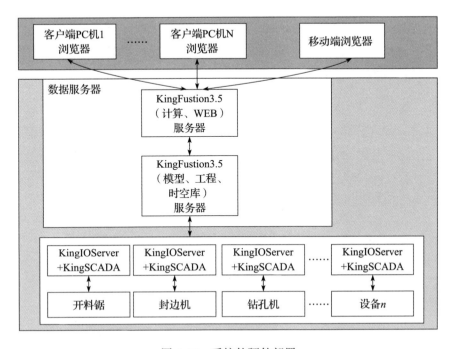

图 6-16　系统软硬件部署

2. 解决方案特点

（1）在优化已有业务方面，形成的可量化效果

1）缩短排产周期。

2）提升板材利用率。

3）缩短车间订单齐套时间。

4）库存周转率提升 2%～5%。

5）提升订单交期准确率。

6）实现生产工艺零差错。

（2）在业务创新方面，形成的新产品、新模式、新价值

1）店面端由二维转变为三维渲染效果，提高了订单的催成率。

142 求索：中国工业软件产业发展之策

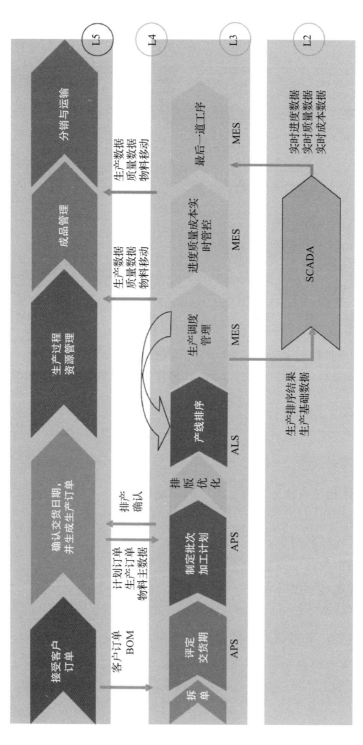

图 6-17 综合集成的业务流程

2）集成制造 BOM 数据系统化管理，有效杜绝生产出错。

3）由人工排产转为 APS 排产，真正实现了计划驱动生产，保证订单准时生产、准时交货。

4）由人工统计转为 MES 系统生产执行，实现订单、批次、物料状态、生产进度、生产效率、质量信息、物流信息、设备运行等管理过程的可视化、数字化、智能化。

5）由人工配送物料转为 WMS 系统自动配送物料，WMS 系统按 MES 系统的物料配送计划准确备料、配送。

6）产线升级为工业 4.0 产线，从封边到包装实现无人干预作业。

（3）其他可量化的经济效益和社会效益

1）工厂生产能力提升了 20% 左右。

2）预计今年工厂订单接单量提升 20% 左右。

3）提升企业智能制造生产水平，增强企业在行业内的知名度。

（三）北京亚控科技发展有限公司——智能排产系统

1. 解决方案背景

我国印染企业在面对节能减排压力的同时，也面临着巨大的国内外市场竞争压力，如原料价格的上涨、人工成本的提高、汇率的变化等。针对印染行业，本解决方案重点解决的痛点问题有三个方面。一是生产排产不合理，设备利用率低，产能浪费；二是生产过程管控力度差；三是生产成本居高不下，能耗成本管理不够精细。

针对该系统中的综合设备产能、订单交货期、染色和定型关键工序的产能平衡等数据，将生产计划、进度追踪、加料过程控制、能源管理、设备管理等模块集成，实现印染企业生产管理行为的全方位过程控制。本解决方案可在印染行业广泛快速推广，目前已在航民印染、圣山印染等企业成功部署。

2. 解决方案架构

运用先进生产排程 APS\ALS 实现基于生产实际的智能排产系统，结合生产过程管控 MES 系统和现场设备监控联动，保证生产计划最大限度地按时按质量完成。

本方案运用物联网技术，以及 AGV、车间设备、RFID 等硬件对接实现工人生产操作简洁化，减少车间用人成本。

（1）关键技术应用

1）高级排产排程 APS/ALS 系统：在企业车间生产层应用智能排产模块，在保证车间设备产能利用率最大的情况下，根据交货期约束、颜色相似度规则等确定本班次需要加工的流程卡、制定车间生产计划。

2）车间生产过程管控 MES 系统：主要实现生产进度管理、设备控制、物流运转、领料用料、人员管理、生产可视化等功能，与 ERP、APS 等系统实现信息集成和数据交互，实现车间生产透明化、可视化管理。

（2）主要功能模块

1）设备数据采集与控制。

2）生产可视化。

3）工艺管控。

4）生产进度跟踪。

5）设备管理。

6）人员管理。

3. 解决方案亮点

通过应用亚控印染信息化管理系统，印染企业开展以自动化和智能化生产、在线工艺和质量监控、自动输送包装、智能仓储、智能管理为主要特征的数字化、智能化工厂转型项目。劳动生产率提高 30% 以上，产品开发生产周期缩短 20% 以上，残次品率下降 30%。使企业实现年产印染衬布数字化、智能化生产线，普遍将染色一次成功率提升到 98%，节省一线生产员工 30%，最少降低企业生产耗能 10%。

（四）北京智通云联科技有限公司——乳品行业智能工厂解决方案

乳品行业智能工厂解决方案通过数据采集平台与相关设备及系统集成，实现了设备互联、系统互通，从而实现生产、质量、设备、成本智能化协同管理，打造了乳品行业智能制造新模式工厂，实现生产过程透明化、质量管控数字化、成本控制精细化管理，如图 6-18 所示。

第六章 工业软件行业应用案例 145

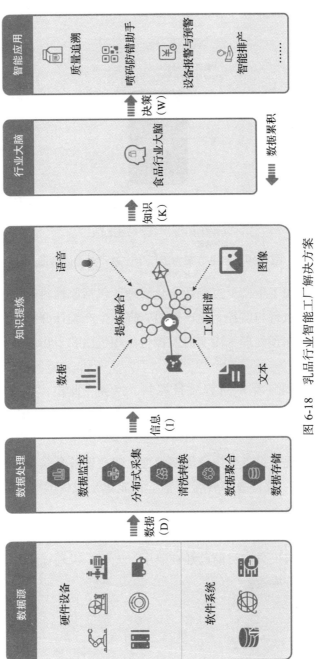

图 6-18 乳品行业智能工厂解决方案

解决方案实现了工厂生产过程端的多源异构数据采集、清洗及快速应用，加速了乳品企业数字资产积累的进程，如图6-19所示。

图 6-19　解决方案为工厂生产过程提供的帮助

解决方案实现了生产全过程数字化管理，包括原辅料管理、计划排产与工单管理、生产执行与监控，生产防错管理、生产统计分析，为业务提质增效赋能。例如，在预处理工段实时监控各品相蛋白和干物质平均含量，有效控制原奶成本。

解决方案实现了生产过程质量控制、追溯、监控、检验和统计分析，关键信息一键呈现，追溯效率100%，为食品安全保驾护航，如图6-20所示。

解决方案实现了设备全生命周期管理，建立设备台账与管理知识库，实时监控设备状态、设备故障告警预警、智能化生成保养/点检/大修任务，有效降低设备故障率。

解决方案综合分析工厂生产总体情况，即时发现生产改进点，实现生产过程透明化。该解决方案目前已经在蒙牛、光明、伊利等乳品企业进行推广应用，并取得显著成效。

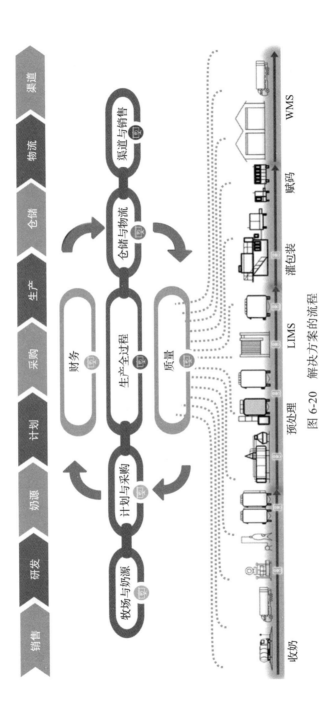

图 6-20 解决方案的流程

结 束 语

工业软件是一个宏大而复杂的话题。本书用五章的篇幅，也只写出了工业软件有限的几方面的内容，尚未写到或涉及不深的内容还有很多。这恰恰是工业软件所展现出的巨大魅力。工业软件已经深深地根植于工业，驱动于经济，赋能于社会，造福于人类。本书编写组将在工业技术软件化联盟的组织下，携手广大工业软件厂商和专家群体，持续而深入地开展后续研究，不断更新本书的研究内容，不断开拓新的研究方向。

本书编写过程中，我们深切地体会到，由于客观存在的认知差异，社会上各有关方面，特别是业内，对工业软件的认识还存在相当大的不同。如何减少和消弭这种不同，充分凝聚大家的共识，聚焦工业软件的行业发展，也是本书的重要作用之一。

在长达一年的编写过程中，我们收获颇多，感慨颇多。与大家分享我们的几点心得，可以总结为五个"千万不能"：

- 当我们讨论工业软件的时候，千万不能因为它是一种软件而仅仅从软件视角，甚至仅仅从IT视角考虑问题，忘记了工业软件的源发地——工业，以及工业软件所具有的基本工业属性和必须遵从的工业逻辑。
- 当我们梳理工业软件的时候，千万不能只看软件结果，而忘记了工业软件生成、发展与演进的过程——工业技术软件化。
- 当我们研究工业软件的时候，千万不能只把目光放在制造业本身，而忽略了另外两个重要的工业领域——能源和探/采矿业，三大工业领域与信息化软件领域从来都是相辅相成的。
- 当我们设想工业软件分类的时候，千万不能忘记全世界工业领域有近 2 万种工业软件，任何一个分类维度都无法让我们获得最理想的结果。
- 当我们规划自主工业软件的时候，千万不能忽视或排斥向国际上工业软件头部企业学习，而是要坚定地学习国外同行先进的软件架构、丰富的开发技术、完善的功能验证与质量保障，与他们优势互补，共生共存，和谐发展，共享中国创新发展新格局下的发展成果。

无须讳言，中国工业软件目前还落后很多，中国工业软件也在经历了几起几落之后于 2020 年再度快跑，中国工业软件发展的生态环境也在逐渐改善。中国工业软件，必定有一个光辉灿烂的未来。

最后，我们引用国内知名智能制造、工业软件专家宁振波给出的一个基本预测，寄语中国工业软件的未来：

二零二零工业软件启元年，
三十年后三分天下居其一。

其意不言自明。让我们为之共同努力！

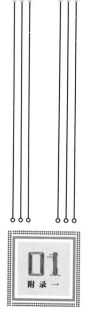

部分工业软件厂商及产品

本附录的素材由厂商提供，或摘录于其宣传材料，其中信息和数据的客观性和真实性，本书不做担保，仅供读者参考。

一、研发设计类厂商及产品

（一）安世亚太科技股份有限公司

1. 公司简介

安世亚太科技股份有限公司成立于2003年，服务于工业企业研发信息化，包括精益研发、虚拟仿真及先进设计领域，创立了企业仿真体系，进行新型工业品研制。公司聚焦于打造以增材思维为核心的先进设计与智能制造产业链，致力于工业软件开发、先进设计与制造体系研究和智慧工业体系研究，以全球视野和格局进行资源整合、技术转化和生态构建，着力将公司建设成为一家生态化平台型企业。

公司注册资本 2.4 亿元，总部设在北京，员工 750 多人，研发、咨询、技术人员 400 多名，硕博士占半数以上，拥有十四家分子公司，客户 5000 多家。2013 年获批建立"北京市综合仿真工程实验室"，2015 年经工信部批准成立"国家工业软件与先进设计研究院"，2016 年获批为北京市企业技术中心，2019 年获批为北京高精尖产业设计中心，是国家规划布局内重点软件企业、北京市重点总部企业、中国创新方法研究会副理事长单位和北京生态设计与绿色制造促进会主席团单位等。

安世亚太提出综合仿真体系建设方法论，用以帮助中国企业将仿真技术转换为企业能力。公司进行自主仿真软件的开发，业已形成涵盖结构、电磁、流体、多场耦合、系统仿真、多学科优化、仿真云、综合仿真平台构成的自主仿真软件体系。有上万例仿真案例、100 多个工业品仿真解决方案。将仿真技术应用在产品再设计和正向设计过程中。把仿真技术通过仿真云免费共享给中小企业，降低其仿真门槛。将仿真技术应用在增材制造产业，赋能企业利用增材思维产生新型工业品的设计。

公司从工程仿真出发，向前向后进行业务拓展，从"仿真驱动设计"到"精益研发制造"和"增材思维先进设计与制造"，最终形成了工业软件（数字化研发）、增材制造（数字化制造）和工业互联（数字化赋能）三个业务板块，并凝聚形成数字孪生体系。

2. 产品功能简介

（1）PERA SIM 通用仿真软件

PERA SIM 是安世亚太自主开发的通用仿真软件，包括 PERA SIM.Mech 机械仿真、PERA SIM.Fluid 流体仿真及 PERA SIM.Emag 电磁仿真三大模块，提供面向工业用户的结构、热、流体、电磁等学科的仿真计算能力。PERA SIM 基于插件架构，便于扩展。软件支持 Windows、Linux 等操作系统，支持国际化及包括中文的多语言。PERA SIM 提供能够支持结构、流体、电磁三种学科的统一交互界面及一致的交互方式。

（2）PERA SIM.Cloud 安世亚太仿真云平台

在工业互联网时代，仿真技术的应用与服务逐步由原来的一对一产品销售与服务模式向多对多的众包/众服务模式转化，仿真产业呈现出新的特征：技术服务化和服务开放化。安世亚太应用云计算、大数据、人工智能等新技术，将当前的仿真产品、工具、资源进行云化，推出了仿真云平台，提供仿真云桌面、仿真云超算、仿真云数据、仿真 APP 开发和交易等能力，通过工业互联网平台提供相应的仿真技术服务，解决当前中小企业仿真技术的应用和发展不足问题，整体促进我国仿真技术的应用与发展。

（3）PERA 精益研发平台

PERA 精益研发平台是基于系统工程理论，针对复杂系统设计企业的需求而提出的一套复杂系统研发业务管理和实施体系，为产品研发走向正向设计提供理论支撑。

精益研发平台以系统工程为框架，以知识工程为支撑，以质量管理为保障，以综合设计为手段，集成创新、设计、仿真、优化、质量、试验等相关研发工具，通过构建起全程化、并行化和综合化的产品研发流程控制和研发数据管理，实现产品的创新性、差异性、高性能、高品质和高效率研发设计。

（4）PERA 知识工程平台

PERA 知识工程平台是以知识与流程和设计相融合的思想为指导，结合知识挖掘、知识管理、知识推送、领域本体、知识创新等技术，把与特定产品研发相关的知识进行梳理与管理，并将知识与工作包伴随以将其融入研发流程，实现在研发过程中进行知识的主动推送和重用，并可把研发过程中有价值的数据进行归纳和沉淀，形成新知识，以实现将正确的知识在正确的时间呈现给正确的人。

（二）广州中望龙腾软件股份有限公司

1. 公司简介

广州中望龙腾软件股份有限公司是中国 CAX（CAD/CAE/CAM）解决方案供应商之一，拥有二维/三维 CAD 自主核心技术及 CAE 仿真技术，专注于 CAD 技术超过 20 年，致力于为全球用户提供高性价比二维/三维 CAD、CAE 及 CAM 软件产品与服务。

中望设立五大研发中心，专注于 CAX（CAD/CAE/CAM）核心技术，目前设有广州、武汉、北京、上海、美国佛罗里达五大研发中心，汇集了260多名来自清华大学、浙江大学、华中科技大学、普渡大学、康奈尔大学、杜克大学等国内外高校的国内外顶尖的CAX技术及研发人才，致力于自主CAD、CAE、CAM核心技术的研发与攻关。其中美国研发中心是一支以博士为主体，平均拥有近30年3D开发经验的资深专家团队。强大、持续增长的研发投入确保中望软件在2D CAD和3D CAD/CAM以及CAE领域保持核心竞争力，在底层核心建模领域不断突破，成为掌握完整2D/3DCAD/CAM内核的软件供应商。

截至目前，中望系列软件产品已经拥有15个语言版本，涵盖中文（简/繁体）、英、日、俄、德、法、波兰、意大利、西班牙等世界主流语言，在全球90多个国家和地区建立了超过260家合作伙伴，并设立了美国子公司、越南二级子公司，全球正版用户突破90万。

2. 中望3D功能简介

中望3D是具有自主知识产权，集"曲面造型、实体建模、模具设计、装配、钣金、工程图、2-5轴加工"等功能模块于一体，覆盖产品设计开发全流程的高端三维CAD软件，应用于机械、模具、汽配等设计和制造领域。

中望3D的技术能力：

（1）具有数据兼容性，兼容所有三维数据，软件切换无忧

中望3D完美兼容其他设计软件最新数据格式，如CATIA、NX（UG）、Creo（Pro/E）、SolidWorks、Solid Edge、Inventor等；支持关联导入第三方数据文件，记录第三方数据的原始状态，还可批量导入其他格式文件，实现数据的快速转换；全面兼容中间格式stl、step、x_t、iges等，交互更灵活；支持直接从中望CAD/AutoCAD复制对象到中望3D，强化二维到三维的协作关系。

（2）三维建模自由高效，即想即现

中望3D独创混合建模内核OverdriveTM，支持复杂曲面与实体造型间自由交互，让设计师享受高效设计体验；直接编辑（Direct Edit）与参数化建模相结合，可在无历史记录情况下，编辑已有模型或导入模型，让设计师

快速更改产品设计。

（3）图层管理高效快捷，提前规范产品特征分类

使用图层管理器，可以更加高效快捷地对三维空间内的模型特征进行归档与整理。通过"类别"属性，实现对各图层的进一步组织与管控；新增"过滤"与"选择图层内对象"功能，提高对图层的控制与编辑。

（4）零件钣金混合设计，快速灵活；复杂钣金超强精确展开

支持如折弯、放样、扫掠、凹陷、百叶窗、冲压等各种复杂钣金件的快速高效设计，轻松实现弹性变形和塑性变形展开，为钣金件的加工和模具设计节省时间和开发成本；可快速处理外部导入图档，转换为钣金形式进行展开、折弯或者对图档进行相关设计；FTI 高级钣金展开功能，可以对复杂钣金零件快速生成展开图效果。

（5）装配及仿真准确真实，提前预知设计问题，避免设计错误

中望 3D 可以流畅处理大型装配体，快速捕获干涉位置并做出标识，提前发现生产中可能遇到的干涉问题；支持装配体间的模拟运动仿真，减少试样次数，降低研发成本。

（6）完善的标准件库，海量资源、业界最齐全的标准件解决方案

集成新迪零件库，提供多国标准零件和主流厂商标准件，如 GB、ANSI、JIS、DME、ISO 等；提供免费的线上标准零件库，包括德国 CADENAS 公司旗下 PARTcommunity 平台、法国 Traceparts 公司数字工程 3D 零件库等；可定制企业自己的标准件库，提高设计效率的同时也完善企业自身标准。

（7）逆向工程，衔接数字和物理世界，捕获并再现设计创意

中望 3D 可对输入的点云进行删除、修剪、分割、简化等多种操作，为曲面的生成做好前期点数据处理；可轻松地从经过系列处理后的点云创建出完美的网格，并自动转换成 NURBS 曲面。

（8）焊接钢结构设计，专业规范接地气

集成常用型材，支持草图自定义截面，功能更加灵活；结构构件的骨架可以由线框或草图的直线、圆弧或曲线对象定义；提供多种不同的角部处理搭接形式，支持角撑板、顶端盖直接创建。

（9）全流程塑胶模设计，提供从设计到加工的一站式模具设计解决方案

具有模型修复能力，处理间隙、重建丢失面，得到完美实体模型；智能

的产品拔模、厚度分析，支持颜色定义、分割型芯/型腔区域；强大的分型面创建工具，实现自动分模；提供多种标准模架及标准件，包括 MISUMI、FUTABA、HASCO、DME 和 LKM。模架标准件也可根据客户需求自定义，革新的电极与电极火花出图，进一步满足客户的设计需求。

（10）产品验证

在概念设计阶段，引入 CAE 分析对于产品的质量提升和成本降低带来很大的帮助，这就对 3D 设计软件提出了要求：一是实现 CAD&CAE 数据平台的统一性；二是提供便捷的工具让设计人员去完成复杂的 CAE 分析，快速获取评估结果，并应用到设计更新中。中望 3D 与外部 CAE 深度集成，提前预知产品结构是否合理，有效帮助发现潜在问题，提升产品性能，避免设计错误导致的成本浪费。可直接将中望 3D 设计的产品模型导入 ANSYS 软件（并支持其最新版本）中进行分析，方便企业有效利用已有的分析软件；内嵌 SimWise 分析模块，满足企业对产品检测方面的需求。

（11）3D 到 2D 转换，符合国人习惯的工程图

中望 3D 可自动创建模型投影视图、剖视图、局部放大图等细节视图，提高设计师的出图效率；支持 GB、ISO、ANSI、JIS、DIN 等多种制图标准，也可定制符合企业标准的图框、标题栏，创建企业自有绘图模板；自动生成 BOM 表、孔表、电极表，避免人为统计误差；支持轴测图"3D 测量标注"，让标注与视图更加直观。

（12）CAM 加工，安全可靠、智能精确，助力智造升级

中望 3D 拥有 2～5 轴的数控 CNC 加工功能，为机械、电子、模具、日用品等行业提供完整高效的加工解决方案，实现企业从设计到制造无缝对接。

3. 中望电磁仿真软件功能简介

中望电磁仿真软件（ZWSim-EM，简称"中望电磁"），是全波三维电磁仿真软件，具有仿真精度高、速度快、耗存少、建模能力强和用户界面友好等优点。中望电磁拥有求解器、前处理和后处理能力，可完成天线、高频组件微波器件和电路等相关产品的仿真和分析。中望电磁致力于为用户提供行

业专属的以及射频拓展应用的整体解决方案。中望电磁与中望 3D 技术高度结合，基于仿真驱动设计流程，可极大提高企业产品开发效率。

中望电磁仿真软件的优势：

1）EIT 算法：采用 EIT 算法，克服了 FDTD 算法仿真弯曲金属界面和介质界面时的梯形误差问题以及 Conformal-FDTD 算法的时间步长降低的问题。

2）建模能力：与中望 3D 高度结合，拥有强大的建模能力。

3）用户环境：优化的用户环境，GUI 界面友好，帮助用户快速上手，大幅降低学习成本。

4）后处理：支持 1D/2D/3D 求解结果的查看 / 导入 / 导出、多种结果查看方式、日志文件，直观、多方位地显示求解结果。

5）创新的 EIT（Embedded Integral Technique）算法：EIT 技术是基于 FDTD 算法的革新技术，克服了传统 FDTD 算法在模拟弯曲金属界面和介质界面时的梯形误差，避免精度损失，保持算法精度和效率解决了共形 FDTD 算法稳定性要求导致时间步长降低的效率问题，无须减少时间步长，保持计算速度。可以模拟薄层、无限薄层、任意曲面金属和任意多薄层介质。模型离散绝对稳健，可以处理任意病态三角形模型，包括退化成点和线的三角形。内核算法媲美其他主流算法，独特的优化实现促使其计算速度更快。

（三）山东山大华天软件有限公司

1. 公司简介

山东山大华天软件有限公司（华天软件），成立于 1993 年。作为以 3D 为核心的智能制造软件服务商，华天软件形成三大技术平台和四大产品线，业务范围包括 PLM、PDM、CAPP、CAD、CAM、CMMP、MES、WMS、SRM、LES 等。

华天软件专注于智能制造，拥有三维软件内核技术，为制造业提供全面信息化解决方案。在全国培育了千余家用户，形成多个汽车、模具、轴承、专用设备、电子等行业解决方案，软件产品广泛应用于汽车、模具、机械设计制造、航空航天，3D 技术在 3D 打印、数字化医疗、机器人、建筑 BIM、珠宝等领域发挥核心基础作用，成为实现工业创新和智能制造的必要支撑，在航天科技、中石油、中石化、福田汽车、广汽、奇瑞汽车、长安汽车、中国中车、潍柴动力、华晨汽车、江淮汽车、雷沃重工、东风模具等行业领军企业得到典型应用。

2.产品功能简介

（1）SINOVATION

SINOVATION产品是华天软件拥有自主版权的国产三维CAD/CAM软件，为我国制造业的产品创新研发提供了可靠的软件平台。SINOVATION具有混合建模、参数化设计、直接建模、特征造型功能以及产品设计动态导航技术；提供CAM加工技术、冲压模具、注塑模具设计以及消失模设计加工、激光切割控制等专业技术；提供产品制造信息PMI及可以与PDM、CAPP、MPM等管理软件紧密集成的三维数模轻量化浏览器；支持各种主流CAD数据转换和用户深层次专业开发。SINOVATION相关3D技术应用于航天、石化、模具、工业机器人、核电等行业。

（2）华天软件PLM

华天软件PLM系统集项目管理、产品设计管理、工艺设计管理于一体，以产品为中心，以项目计划为主线，把企业研发设计和工艺制造过程中所有与产品相关的信息和过程集成起来统一管理，实现数据的有序规范、设计过程的优化和资源的共享以及一致的上下游数据，从而规范企业的研发流程，提高设计和工艺工作效率，缩短产品研发周期、降低成本，使企业赢得主动权和竞争优势。

（3）三维工艺设计系统SVMAN

SVMAN是基于完全自主的三维技术平台研发的三维工艺系统，包括三维装配工艺和三维机加工艺。SVMAN承接产品的设计三维数模，将工艺设计思路和方法融入与三维产品模型的可视化交互过程中，以装配动画、工序模型动态演变等形式，辅助工艺设计、预测装配问题，模拟产品生产过程，指导现场生产。通过三维工艺下厂指导现场生产，"所见即所得"的工艺设计过程，更直观地预判现场生产过程中的质量问题，提高工艺设计质量，缩短产品研制周期。

（四）北京数码大方科技股份有限公司

1. 公司简介

北京数码大方科技股份有限公司是国内工业软件和工业互联网的典型企业。公司主要面向装备、汽车、电子电器、航空航天、教育等行业，提供以 CAD、PLM 和 MES 软件为基础的智能制造解决方案，实现企业营销、研发、生产、供应、管理、服务等核心业务板块的数字化、网络化、智能化，全面提升工业企业的创新设计能力、先进制造能力以及人才保障能力。面向制造行业，以及省市、工业园区、特色小镇等区域，提供以设计制造和物联网为基础的工业互联网平台服务，为企业上云提供设计和制造的 SaaS 和工业 APP 服务，支持企业之间协作，推进网络化协同设计和制造，促进社会资源的优化配置，推动区域新旧动能转换和高质量发展。

2. 产品功能简介

（1）CAXA 3D 实体设计

CAXA 3D 实体设计是集创新设计、工程设计、协同设计于一体的新一代 3D CAD 系统解决方案。它提供的三维设计、分析仿真、数据管理、专业工程图等功能可以满足产品开发流程各个方面的需求，嵌入最新的电子图板作为 2D 设计环境，在同一软件环境下轻松进行 3D 和 2D 设计，不再需要任何独立的二维软件。

（2）CAXA PLM 协同管理

CAXA PLM 协同管理是面向制造业产品数据全生命周期管理的软件产品和服务，提供了智能化的设计和生产制造数据生成工具，将成熟的 2D、3D、PDM、CAPP 和 MES 技术整合在统一的协同管理平台上，基于统一数据管理平台，对设计、生产数据进行完整的生命周期管理。重点解决企业在深化信息化管理应用后面临的部门之间协作以及企业产品数据全局共享的应用需求，实现企业设计数据、工艺数据与制造数据统一管理，并支持企业跨部门的数据处理和业务协作。

（3）CAXA MES 制造过程管理系统

CAXA MES 制造过程管理系统，通过集成在企业层面打通生产订单和库房之间壁垒,形成一体化管理系统,适合离散制造企业作为生产过程来监控和实现自动化、智能化制造的数据管理和信息共享。在车间内部以生产工单为线索,以精益生产的理念,通过计划管理、工单管理、质量管理、制造看板等多种方式实现车间有序化管理,进而实现车间生产透明化。支持作业计划、现场管理、质检管理、决策分析等多种应用需求。

(五)中船重工奥蓝托无锡软件技术有限公司

1. 公司简介

中船重工奥蓝托无锡软件技术有限公司成立于 2010 年,隶属于中国船舶集团有限公司第七〇二研究所。公司主要从事自主可控工业软件的产品研发和技术服务,在 CAE 软件国产化核心技术、工业 APP 谱系化集成技术、虚实结合的智能化试验和一体化协同研发平台等方面具有自主化产品,可以为航空、航天、船舶、兵器、核工业等高端装备制造业提供平台级解决方案。公司团队具有丰富的项目实施经验,曾参与载人航天、载人深潜、探月工程、华龙一号等国家重大工程。

2. 产品功能简介

(1) OLT.simWorks——自主 CAE 软件的生产线

OLT.simWorks 是一款开放架构的 CAE 前后处理及并行计算软件,具备三维图形显示及操作功能,同时,它还具备与主流 CAD/CAE 软件的数据接口,可实现对自主 CAE 求解器的集成与包装。

(2) OLT.iDesginer——工业 APP 的生产线

OLT.iDesginer 面向研发设计类工业 APP 的开发与运行,提供开放的集成框架,实现 100 多种商业软件和自研程序/方法的集成,具备松/紧耦合兼顾的多学科联合仿真能力,可实现多方案自动迭代和优化。

(3) OLT.NaViiX——船舶水动力学 CFD 软件

OLT.NaViiX 是一款具有专业特色的船舶水动力学自主 CFD 软件,具备三维航行体单相、两相(带自由面)湍流绕流 CFD 模拟功能,支持标准 k-ε、RNG k-ε、k-ω 和 SST k-ω 湍流模型,支持结构化、非结构化、混合网格和交界面网格,同时,它还具备支持亿级网格的 MPI 并行计算能力。

（4）OLT.iSolver——自主结构 CAE 软件

OLT.iSolver 实现开放式面向对象的结构有限元常用求解分析，具备结构分析的各类基础库，支持单元、材料、载荷等自定义子程序的扩展，精度和商用结构 CAE 软件相当，同时，它还具备隐式分析和显式分析能力，非线性涵盖材料非线性、几何非线性和边界非线性。

（5）OLT.TDM——试验数据管理系统

OLT.TDM 帮助用户建立试验"前""中""后"的规范化试验流程，并支持试验数据在试验、设计、仿真和管理等多部门之间的同源和共享。

（6）OLT.Collab——面向高端复杂装备的协同研发平台

OLT.Collab 针对复杂产品研制过程，提供一套集成化的研制环境。它以数据关联驱动各个研制阶段技术过程的迭代，实现研发任务自动化分发；通过专业工具流程的构建、共享、调用，实现产品研发效率提升；自动化积累研制过程数据，实现数据谱系化管理；利用人工智能手段，实现知识自动积累和智能加工，并在业务场景中进行智能化推送。

（六）苏州同元软控信息技术有限公司

1. 公司简介

公司成立于 2008 年，是国内领先的复杂装备系统级设计与仿真验证工业软件产品研发、工程服务及整体解决方案提供商，秉承"自主可控、同步国际、源头把握、共赢未来"理念，以领先的原创技术为立足点，以通过优秀产品和优质服务为客户创造价值为经营目标，产品和技术广泛应用于航天、航空、能源、动力、船舶、车辆等行业，为国家系列重大工程提供数字化设计支撑能力。

采用国际工业标准 Modelica、FMI、SysML 等规范，公司提供系统设计和仿真验证平台以及 MBSE 解决方案，开展系统工程咨询、系统设计/仿真/管理软件定制开发、系统建模仿真分析、Modelica 技术培训等业务，在工业知识表达标准、工程计算平台、功能模型构件库等方面取得系列创新成果，位居国际前列，形成完全自主知识产权的面向复杂机电产品开发的建模、分析、仿真、优化一体化的工程计算平台。

2. 产品功能简介

（1）系统仿真验证软件 MWorks.Sysplorer

MWorks.Sysplorer 是面向多领域工业产品的系统级综合设计与仿真验证平台。基于国际多领域统一建模规范 Modelica，Sysplorer 支持工业设计知识的模型化表达和模块化封装，支持基于物理拓扑的快速系统模型集成与设计验证，支持多方案优选及设计参数优化，以知识可重用、系统可重构的方式，为工业企业的设计知识积累与产品创新设计提供有效的技术支撑，对及早发现产品设计缺陷、快速验证设计方案、全面优化产品性能、有效减少物理验证次数等具有重要价值。主要功能包括：可视化建模、编译分析、仿真求解、后处理、实时代码生成、数字仪表、三维动画、FMI 接口、参数优化工具、参数标定工具、频域估算等。

利用现有大量可重用的 Modelica 专业库，Sysplorer 可以广泛地满足机械、液压、控制、电子、气压、热力学、电磁等专业，以及航空、航天、车辆、船舶、能源等行业的知识积累、仿真验证和设计优化需求。

（2）系统架构设计软件 MWorks.Sysbuilder

MWorks.Sysbuilder 是面向复杂工程系统，基于模型的系统架构设计、分析和仿真验证工具。以系统需求作为输入，按照自顶向下的系统研制流程，以图形化、结构化、面向对象的方式，覆盖系统概念架构、功能架构和逻辑架构设计过程，通过与 MWorks.Sysplorer 的紧密集成，支持在系统设计的早期实现多领域综合分析和验证。主要功能包括：图形化架构定义、层次化架构设计、架构重用、静态分析计算、动态分析计算、多方案优选、专业逻辑视图生成等。

MWorks.Sysbuilder 提供了简洁却又功能强大的系统架构模型设计解决方案，满足航空、航天、车辆、船舶等复杂系统的功能分析、逻辑设计、多方案权衡比较、优化设计等需求，适用于复杂工程系统研制的概念论证和方案设计阶段。

（3）协同建模与模型管理软件 MWorks.Syslink

MWorks.Syslink 为基于模型的系统工程环境中的模型、数据及相关工件提供协同管理解决方案。该系统改变传统面向文件的协同为面向模型的协同，为工程师屏蔽通用版本管理工具复杂的配置和操作提供图形化、面向对象的协同建模和模型管理。主要功能包括：协同系统建模、结构化模型比较、基于 Web 的模型可视化、基于角色的访问控制和仿真结果管理等。

MWorks.Syslink 提供了系统模型创建、修改、细化、分析、发布、管理和归档的全生命周期管理，可为航空、航天、车辆、船舶等复杂系统在基于模型的工程研制中提供统一的数据源，提升系统建模效率，规范建模过程，基于模型实现知识积累。

（4）同元商业模型库 MWorks.Library

同元商业模型库覆盖航天、航空、能源、车辆、工程机械等行业，分为 3 个层次：第 1 层是行业系统级模型库，面向系统整体对象，支持系统级模型构建以完成系统顶层的功能和性能分析，如飞机系统库、航天器系统库、车辆系统库等；第 2 层是行业子系统级模型库，面向构成系统的子系统/单机，根据子系统设计的关注点，通过粒度相对较细的模型库，支持子系统/单机的设计仿真验证，如航天 GNC 模型库、飞机液压系统模型库等；第 3 层是抽取的覆盖各行业、系统的基础模型库，如液压组件库、液压元件库、电机库、机械库、换热器库等。通过这 3 个层级模型库的组合可以实现：

1）系统级模型库：在系统架构设计阶段，支持系统顶层功能性能分析以及架构的权衡和优选。

2）系统级模型库 + 子系统级模型库：在详细设计阶段，实现对单机/子系统详细设计的支持，并在系统大闭环的前提下，分析某子系统的功能性能及其对系统行为的影响。

3）各类子系统级模型库：在系统集成验证阶段，通过各个子系统级模型库实现系统的集成，支持全工况的仿真分析，进而支持系统集成阶段的验证与确认。

（七）北京互时科技股份有限公司（原北京中科辅龙科技股份有限公司）

1. 公司简介

北京互时科技股份有限公司成立于 2011 年，是工业软件产品、数据服务和整体解决方案提供商，工业互联网产业联盟数字孪生特设组副组长单位。

自成立起，互时科技坚持高强度研发投入，将数字孪生、AI、超高性能渲染等新一代信息技术融合，推出完全自主知识产权的工业互联网核心引擎——GaiaEngine。在此基础上，结合专业领域工业Know-How形成RZONTM系列软件，产品线覆盖研发设计、工程建造、交付及生产运行全生命周期，广泛应用于化工、电力、建筑、复杂装备制造等行业。

在数据服务领域，互时科技历时多年打造了一支专业化团队，提供数据治理、数字化交付、数字化重建、测绘建模、工艺机理建模等一系列数字化服务，帮助企业构建数字孪生体。

一直以来，互时科技持续为多个行业龙头企业提供优质的软件产品和专业的数据服务，在设计集成、精益施工、数字化交付、数字车间、数据治理等专业领域有大量成功案例。目前，有数百套、几千亿资产的装置和机组数字孪生体运行在互时科技的系统当中，为企业数字化转型和智能工厂建设提供坚实的基础。互时科技多次中标工业互联网和工业软件类国家项目，是国家工业互联网领域和工业软件国产化的重要力量。

2. 产品功能简介

（1）RZONTM 4D精益管道施工管理系统

在石油化工、煤化工、核电等资产密集型行业，大型新建工程的施工投资额可达数十亿元，参与建设的分包商达数十家。国内普遍采用"边设计、边采购、边施工"的建设模式，使得设计方和采购方修改频繁，对下游施工方造成巨大影响，进度延误、材料巨额浪费的现象屡见不鲜，造成的经济损失以千万元甚至亿元计。

RZONTM 4D精益管道施工管理系统利用"数字孪生"技术解决了这一难题，自动解析设计软件成果文件生成三维模型，通过机器学习技术识别工程图纸，在此基础上构建跨业务领域的管道数字孪生体信息模型，形成"设计－采购－制造－施工"的数字主线，为管道施工作业搭建全要素、全过程和全参建方的可视化协同作业平台。同时，结合工业Know-How提供系统智能化应用为施工业务赋能，形成透明、可控的施工管理模式，达到精益施工的目标。

目前，该软件已应用于数百亿投资额的工程建设项目中，客户包括中石化等大型央企，帮助它们节约工程量数百人年，数据处理效率提升近百倍，是行业内颠覆式的创新。

（2）OneHitTM 数字工作台

在资产密集型企业，投资约 200 亿的工厂，包含 4000 万个物理元件（主要管理对象）和 12 亿个属性，数据分散于 500 万份、7000 万页的非结构化文档、近百种文件格式和 200 多个管理系统中，数据复杂度极高。从设计、建造到运营全产业链、全业务域数字化水平参差不齐，信息传递被迫拉低到最低水平——以文档为媒介的人工流转，重度依赖于人。据某头部央企统计，一线工程师花在数据录入、维护、流转等低效率工作上的时长占比超过 40%。

OneHitTM 数字工作台利用先进的数字孪生、AI 等技术，智能聚合技术资料、运行状态、历史记录等多源数据，构建跨生命周期、跨产业链、全业务领域的复杂数字孪生体，采用图形化人机交互提升数据可用性，内置多维度、多尺度映射模型形成数据分发中心，推动数据流转效率的跃迁，是一线员工减负的生产力工具，是工业/工程企业的数字底座，是企业数字化转型的核心基础设施。

关键特性：

1）支持零部件级、设备级、系统级和工厂级多尺度数字孪生信息模型。

2）贯穿工业"设计、建造、运营"全产业链和全生命周期。

3）机理、物理等融合模型，支撑复杂工业应用。

4）支持高性能云端三维渲染技术，在浏览器端流畅渲染上百亿面片。

5）支持贯穿跨产业、跨业务、跨生命周期的数据自动流转和分发。

（3）RZONTM 工程数据中心

在流程工业，大型新建工程逐渐开始通过数字化交付实现数字资产的积累，以支撑资产设计运营一体化管理。对业主和工程总承包方而言，如何及时准确地收集到、组织好工程建设项目各阶段信息形成数据资产，指导工程建设和运营阶段的管理尤其重要。

RZONTM 工程数据中心是面向流程行业工程数字化交付项目的数据资产治理和协同平台，是各参建方进行中心化沟通的信息载体，为交付的快速实施提供智能化工具，实现数据资产的高效集成治理、高效访问和透明共享，为项目质量和进度管理提供抓手。

关键特性：

1）围绕工厂对象进行工程建设全生命周期的数据组织，支持高效的信息共享和协同。

2）数据治理高效便捷。

3）及时的数据收集和有效的变更管控机制，更加适应项目的敏捷管理方式。

（4）RZONTM 流程模拟软件 SimPSO

目前为止，国际同类产品为 AspenTech 的 AspenPlus 和 AspenHysys、Honeywell 的 UniSim Design Suite、Invensys 的 PROII 以及 KBC 的 Petro-SIM，且处于 100% 垄断。

RZONTM 流程模拟软件（简称 SimPSO）是互时科技自主知识产权的工艺设计和模拟的基础平台，用于石化工艺设计、新技术研究和优化改造，从设计、建造到运行辅助问题的处理，再到去瓶颈，实现工艺模型全生命周期的管理，提高资本回报率，有助于企业降本增效。

关键特性：

1）高易用性的页面交互环境。

2）涵盖石化行业 2000 多种常见物性数据。

3）支持石化行业通用单元设备的模拟计算。

4）关键参数计算误差不高于 2%。

5）采用严格法多组分精馏过程求解，具有良好的适定型。

6）原生云端部署，无须安装客户端。

（八）苏州浩辰软件股份有限公司

1. 公司简介

苏州浩辰软件股份有限公司的前身公司成立于 1992 年，为全球提供 CAD 设计与云协作方案，为用户提供 2D/3D 设计软件及涵盖 CAD 文档生命周期的跨平台（Web/Mobile/Windows）、多应用场景的云协作解决方案，软件已应用于工程建设、机械设计等领域。浩辰软件是非开源、真正安全的国产 CAD 厂商，浩辰 CAD 的产品已覆盖 100 多个国家和地区，全球用户超 3000 万。

2001 年，浩辰软件建立苏州软件基地，进行浩辰自主平台软件的研发，

2003 年成功推出获国家版权局自主知识产权认证的浩辰 CAD 软件，在此基础上，浩辰软件通过 CMMI L3 国际认证，并于 2010 年获得世界知识产权组织颁发的"世界知识产权组织版权金奖——推广运用奖"。

2013 年浩辰软件拥有自主内核的 CAD 平台软件重构完成，至此，浩辰软件成为拥有自主内核的国产 CAD。2019 年发布浩辰 CAD 3D 基础版，同年浩辰 CAD 看图王移动 APP 在全球拥有 3000 多万用户。

2. 浩辰 CAD 功能简介

浩辰 CAD 兼容 CAD 文件格式。经过二十余年的持续研发和精益创新，软件底层内核核心技术自主可控。浩辰对 CAD 常用功能 100% 涵盖，创新功能超 100 种，贴合用户，快捷实用。界面及操作习惯与主流 CAD 一致，无须二次学习。具备强兼容，与 AutoCAD® 图形文件和设计数据双向兼容，各版本图纸资源可以重复利用。软件接口丰富，支持多样化的开发语言，能够实现专业软件快速移植。

关键技术创新点包括：

1）智能区域显示技术：可以屏蔽处理屏幕外数据，并利用 GPU 参与并行数据运算，特别针对装配图、多图框图纸、地形图等大幅面图形，显示性能和操作速度得到提升。

2）分级内存交换技术：可以快速通过多种方式将常用数据存储在内存中，不常用数据存储于硬盘，减少了内存占用，提高操作速度。

3）图形数据自适应压缩技术：根据不同的图形或模型生成对应的数据。

4）模块化技术：能够直接快速鉴别和修复 bug。

（九）武汉开目信息技术股份有限公司

1. 公司简介

武汉开目公司源自华中科技大学，员工 230 人，是由华中科技大学、航天科工集团、骨干员工、创投机构共同投资的股份制企业。开目主要定位于十大军工集团和大型高端制造业企业，为它们提供自主可控的设计制造一体化智能制造系统和解决方案。公司成立 20 年，产品已在航空、航天、兵器、船舶、汽车、轨道交通、工程机械等离散制造行业广泛应用，用户数量接近 10 000 家。

目前，开目公司拥有自主知识产权的各类工业软件著作权 140 多项，发明专利 40 多项，已经形成了用于企业研发、工艺、制造等三大产品板块的自主可控工业软件 40 多种、100 多个软件产品。公司是湖北省认定企业技术中心，中国工业软件联盟副理事长，中国两化融合应用推广联盟副理事长。公司多次获得国家科技进步奖及省部级科技奖励，2016 年和 2017 年，连续两年入选"中国工业软件领军企业"，连续两年入选"中国工业软件 70 强"，入选工信部"2018 年制造业与互联网融合发展试点示范"和"湖北省首批细分领域隐形冠军"。

中国的高端制造企业中，航天科工集团、航天科技集团、中国电科集团、中船重工集团、中车、哈电、柳工、陕重汽、长安汽车等企业均与开目公司建立了长期的合作关系。

2. 基于知识的三维工艺规划和仿真（3DCAPP）功能简介

（1）基于规则库的零件可加工性分析（DFM）

随着加工能力的提升，设计人员和制造人员所关心的焦点由零件的可制造性逐步转向产品的制造费用、上市时间和产品质量等性能上来。并行工程（CE）所带来的显著成效（新产品开发周期缩短、设计质量提高及产品成本降低）成为企业追求的目标之一。可加工性分析系统（以下简称 DFM）基于三维 CAD 系统的面向可制造性设计的应用，辅助设计 / 工艺 / 制造工程师在产品设计阶段就考虑设计的可制造性，通过对设计模型的可制造性进行检查和校验，避免后期制造阶段不必要的设计修改，增强设计质量，降低设计成本，加快产品的研制速度。

（2）基于知识的三维机加工艺规划系统（3DCAPP-M）

通过对产品三维模型的分析，开展机加工艺规划工作，包括制造特征自动分析、加工方法智能推理、工艺路线编排、毛坯 / 工序模型自动创建、工装 / 设备等制造资源规划、机加工艺仿真、工艺决策、三维工艺文件编制 / 输出等，并以三维工艺来指导生产现场的加工。

（3）可视化的三维装配工艺规划系统（3DAST）

可视化的三维装配工艺规划系统充分考虑了产品全生命周期的各个环节，利用产品的三维 CAD 模型，由装配工艺规划人员在计算机环境中对产品的装配工艺过程进行交互式的定义和分析，包括建立产品各组成零部件的三维模型、装配顺序、空间装配路径、装配工艺文件编制/输出、装配工艺决策、虚拟仿真等，并以三维工艺来指导三维装配。

（十）武汉天喻软件股份有限公司

1. 公司简介

武汉天喻软件股份有限公司是依托国家企业信息化应用支撑软件工程研究中心成立的专业数字化设计软件提供商，致力为中国制造业提供企业信息化及协同管理、数字化设计、数据安全等支撑软件和工程咨询服务。公司成立于2002年5月14日，是湖北省认定的软件企业和高新技术企业、武汉CAD应用工程技术研究中心、湖北省信息化与工业化融合试点示范企业以及东湖新技术开发区"瞪羚企业"。天喻软件的产品在机电、仪表、汽车、锅炉、港口、水利、石化、造船、航空等行业广泛应用，为企业创造了巨大的经济效益和社会效益。

2. 机电产品备件电子图册（EPC）功能简介

天喻软件开发的机电产品备件电子图册是将各机电产品的零件数据、文字、图片等技术信息，按照格式制作成电子文档，同时增加浏览、查询等功能。服务商通过使用EPC，可以选择车系和备件号查询关联零件的详细技术信息、零件图片或三维模型。在浏览零件信息时可以随时放大或缩小零件图片或三维模型，点击图片上的零件标号可以浏览响应的零件信息，点击零件编号可以显示零件的图片信息。通过EPC，服务商可以向产品生产企业即时下达备件采购订单。

基于互联网技术的机电设备电子备件图册及维修服务管理平台，能较好地响应复杂机电产品具有的结构复杂、产品品种多、备件品种多、更新迭代快、服务国家法规各异、语言各异等服务特点。

1）基于天喻软件自主知识产权的三维模型轻量化技术，支持备件三维模型的在线发布与浏览。克服了传统备件图片平面展示及放大后模糊的缺点，提升了备件图形化显示能力。

2）全球复杂网络环境的异构加速部署方案，解决了不同国家和地区网络环境不同网速差异大的问题，确保任何服务网点均能实现平台的正常访问。

（十一）北京神舟航天软件技术有限公司

1. 公司简介

北京神舟航天软件技术有限公司（简称"神软"）是由中国航天科技集团有限公司控股的专业化软件企业和航天科技集团软件研发中心，是国家认定的重点高新技术软件企业。神软作为以提供自主研发软件和服务为优势的大型专业软件信息服务公司，秉承"创新、敬业、以推动民族软件产业发展为己任"的理念，围绕智能制造、智慧政务、大数据和智慧管控四大核心主业，凭借软件研发、咨询规划和技术服务三大服务能力，结合云计算、大数据、互联网+等新一代技术，面向企业、政府、军队等领域，为客户提供自主可控的全方位信息化智慧服务，协助政府实现智慧管理，助力企业实现智能制造。目前，神软拥有十一家全资及控股子（分）公司，已建立起覆盖全国的服务体系。

同时，神软坚持"立足航天、聚焦军工、支撑工业、服务社会"的定位，发挥自主研发的优势，不但是中国航天软件研发中心，还长期与国内外知名厂商开展深度合作，形成具有行业特色的软件产品和服务体系，具备大型软件研发、大型项目集成等综合服务能力。在航天领域，神软为载人航天、探月工程、新一代大运载火箭等重大型号产品的研制提供了优质支撑服务；在高端装备制造领域，神软已发展成为该领域信息化建设主要的产品与服务提供商之一。神软不但在国防军工行业拥有广泛用户，而且在政府、金融、电信等各个领域也拥有广泛的品牌影响力。

2. 产品功能简介

神软公司逐步形成智能制造、大数据、智慧政务和智慧管控四大核心主业，四大主业相互支撑且协同发展，构建了公司主业布局体系。在智能制造业务领域，以提升效率为目标，以数据、集成、个性和管控为主线，基于智能制造支撑平台，支持合作伙伴、用户构建业务 APP，打造智能制造的应用生态。实现企业现有数据、应用系统、软硬件装备和资源的连接，支撑企业横向、纵向和端到端集成及数据驱动的企业应用创新。以企业价值增值为核心，打造基于神软 ASP+ 的研发、管理、生产、服务和决策业务应用，形成智慧研发、智慧管理、智能生产、智能服务和智能决策的系列解决方案，帮助企业实现数字化转型升级。

（1）神软 ASP+ 智能制造支撑平台

神软 ASP+ 智能制造支撑平台是"企业级操作系统"，为现有和未来的工业应用提供核心"基座"，兼容传统 IT 设备、私有云和公有云环境，兼容主流工业软件、应用系统（如 PDM、ERP、MES）和制造装备，为各类企业应用（如单体应用、APP 应用）提供个性化的运行支持及系列公共服务，是支撑传统 IT 应用向工业互联网应用、数据智能应用发展的基础软件平台。

神软 ASP+ 平台可以为用户提供开发服务、集成服务（服务、流程、数据）、托管服务、自动化运维服务、DevOps 服务、数据中台服务、业务中台服务等，是神软公司智能制造和工业软件整体解决方案的基础软件平台，目前已经发布至 V3.0 版本，并在型号研制和国家政务工程中得到应用。

（2）神软 AVIDM 企业级产品协同研制管理平台

AVIDM 企业级产品协同研制管理平台是神软公司长期坚持独立自主的工业软件发展战略的代表性产品，是首个满足国家保密局信息系统分级测评要求的协同研制软件产品，已在航天武器型号及其他民用型号的工程研制中得到实际应用，基本覆盖航天科技集团"弹、箭、星、船、器"等所有型号，应用模式也从单一的电子数据管理转向支持三维的数字化协同设计，从单一的所厂级应用发展为跨厂所、跨院的协同应用，从关注设计转向面向产品设计制造全过程。

神软 AVIDM 提供面向型号研制全生命周期的产品数据管理能力，满足企业基于产品结构的三维数模精细化管理、复杂产品技术状态管理、三单结构化与变更闭环管理、统一的设计资源库（标准件库、元器件库、通用件库、材料库等）、跨单位协同管理、机电软协同设计管理等核心业务，同时具备强健可控的安全访问机制，可以有效保证系统的数据安全，提供柔性可扩展的业务体系结构，支持用户灵活定制，可以替换国外同类产品，为国防军工领域提供自主可控的完整 PLM 解决方案，有效支撑了航天"数字导弹""数字卫星"等重点型号的科研生产。

目前，AVIDM 系列产品在航天业内的应用单位已近 200 家，覆盖几乎所有重点型号及其研制单位，系统用户的总注册人数达 35 000 余人，单个系统的最大用户数达 6000 人以上。在航天外领域也得到了广泛的应用，用户群覆盖航天科工、电子科技、核工业集团等军工部门，以及中科院、航空材料研究院等军工单位。

（十二）杭州新迪数字工程系统有限公司

1. 公司简介

杭州新迪数字工程系统有限公司是一家专注于工业软件领域原创技术的创新型科技公司，为企业提供研发设计软件平台与数字化产品创新服务。

公司研发了一系列工业软件产品。其中，拥有自主品牌的新迪 3D 设计软件（Nex3D）是中国制造企业软件正版化、买得起、用得好的普惠式高端工业软件。以新迪 3DSource 零件库、新迪图纸通、新迪产品通为代表的新迪 SaaS 工业云软件，涵盖产品 3D 设计数据的产生和管理，以及设计数据在生产制造、市场营销、运维服务等环节中的协同和共享。同时，公司为制造业企业提供三维产品设计协同、零部件标准化管理、3D 产品目录、生产车间无纸化、设备智能维保、Web3D 轻量化引擎等一系列高效、成熟的数字化和智能化解决方案，全方位助力制造业企业实现数字化转型升级。

2. 产品功能简介

（1）新迪设计协同平台

新迪设计协同平台的核心组件包括：面向端用户的三维设计工具（新迪 3D 设计软件）、基于云的产品数据管理软件（新迪云数据管理软件）和三维标准件及厂商零部件模型库工具（新迪 3DSource 零件库）。平台集成支持设计协同的技术交流工具（新迪图纸通）和面向生产制造环节的设计数据无纸化发放工具（新迪生产车间无纸化解决方案）。新迪设计协同平台支持制造业企业设计数据的产生和管理，打通了设计数据在研发设计和生产制造环节的协同和共享。

（2）新迪 3D 设计软件

新迪 3D 是新迪公司拥有的自主品牌高端三维设计 CAD 软件。集成西门子核心技术和新迪公司 16 年国际顶级设计仿真软件的核心研发经验，新迪 3D 具有国际主流高端三维 CAD 软件全部的功能品质和成熟可靠性，并提供全套国标、行标、常规采购件等 3D 设计资源，云化管理 3D 产品数据。

新迪 3D 支持自顶向下和自底向上的设计思想，其建模核心、钣金设计和大装配设计完全匹敌国外同类软件，是企业核心设计人员的最佳选择。新迪 3D 提供的基于特征、变量化的三维设计工具，帮助设计师快速高效地设计零件。新迪 3D 支持特征建模与直接建模混合的造型方式，最大限度摆脱设计特征给设计变更带来的束缚，使产品设计变更更加灵活自由。采用变量化设计方法，使得修改造型异常轻松，只要改变造型参数，就能立即获得新的造型结果，为评估多种造型方案提供方便。

（3）新迪图纸通云软件

"图纸通"是一款基于三维图纸和二维图纸进行技术沟通和共享的云端软件，集云端看图、分享图纸、批注图纸、沟通图纸、管理图纸等多功能于一体。"图纸通"支持手机 APP、微信、手机浏览器和 PC 电脑多种应用终端，支持 30 多种 3D 模型和 2D 图纸。主要应用于产品研发设计、生产制造和售后服务环节的技术交流工作。通过"图纸通"，可以方便快捷地将产品 3D 模型、2D 图纸和技术资料共享给设计组成员、生产人员、售后技术人员、合作伙伴、客户等，并基于产品图纸/技术资料进行互相交流和沟通。完全基于浏览器使用，不需要安装任何插件，同时支持 PC 端和手机端，在手机上就可以与项目组成员进行技术沟通和交流。

（4）新迪 3DSource 零件库

3DSource 零件库是当前国内支持各大主流 CAD 软件、支持标准新、包含零部件种类丰富的零件库平台。它提供了 3300 多万种规格的标准件、通用件和厂商件的三维 CAD 模型，集产品展示、数据搜索、三维预览、BOM 数据修改、CAD 数据下载等多种功能于一体。

（十三）苏州千机智能技术有限公司

1. 公司简介

苏州千机智能技术有限公司设立于苏州新加坡工业园内，是一家从事航空航天领域智能制造软件和航空发动机关键零部件制造工艺解决方案研发的科技型企业，是我国首批打破国外垄断并突破航空发动机整体叶盘等复杂曲面类零件智能化制造关键技术的高科技企业，获得了江苏省和苏州市在智能制造领域的重点扶持。

千机智能依托华中科技大学及无锡研究院，在复杂曲面类数字化制造技术研究的基础上，在智能制造专家丁汉院士的关心和指导下，发展智能制造工艺技术，打造出 UltraCAM 新一代智能化数控编程平台，可广泛应用于各类整体叶盘、叶轮、叶片等复杂曲面类零件的加工工艺开发，为航空航天及其制造企业提供高效、高精和低成本的工艺解决方案。

千机智能下设软件研发部、工艺研发部及生产部，承接客户智能制造软件开发，提供工艺解决方案和关键零部件制造服务。千机智能以复杂自由曲面零部件智能制造技术为特色，以制造强国、科技报国为己任，以合作共赢、协同发展为原则，助力祖国航空航天事业的发展。

2. UltraCAM 软件平台功能简介

苏州千机智能技术有限公司为中国航空发动机集团有限公司提供了涡轴和涡扇航空发动机整体叶盘专用五轴数控编程系统 UltraCAM 软件，通过与航发集团下属各个发动机主机厂所联合工艺研发，实现了重要型号航空发动机整体叶盘、叶环和叶轮的高精高效加工。

UltraCAM 软件平台应用情况：

1）中国航发贵州黎阳航空动力有限公司，应用 UltraCAM 软件，与机匣分厂进行联合工艺攻关，对 XX17 钛合金风扇叶盘以及 XX15 二级、三级和四级高温合金整体叶环进行高效加工，为客户实现叶盘与叶环制造能力的突破。

2）中国航发南方航空工业有限公司，面对厂内 XX10、XX100、XX7 等型号叶盘叶环的合格率提升与降本增效的迫切需求，在 UltraCAM 软件平台上，进行软件加工策略定制开发，实现某批产型号叶盘叶型公差合格率提升 40%，刀具消耗降低 30%，加工效率提高 28%，为客户大幅降低了生产制造成本。

3）中国航发西安航空发动机有限公司，应用 UltraCAM 软件平台，在 XX15、五代机等型号整体叶盘上，应用国产刀具在国产五轴加工中心进行高效加工，实现叶型加工完全国产化替代。

4）中国航发常州兰翔机械有限公司，面向 XX6、XX7 等发动机型号的生产需求，应用 UltraCAM 软件平台的摆线铣、混合铣、变余量补偿加工、自适应加工等技术，实现大小叶分流叶片盘和整流器的加工提效，大幅提高了客户产品的制造品质与制造效率。

（十四）英特工程仿真技术（大连）有限公司

1. 公司简介

英特工程仿真技术（大连）有限公司专注于自主可控的国产 CAE 软件研发。公司成立于 2009 年，总部位于辽宁省大连市，拥有沈阳子公司、清华大学航天航空学院"CAE 联合研发中心"、无锡超算"苏南制造高性能工业仿真平台联合实验室"以及西安、深圳、无锡、成都办事处。2015 年牵头成立"中国工业软件产业发展联盟 CAE 分联盟"并担任理事长单位。多次参与国家工业软件相关课题的规划，并积极参与产业发展政策的研究。

英特仿真自主研发的 CAE 软件产品物理场完整，耦合方法体系成熟，拥有 5 大系列、15 款软件产品，并已成功应用于航空、航天、兵器、核电、汽车、机械重工、电子、电器等高端装备制造行业。

2. INTESIM 核心产品建模与可视化平台功能简介

INTESIM-DesignPlatform：建模与可视化平台是一款适合多物理场仿真分析的建模与可视化平台，可以实现几何建模、网格剖分、物理场设置及结果可视化的统一。平台同时具备开放性和可扩展性等特点，可自由集成其他商业软件、用户自研软件和第三方求解器，同时配合英特仿真领先的仿真体系，实现真正意义上易学易用的满足实际工程需求的多物理解决方案。

多物理场仿真及优化平台（INTESIM-Multisim）：多物理场仿真及优化平台面向工程中对单场及多场耦合仿真的实际需求，提供完整的核心求解器解决方案。平台在多场耦合分析技术方面采用耦合方法体系，并且可以通过弱耦合算法实现第三方求解器的耦合计算，结合基于可靠度的寿命评估、设计优化、高性能计算等关键技术，满足不同行业的用户对多场耦合分析的迫切需求。

(十五)西安前沿动力软件开发有限责任公司

1. 公司简介

西安前沿动力软件开发有限责任公司拥有针对航空航天、兵器装备、核工业、汽车船舶等军工和民用领域较为全面的技术服务体系和相关的软件工具产品线,与中国航空工业集团、中国航天科技集团、中国航天科工集团、中国兵器工业集团、中国东方电气集团、总装 29 基地等大型集团公司建立了业务和技术合作。公司获得的主要资质包括:ISO 9001 质量体系认证证书、武器装备质量管理体系认证(简称国军标 GJB 9001C-2017)、软件企业认定证书、三级保密资格单位证书、陕西省博士后创新基地等。知识产权包括 30 余项软件著作权,10 余项发明专利。公司 CAE 软件系列产品获 2015 年西安市科学技术奖一等奖,2016 年第 19 届中国软件博览会创新奖,2016 年第三届中国自主创新 CAE 软件优秀奖,2017 年中国机械工程学会、中国力学学会、中国计算机学会、陕西国防科技工业信息化协会等 4 家机构联合颁发的中国 CAE 领域最佳供应商和中国 CAE 应用最佳实践案例奖。

2. 产品功能简介

(1)嵌套网格计算流体力学软件(OverCFDLab)

嵌套网格计算流体力学软件(OverCFDLab),产品体系属于计算机辅助工程(CAE)-流体分析(CFD),成熟度级别已能够推广应用。主要功能是用于航空航天、兵器兵装、旋转机械等领域,如大型客机、歼击机、运输机、直升机、无人机、火箭、导弹等各种飞行器,以及鼓风机、压气机的流场计算,特别适用于飞机起落架收放、火箭级间分离、战斗机开舱投弹、直升机旋翼尾迹流场、多组分气体射流等的瞬态流场模拟。

(2)非结构化网格计算流体力学软件(HCFDLab)

非结构化网格计算流体力学软件(HCFDLab),产品体系属于计算机辅助工程(CAE)-流体分析(CFD),成熟度级别已能够推广应用。主要功能是用于航空航天、兵器兵装、交通工程等领域,如固定翼飞行器、高铁、汽车等的流场模拟。

（3）结构化网格计算流体力学软件（SCFDLab）

结构化网格计算流体力学软件（SCFDLab），产品体系属于计算机辅助工程（CAE）-流体分析（CFD），成熟度级别已能够推广应用。主要功能是用于航空航天、兵器兵装、交通工程等领域，如固定翼飞行器、高铁、汽车等的流场模拟。

（4）非结构化网格流固耦合软件（HFSILab）

非结构化网格流固耦合软件（HFSILab），产品体系属于计算机辅助工程（CAE）-流体分析（CFD），成熟度级别已能够推广应用。主要功能是用于航空航天领域，如大型客机、歼击机、运输机、无人机、火箭、导弹等各种飞行器的静气弹（舵效、静发散）和动气弹（颤振、抖振、嗡鸣）分析以及石油化工、原子核反应堆等的流固耦合计算。

（5）结构化网格流固耦合软件（SFSILab）

结构化网格流固耦合软件（SFSILab），产品体系属于计算机辅助工程（CAE）-流体分析（CFD）。成熟度级别已能够推广应用。主要功能是用于航空航天等领域，如大型客机、歼击机、运输机、无人机、火箭、导弹等各种飞行器的静气弹（舵效、静发散）和动气弹（颤振、抖振、嗡鸣）分析以及石油化工、原子核反应堆等的流固耦合计算。

（6）嵌套网格流固耦合软件（OverFSILab）

嵌套网格流固耦合软件（OverFSILab），产品体系属于计算机辅助工程（CAE）-流体分析（CFD）。成熟度级别已能够推广应用。主要功能是用于航空航天领域，如大型客机、歼击机、运输机、无人机、火箭、导弹等各种飞行器的静气弹（舵效、静发散）和动气弹（颤振、抖振、嗡鸣）分析以及石油化工、原子核反应堆等的流固耦合计算。

（7）化学反应（燃烧）计算流体力学软件（ChCFDLab）

化学反应（燃烧）计算流体力学软件（ChCFDLab），产品体系属于计算机辅助工程（CAE）-流体分析（CFD）。成熟度级别已能够推广应用。主要功能是用于航空航天等领域，从低亚声速到高超声速条件下的化学反应（燃烧）、湍流及湍流转捩等复杂流场的计算分析，尤其是能够对高超声速飞行器、航空航天发动机、鱼雷发动机、燃气轮机燃烧室、民用燃气灶等化学反应（燃烧）、多组分气液两相流动过程中掺混等复杂条件下化学反应（燃烧）

的流场进行计算分析。

（8）噪声分析软件（CAALab）

噪声分析软件（CAALab），产品体系属于计算机辅助工程（CAE）-声隐身分析。成熟度级别已能够推广应用。主要功能是用于航空航天等领域，如军用飞机、加油飞机、直升机旋翼、发动机、开舱投弹、民航飞机等气动噪声的精细化仿真分析。

（9）有限元法结构分析软件（FEMLab）

有限元法结构分析软件（FEMLab），产品体系属于计算机辅助工程（CAE）-结构分析。成熟度级别已能够验证试用。主要功能是用于航空航天、兵器兵装、桥梁建筑、电子器件、原子能等领域的结构静力学、动力学、强度、疲劳、寿命等分析。

（10）物质点法结构分析软件（MPMLab）

物质点法结构分析软件（MPMLab），产品体系属于计算机辅助工程（CAE）-水下爆炸冲击仿真分析。成熟度级别已能够验证试用。主要功能可用于航空航天航海、兵器兵装、建筑桥梁等领域的超高速碰撞问题，如空间碎片防护；冲击侵彻问题，如穿甲弹侵彻装甲及钢筋混凝土防护结构；爆炸问题，如爆轰驱动飞片；岩土动力学问题，如边坡失效；裂纹扩展，如金属延性断裂、爆炸驱动下金属的破碎等计算。

（11）复合材料细长体结构分析软件（Bladesign）

复合材料细长体结构分析软件（Bladesign），产品体系属于计算机辅助工程（CAE）-结构分析。成熟度级别已能够验证试用。主要功能可用于复合材料细长体（如直升机旋翼、风电叶片、发动机叶片、机身、机翼、导弹、火箭等）结构的静态分析、稳态分析、瞬态响应分析及优化等。

（十六）上海东峻信息科技有限公司

1. 公司简介

上海东峻信息科技有限公司是中国首家自主研发商业化电磁/光电仿真软件的高新技术和双软企业，具有保密和国军标等资质，产品销售给国内外近百家大学、科研院所和三十多家军工集团企业，并出口国外军工企业，为航天、航空、中电、船舶、兵器部等军工单位以及高校院所和高科技企业提供大量技术咨询服务和个性化解决方案，并承接多项国家重大研发项目。基于多年的自主研发，在电磁波（天线阵/雷达、天线罩、电磁隐身、电磁兼容、超材料、微波暗室、电磁环境和移动通信）、光电（激光、LED、超构材料、光子晶体和光通信器件）等仿真技术方面取得突破性进展，在仿真精度大幅提高的前提下，速度比欧美同类商业软件快 3～100 倍，解决了大量欧美软件难以计算电大/超电大、结构材料和复杂电磁材料的仿真问题，为国内外大学、军工和民用企业提供高质量的软件产品和技术服务。

2. EastWave 电磁仿真软件功能简介

公司的主要产品 EastWave 电磁仿真软件具有完全自主知识产权，是国内成熟的 CAE/CAM 电磁商业化软件，在电大/超电大体系的全波严格仿真和优化设计方面，相对欧美软件具有强大的速度和精度优势，解决了大量欧美软件难以计算的系统设计问题，应用市场涵盖天线阵、天线罩、隐身、目标成像与识别、电磁兼容、超材料、FSS、暗室、移动通信、反恐等广泛电磁领域，已广泛用于高科技企业（如华为、中移动、四创等）、高校/研究所（国内外近百家）、军工企业（三十多家）等单位，同时出口国外军工企业和研究单位。

此外，近年国内外工程的全新需求还催生了东峻"定制功能"的标准软件，EastAntenna 和 EastStealthy 等软件就是其中的代表，由于欧美没有同类型的商业软件，公司为满足中国军工客户的需求定制研发了这些软件。作为中国本土企业，东峻将继续深入调研，了解客户需求，为其个性化定制符合中国工程需要的专业化软件。

东峻软件产品的核心能力包括：

1）飞机、战舰、导弹、坦克的隐身（RCS）和目标特性计算（包括腔结构和复杂材料）。

2）天线阵+大型平台（如预警机、战舰、战机和卫星）的辐射和电磁兼容性能的优化。

3）大中型天线阵与天线罩一体化设计方法。

4）5G 通信和电磁环境的优化。

5）电磁环境（暗室、指挥所）的设计和优化。

6）新型电磁材料的设计和优化。

(十七)中汽数据(天津)有限公司

1. 公司简介

中汽数据(天津)有限公司作为中国汽车行业的数据资源整合服务机构,在工信部等相关国家部委的领导和支持下,推进信息化与工业化的融合,以综合解决方案为主要手段促进汽车行业的可持续发展,为行业和企业提供一站式解决方案,致力建设成为国家级汽车产业数据中心、汽车产业健康可持续发展决策之源。

中汽数据始终坚持"数"驱产业变革、"智"领汽车未来的企业使命,以"建设国际一流的汽车大数据整合与综合服务机构、国家汽车产业发展高端咨询方案提供商、全球知名的汽车专业化软件顶级供应商"为目标,逐步形成"数据、咨询、软件、前瞻"四大核心业务,紧密联系并贯穿汽车产业全生命周期,提升中国汽车产业核心竞争力。

2. 产品功能简介

(1) CAD 知识封装工具(KBE)

中汽数据(天津)有限公司面向汽车领域构建 CAD 知识封装工具(KBE),主要分为法规校核类和优化设计类两大类。法规校核类的主要功能是围绕一系列国家法规和标准在研发设计阶段的预校核而封装起来的功能;优化设计类则是从工程师的知识和经验出发,把低效设计环节和复杂设计环节进行知识封装,以向导式、便捷式的方式呈现给使用者,以提升工作效率,减少错误发生。

1)法规校核类主要包括的功能如图 A-1 所示。

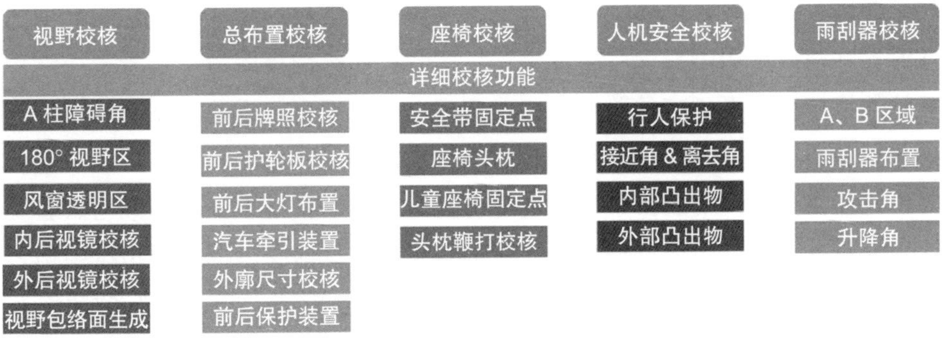

图 A-1 法规校核类主要功能

2）优化设计类主要包括的功能如图 A-2 所示。

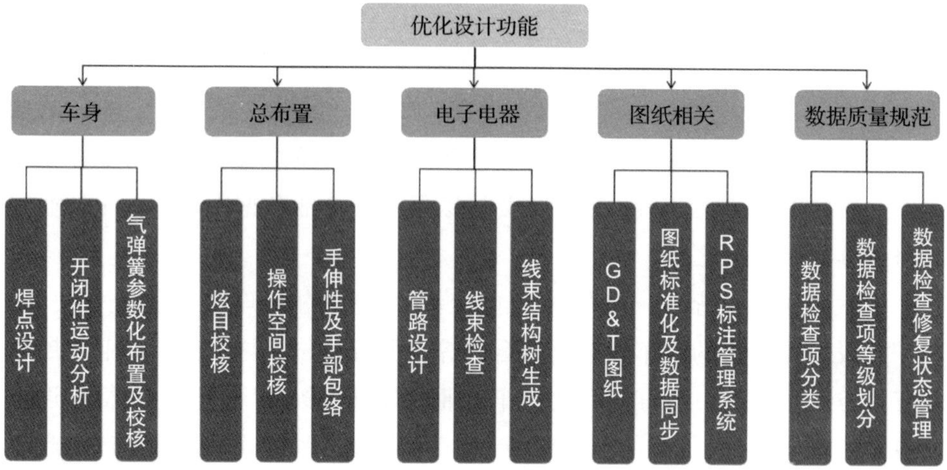

```
                           优化设计功能
        ┌──────────┬──────────┬──────────┬──────────┐
       车身        总布置     电子电器    图纸相关   数据质量规范
     ┌──┼──┐    ┌──┼──┐    ┌──┼──┐    ┌──┼──┐    ┌──┼──┐
    焊  开  气   炫  操  手   管  线  线   G  图  R   数  数  数
    点  闭  弹   目  作  伸   路  束  束   D  纸  P   据  据  据
    设  件  簧   校  空  性   设  检  结   &  标  S   检  检  检
    计  运  参   核  间  及   计  查  构   T  准  标   查  查  查
        动  数       校  手       树   图  化  注   项  项  修
        分  化       核  部       生   纸  及  管   分  等  复
        析  布            包       成        数  理   类  级  状
            置            络                据  系        划  态
            及                              同  统        分  管
            校                              步                 理
            核
```

图 A-2 优化设计类主要功能

（2）研发仿真（CAE）集成平台

汽车仿真普遍具有仿真效率低、试验验证环节样车改造次数不可控、产品研发周期长、仿真精度低等问题，为更好地提高汽车产品开发质量、缩短产品开发周期、降低研发成本，中汽数据结合汽车仿真软件、试验仿真大数据、仿真专业知识、CAE 仿真软件二次开发等，搭建了研发仿真（CAE）集成平台。

平台的主要功能及关键技术主要包括正向仿真研究和逆向虚拟试验仿真验证两个方面，其中正向仿真研究包括搭建行业级资源数据库和基于主流 CAE 仿真软件的二次开发，针对内部凸出物、外部凸出物、座椅、视镜、汽车碰撞、电池包、流体、噪声等标准法规进行解读，形成参数化的标准法规库，并建设常用工具库、组件库等，构建行业级数据资源库。基于主流仿真软件接口和开发语言的研究，可以实现用户根据自己企业产品研发流程将这些拆散的技术重新组合，并集成为具有自主知识产权的技术的功能，进而搭建行业仿真软件集成云平台。逆向仿真研究，是指结合试验标准与试验及仿真大数据，进行数据挖掘分析，把试验验证工作前移，开展虚拟试验仿真验证工作，通过部分或全部取代物理试验验证的方式，提升仿真的效率和精度。

(十八)航天云网科技发展有限责任公司

1. 公司简介

航天云网科技发展有限责任公司是中国航天科工集团有限公司联合所属单位共同出资成立的高科技互联网企业,成立于 2015 年 6 月 15 日。公司以"信息互通、资源共享、能力协同、开放合作、互利共赢"为核心理念,以"互联网+智能制造"为发展方向,以提供覆盖产业链全过程和全要素的生产性服务为主线,以技术创新、商业模式创新和管理创新为重要战略举措,建立了适应互联网经济业态与新型工业体系的航天云网生态系统。航天云网工业互联网公共服务平台构筑自主可控的国家工业互联网技术体系、标准体系和产业体系,旨在打造成为我国制造强国和网络强国战略的支撑平台。基于 INDICS+CMSS 工业互联网公共服务平台,航天云网公司建设规划了以"平台总体架构、平台产品与服务、智能制造、工业大数据、网络与信息安全"5 大板块为核心的"1+4"发展体系,以"互联网+智能制造"为支撑,面向社会提供"一脑一舱两室两站一淘金"服务,同步打造自主可控的工业互联网安全生态环境,建设云制造产业集群生态,构建适应互联网经济的制造业新业态。

2. 产线仿真建模产品功能简介

产线仿真建模产品是基于三维开发引擎 Unity3D 自主研发的一款云端生产线虚拟仿真产品,基于 WebGL 技术实现浏览器端直接访问使用,支持多终端模式和 VR/AR 模式。产线仿真建模产品基于虚拟现实 R/AR、离散事件仿真建模、虚拟互联映射等技术,通过对离散制造行业工厂中生产全要素(人、机、物、法、环)进行抽象行为规则虚拟仿真建模,提供成熟的行业模型库,支持快速组态化构建与实际工厂中物理环境、生产能力和生产过程完全对应的虚拟制造系统,支撑用户产线规划、车间生产、运营服务等阶段的监控、仿真和分析。基于 INDICS 平台在打通数据链条的基础上,支持对接物理生产线设备运行数据和信息化系统生产过程实时数据,搭建虚拟工厂数字孪生(Digital-Twin)系统,支持物理工厂驱动虚拟工厂的仿真运行和映射。实现基于 CPS 实时数据的可视化管理和分析统计,支持生产管理人员在应对生产问题时做出准确的决策响应。通过调整响应生产参数,反馈至物理生产线实现产线生产的迭代优化,降低生产损失,进而实现智能制造企业生产过程的智能诊断和优化。

(十九)北京华大九天科技股份有限公司

1. 公司简介

北京华大九天科技股份有限公司(简称"华大九天")成立于2009年,一直聚焦于EDA工具的开发、销售及相关服务业务。华大九天主要产品包括模拟电路设计全流程EDA工具系统、数字电路设计EDA工具、平板显示电路设计全流程EDA工具系统和晶圆制造EDA工具等EDA软件产品,并围绕相关领域提供包含晶圆制造工程服务在内的各类技术开发服务。华大九天总部位于北京,同时在南京、上海、成都和深圳设有全资子公司。

2. 产品功能简介

(1)模拟电路设计全流程EDA工具系统

华大九天模拟电路设计全流程EDA工具系统包括原理图编辑工具、版图编辑工具、电路仿真工具、物理验证工具、寄生参数提取工具和可靠性分析工具等,为用户提供了从电路到版图、从设计到验证的一站式完整解决方案。

- 原理图和版图编辑工具 Empyrean Aether® 搭建了一个高效便捷的模拟电路设计平台,它支持原理图编辑、版图编辑以及仿真集成环境,同时和电路仿真工具(Empyrean ALPS®)、异构仿真系统(Empyrean ALPS-GT®)、物理验证工具(Empyrean Argus®)、寄生参数提取工具(Empyrean RCExplorer®)以及可靠性分析工具(Empyrean Polas®)无缝集成,为用户提供了完整、平滑、高效的一站式设计流程。
- 电路仿真工具 Empyrean ALPS® 基于高性能并行仿真算法,是大规模电路版图后仿真的理想选择。
- 异构仿真系统 Empyrean ALPS-GT® 基于CPU-GPU异构系统,进一步提升了版图后仿真效率,可帮助用户大幅缩减产品开发周期。
- 物理验证工具 Empyrean Argus® 支持主流设计规则,并通过特有的功能,帮助用户在定制化规则验证,错误定位与分析阶段提高验证质量和效率。

- 寄生参数提取工具 Empyrean RCExplorer® 支持对模拟电路设计进行晶体管级和单元级的后仿真网表提取，同时提供了点到点寄生参数计算和时延分析功能，帮助用户全面分析寄生效应对设计的影响。
- 可靠性分析工具 Empyrean Polas® 提供专注于 Power IC 设计的多种产品性能分析模块，高效支持 Power 器件可靠性分析等应用。

（2）数字电路设计 EDA 工具

华大九天数字电路设计 EDA 工具提供一系列特色解决方案，包括单元库特征化提取工具、单元库/IP 质量验证工具、时钟质量检视与分析工具、高精度时序仿真分析工具、时序功耗优化工具以及版图集成与分析工具等。

- 单元库特征化提取工具 Empyrean Liberal® 提供一套自动提取标准单元库时序和功耗特征化模型的解决方案，用于数字电路设计的时序和功耗分析。
- 单元库/IP 质量验证工具 Empyrean Qualib® 提供全面的单元库/IP 质量分析验证方案，为高质量完成设计并达成设计指标提供了重要保障。
- 时钟质量检视与分析工具 Empyrean ClockExplorer® 提供一站式时钟分析和质量检查解决方案，可以减少时钟树综合前后端的迭代，提升时钟设计的效率。
- 高精度时序仿真分析工具 ICExplorer-XTime® 提供面向先进工艺和低电压设计的高精度时序仿真分析方案，有效地解决了先进工艺和低电压设计静态时序分析方法无法准确评估时序和设计可靠性的难题。
- 时序功耗优化工具 ICExplorer-XTop® 针对先进工艺、大规模设计和多工作场景的时序收敛难题，提供一站式时序功耗优化解决方案，包括建立时间、保持时间、瞬变时间和漏电功耗优化等。
- 版图集成与分析工具 Empyrean Skipper® 提供高效的一站式版图集成与分析解决方案，包括海量版图快速读取与查看、快速版图集成功能、批量版图数据处理功能、并行线网追踪功能、点到点电阻分析功能等，为高效地分析和处理超大规模版图数据提供了有力支撑。

（3）平板显示电路设计全流程 EDA 工具系统

华大九天全球领先的平板显示电路设计全流程 EDA 工具系统包含器件

模型提取工具、原理图编辑工具、版图编辑工具、电路仿真工具、物理验证工具、寄生参数提取工具和可靠性分析工具等。

- 器件模型提取工具 Empyrean Esim™FPD Model 提供专注于平板显示电路设计的高效模型提取解决方案，支持 a-Si、LTPS、IGZO 等不同工艺类型的显示器件模型提取。
- 原理图和版图编辑工具 Empyrean Aether®FPD 适用于平板显示电路设计的相关环节，特别提供了面向异形平板显示电路设计的高效专用解决方案。
- 电路仿真工具 Empyrean ALPS®FPD 适用于平板显示电路的高精度快速电路仿真。
- 物理验证工具 Empyrean Argus®FPD 是根据平板显示电路设计特点开发的层次化并行物理验证工具。
- 寄生参数提取工具 Empyrean RCExplorer®FPD 为用户提供了高精度平板显示电阻电容提取方案，例如像素级电阻电容提取、触控面板电阻电容提取和液晶电容提取等诸多功能。
- 可靠性分析工具 Empyrean Artemis®FPD 是平板显示电路设计专用的可靠性分析解决方案。

以上工具集成于华大九天统一的设计平台中，为平板显示电路设计用户提供了一套从原理图到版图，从设计到验证的一站式解决方案，使平板显示电路设计流程高效、平滑，保证了设计质量，提升了设计效率。

（4）晶圆制造 EDA 工具

随着晶圆制造企业的技术改进和升级，制造复杂度越来越高，EDA 工具对于制造良率提升、工艺平台建设越来越重要。华大九天针对晶圆制造厂的工艺开发和 IP 设计需求，提供了相应的晶圆制造 EDA 工具，包括器件模型提取工具 Empyrean XModel®、存储器编译器开发工具 Empyrean SMCB™、单元库特征化提取工具 Empyrean Liberal®、单元库/IP 质量验证工具 Empyrean Qualib®、版图集成与分析工具 Empyrean Skipper® 以及模拟电路设计全流程 EDA 工具系统，为晶圆制造厂提供了重要的技术支撑。

除上述 EDA 软件产品外，华大九天基于在集成电路领域多年的技术积累，建立了完善的自动化设计服务流程，为集成电路设计和制造客户提供技术开发服务。其中包括晶圆制造工程服务，主要涉及测试芯片设计、半导体器件测试分析、器件模型提取、单元库设计及存储器编译器开发服务等。

（二十）金航数码科技有限责任公司

1. 公司简介

金航数码科技有限责任公司（航空工业信息技术中心）是中国航空工业集团有限公司信息化专业支撑机构，是工信部授牌成立的国家两化深度融合工业软件研发基地，致力于"做最懂工业的软件企业，用软件定义未来工业"。成立二十年来，持续推动信息技术在装备制造业的创新应用，积累了丰富的工业知识，产品与解决方案覆盖研发设计、生产制造、运营维护、经营管理等工业软件的主要门类，行业内外客户700余家，广泛分布于航空、航天、船舶、兵器、电科、核工业等国防制造业以及三一重工、金风科技等民用装备制造业。公司总部设立在北京，在上海、西安、成都、沈阳、南昌等地设有分支机构，员工总数1100余人。

2. 产品功能简介

（1）金航三维工艺设计与管理系统功能简介

金航三维工艺设计与管理系统满足航空工业制造领域工艺设计与管理的知识化、自动化、三维化需求，通过打通基于模型的数字量传递，实现基于模型的定义从设计端向制造端的贯通。支持工艺策划、工艺详细设计、工艺审签、工艺更改、工艺发放等业务环节，在集成化的应用环境中，对跨系统的业务流程进行整合。在工艺设计方面，以在线设计模型作为开展并行工艺工作的依据，减少设计与工艺转换的中间环节，突破工序模型生成技术，基于工序模型对工艺流程进行定义，实现基于产品MBD信息进行三维工艺设计的模式，打通MBD从研到制的数据链路。在工艺管理方面，以计划和任务为驱动，对工艺过程实现自上而下管理、自下而上反馈的闭环。

系统建设和应用主要采用以下关键技术：

1）应用数字线索（侧重于从MBD到MBI）理念，研发基于MBD的工艺快速设计与集成管理系统，形成基于三维模型的工艺规划、工艺设计、仿真、现场执行等业务集成应用模式。

2）提出零件特征逆向增材的建模方法，实现大型壁板、梁等机加零件的具有典型加工特征的工序三维模型快速生成。

3）重用方法，开发基于三维典型零件、典型装配和工艺方案的模板，实现工艺规程和方案的快速生成。

4）基于组件技术体系开发，将工艺业务的各类流程以组件的方式进行定义，支持自定义、可扩展的业务流程闭环管理。功能模块以组件的方式进行开发搭建，支持自定义参数、组合功能及权限配置。

（2）金航基于模型的系统工程工具链

基于模型的系统工程工具链核心组件包括：需求定义与管理工具、功能逻辑建模工具、需求/模型协同管理平台、文档自动生成工具、嵌入式系统架构设计与软件建模工具、系统仿真模型库、系统样机仿真平台、基于工艺规范语言的中性制造模型定义工具、制造数据包管理系统、数字化产品注释与模型质量控制检查执行系统、基于组件的快速原型设计环境和赛博物理模型构建及管理平台。基于模型的系统工程工具链支持制造企业产品研发的正向设计和管理过程，打通了从系统需求开发与架构设计、系统设计与开发、系统虚拟集成到跨学科模型构建和多方案权衡的全过程。

（3）金航基于MBSE的多专业多学科协同研发平台

金航多专业多学科协同研发平台参考国际先进的技术流程及业务架构，以具有自主知识产权的基础平台为基础，研制开发的面向MBSE（基于模型的系统工程）的多专业多学科协同研制平台。该平台为企业提供基于模型的多专业多学科协同研发环境，并对研发过程的数据、工具、流程、方法等进行统一有效的全生命周期管理。协同研制平台以规范且稳定的企业研发流程为手段，以多专业多学科之间的协同研发及优化设计为目标，增强企业的创新研发能力。企业通过面向MBSE的多专业多学科协同研制平台，能够对研发项目、数据和流程进行科学管理，对研制流程及方法进行固化和积累，将技术专家的个人知识转变为企业内部的共享知识，建立企业研发规范及知识资产。

（二十一）重庆诚智鹏科技有限责任公司

1. 公司简介

重庆诚智鹏科技有限责任公司成立于2007年12月，公司主要从事"尺寸链计算及公差分析"的软件开发、销售和服务，是国内一家专门从事尺寸链计算相关业务的公司。

公司提供尺寸链计算及公差分析软件，先后为华为、兵装集团 208 所、航天七院、航天三院、中航发 608 所、331 厂、中航 650 所、中船 707 所、建设工业、中电 38 所、望江、西北工业、潍柴等 200 多家单位提供尺寸链计算及公差分析软件以及相关服务。目前装机用户已经超过 90 000，客户覆盖航空、航天、航海、军工、机床、汽车、电子电气等几乎所有的制造领域。

2015 年通过市场问卷调研统计数据发现，通过软件的使用可以有效帮助制造企业解决制造中的修配、装配干涉、外观面差等问题，提升产品的市场竞争力。实践证明，计算机辅助公差设计技术可以在短期内帮助制造企业实现效益的改善和提升，更能提高企业的长期核心竞争力。

2. 产品功能简介

（1）诚智鹏 DCC 尺寸链计算及公差分析仿真软件

诚智鹏 DCC 尺寸链计算及公差分析仿真软件，主要通过以下功能实现计算机辅助公差分析仿真。

1）通过计算传递系数自动找到影响产品质量性能的关重件和关重尺寸，帮助工程师在公差设计时获得最经济的设计公差。

2）通过极值法、概率法、仿真法等公差分析方法帮助设计师分析模拟加工误差对最终质量性能的影响。

3）公差分配算法解决公差设计中最经济公差确定的问题，使年轻工程师也能设计出经济公差。

4）热膨胀分析模块解决发动机和航空航天发动机在非常温下材料热胀冷缩对质量性能的影响。

5）零件加工数字化模拟及生产合格率仿真算法提前模拟实际生产可能存在的质量问题，提前修改以降低企业纠错成本。

6）制造数据和设计分析的闭环反馈功能，让分析仿真结果更接近实际。

7）基于案例库学习的形位公差智能化算法，彻底解决形位公差尺寸链计算的难题，提高工程师公差仿真分析的效率和准确性。

8）多孔装配算法解决多孔装配中最优装配顺序和最短装配路径的分析。

9）受力方向不确定状态装配漂移误差分析功能。

10）提供扩展控件功能，可以自由输入及设定其他各类计算约束方程，给工程师更大的计算自由度，方便计算复杂尺寸链以外的其他几何关系分析、柔性分析、动能转换计算、流量计算、受力分析等各类工程问题。

11）多闭环综合优化功能，可同时对多个封闭环进行不同的尺寸链计算（公差分析、公差分配和中间计算），分析同一个尺寸对不同技术要求的影响，综合优化每一个尺寸公差，同时满足多个技术要求。

（2）PDCC 自主工艺尺寸链综合分析软件

PDCC 工艺尺寸链主要针对复杂精密零件加工由于工艺规程复杂、工艺容易出错，导致加工合格率低、成本高的问题而开发。PDCC 以独特的工艺流程图表达整个加工过程，可以将企业工艺规程通过软件进行校核，从而避免在实际生产中由于加工余量不足导致无法加工、工序尺寸不合理导致镀层厚度不满足要求、基准转换导致的误差累积等问题，提高合格率。通过自主研发的计算模型对加工制造工艺进行检查，纠正不合理的工艺设计，如余量分配、镀层厚度、基准转换等问题。

适用场景：航空发动机、军工装备、汽车发动机、医疗设备、精密仪器等领域的产品加工工艺的校核和优化。

软件特点：操作简单，能解决实际问题；符合中国工程师使用习惯，上手快。

（二十二）北京世冠金洋科技发展有限公司

1. 公司简介

北京世冠金洋科技发展有限公司是一家专业从事系统仿真分析和平台工具开发的国家级高新技术企业。作为国际 Modelica 协会的第一家中国会员，世冠科技专注于系统仿真领域，聚焦建模仿真测试系统工程软件的研发，为航空、航天、船舶、兵器、核、轨道交通、汽车等领域的用户提供支持产品需求论证、方案设计、虚拟测试、半实物仿真及运维保障的一体化工业软件及完整解决方案。

2. 产品功能简介

（1）GCAir 平台

建模、仿真和测试一体化仿真平台 GCAir 是具有自主知识产权的软件，能够实现在同一平台上完成架构设计、功能设计、性能设计、虚拟试验和虚拟运行，打通了产品研发全过程的模型传递与共享，促进了数字化与工业研制流程的融合。

它解决了市面上多种软件开发模型间接口兼容性以及仿真系统接口规范数字化的问题，为复杂仿真系统的协作开发与集成测试提供工具支撑。

功能特点包括：

1）建模标准内嵌，降低仿真技术门槛。GCAir 内嵌模型的建模标准以及多种模型模板库，并采用图形化的建模形式，降低仿真技术的使用门槛。

2）多源异构模型集成。满足不同层级的复杂系统开发人员集成系统模型，并站在系统的角度分析所负责的系统、子系统或部件与其他相关子系统或部件的耦合作用情况，为整个系统的设计带来分析手段。

3）仿真平台统一，提升仿真准确性。基于 GCAir，可实现全虚拟仿真到半实物仿真所有资源的复用，保证平台的统一，GCAir 实时仿真机支持多种接口和板卡类型。

4）支持个性化定制，具有良好的可扩展性。平台支持功能定制，包括总线、板卡等；模型定制，包括专业模型库等；显示定制，包括视景、面板等。

（2）系统架构设计软件（SystemArchitect）

系统架构设计软件（SystemArchitect）是一款系统架构设计工具，通过对仿真系统的模块组成及其之间的复杂接口关系进行建模，帮助用户创建用于 GCAir 仿真的复杂架构系统，实现图形化搭建全系统模型，降低建模复杂度，提高工作效率。

功能特点包括：

1）ICD 总线管理。支持多种高级自定义数据类型及接口类型（包括多维信号端口定义、总线节点/报文定义、流/势物理量定义、双向公母接头定义等），保持模型与数据总线设计管理的一致性。

2）模型库管理，确保模型版本一致性。实现对 FMU 模型、Python 脚本模型、CSV 数据源模型、用户自定义变量等基础模型进行图形化整合封装，形成元模型库。在不同型号产品的研制过程中，实现相同功能模块模型的复用，并对这些模型进行统一管理，确保在模型迭代升级过程中，系统模型版本的一致性。

3）支持"真实硬件"设置，映射关系可配置。支持将某些子系统设置为"真实硬件"，并配置硬件板卡的 I/O 信号与仿真信号之间的映射关系。在采用 GCAir 实时硬件进行仿真时，用户可以通过简单的鼠标点击将仿真工程在"在线"和"离线"两种模式之间进行切换。

（3）装备设计与体系仿真一体化平台

装备设计与体系仿真一体化平台是世冠科技自主研发的，基于 GCAir 仿真平台的体系建模、任务仿真、需求分析、装备构建和可视化演示一体化软件，实现基于真实装备模型驱动的作战仿真，打破传统的作战仿真与装备设计分离的壁垒。

功能特点包括：

1）基于真实装备模型的任务仿真。在体系任务仿真中，支持添加混合颗粒度的装备模型，以提高仿真结果的可信性。

2）组件化架构技术，构建虚拟任务场景。通过组件化架构技术，设计任务背景、任务目标、威胁/障碍要素、战场要素等，以便复用已有资源，快速创建复杂的战场环境。

3）三维可视化技术显示战场的动态推演情况。在仿真推演过程中，通过三维可视化技术形象直观地展示战场的动态态势，以便态势评估。

4）X-IN-LOOP 仿真技术。根据数据输入源不同，支持模型在环、驾驶员在环、硬件在环和实装数据在环四种仿真模式，为作战仿真提供更为真实的数据支撑，并可以扩展作战仿真的应用场景。

（二十三）银川华信智信息技术有限公司

1. 公司简介

银川华信智信息技术有限公司成立于 2012 年 7 月 25 日，是一家专业为企业和事业单位提供信息一体化整体解决方案的国家高新技术企业，公司业务涵盖软件开发、系统集成、电子商务、智能智造、物联网、云计算、大数据、工业互联网及教育培训等。

华信智以"专业、专注、至臻、至善"为经营理念，专注装备制造业信息化、智能制造及工业互联网整体解决方案，尤其聚焦机床、机器人、自动生产线行业等信息化产品服务。公司长期关注信息化管理在制造业的发展趋势，在与区内外多家品牌制造业企业合作的基础之上，打造了一套既涵盖外资企业经营管理理念，又适合中国国情的选进的云智造信息化管控平台；重点打造"互联网+设备管理"——备值工业互联网大数据共享平台及备值工业 APP，重点服务机床、自动线、机器人等制造业厂商，为设备生产单位、权属单位和养护运维单位提供便利，重新定义和深入挖掘设备维护的价值，提升设备的运行效能。

公司始终秉承"以人为本、自主管理"的管理理念，已服务区内外百余家制造业优质产业龙头企业。区外服务合作的企业主要包括浙江海德曼智能装备股份有限公司、重庆宏钢机床有限公司、湖北毅兴智能装备股份有限公司、云南腾达机械制造有限公司等，区内服务宁夏小巨人机床有限公司、宁夏巨能机器人股份有限公司、宁夏力成电气集团有限公司、吴忠仪表有限责任公司等，为客户提供优质的信息化产品和服务的同时，帮助每一位客户在全球化的市场竞争中保持领先。

2. 产品功能简介

（1）华信智产品数据管理 PDM 系统

华信智产品数据管理 PDM 系统，打通从客户需求确认、产品设计、BOM 管理和个性化定制的特殊 BOM 设计，指导生产过程进行排产和机号设定以及 BOM 输出，实现与 ERP 的数据互联。

协助企业进行合同管理和合同评审，贯穿合同接收、产品设计、生产排产、财务审核等整个流程。

打造独具机床行业特色的 PDM 管理系统，对产品进行电气 SO 管理、机械 SO 管理、标准选项管理以及特殊选项管理。

销售岗位与客户进行需求沟通，在线进行技术文档交底，技术部门在线确认方案，参与项目的评审工作，系统同时涵盖客户关系管理模块。

华信智产品数据管理 PDM 系统，不仅实现了产品数据管理，也实现了从销售到交付项目过程管理的微 PLM 系统。

（2）华信智 CAPP 产品

华信智 CAPP 产品主要面向机床加工企业，独具机械加工行业特色。与其他标准 CAPP 对比，其优势主要集中在产品的六大功能：工艺管理、成本管理、车间管理、质量检验、生产计划管理（与 ERP 融合应用）和工艺中心。

工艺管理模块的主要功能为工艺的设计和审核，在工艺路线的编制过程中，还增加了对工艺、工时版本和工序辅助内容（设备、班组和工装夹具）的定义，基本实现生产管理关键要素的全面关联。

成本管理模块主要实现加工材料的管理，除加工材料的基本信息，系统还提供分材料密度、单价、形状等多种因素组成的成本核算功能，可准确计算出材料成本。

车间管理模块实现产品加工过程的管理，在工序汇报环节加入设备、人员等内容，可准确反映加工过程中相关数据。同时还实现加工单扫码汇报、生产进度、计划完成进度等便捷化功能和统计报表，实时掌握小到加工工序，大到生产计划的多层级生产情况，并且在质量检验模块中，实现加工过程中产品质量的管理。

生产计划管理（与 ERP 融合应用），实现 ERP 销售订单与生产任务单的融合应用，可根据相关单据内容（生产计划），实时统计生产进度。

工艺中心实现工艺图纸、工序图纸、作业指导书等相关文档的管理，生产现场人员可实时查看相关文档。

华信智管理 CAPP 系统，不仅是简单的工艺管理系统，而且是融合车间现场生产管理的简化版 MES 系统。

（二十四）艾迪普科技股份有限公司

1. 公司简介

艾迪普科技股份有限公司成立于 2003 年，是国家高新技术企业，成立以来一直致力于计算机视觉图形图像实时渲染、跟踪、识别和处理核心算法技术的研发与人工智能应用。公司依托完全自主知识产权的核心引擎技术，实时三维设计工具，数字图形资产云平台和数字图形渲染云平台两大核心云平台,以及实时三维图形创作平台、超高清三维图形图像实时渲染平台、三维数字图形交互平台和三维信息可视化平台四大核心技术平台,在信息可视化、工业互联网、智慧城市等领域,提供包括数字内容生产、三维信息可视化、虚拟现实、虚拟仿真、信息交互等在内的多种类型工具平台及智能解决方案。同时,在工业大数据分析、数字孪生构建、工业知识可视化展示等方面提供应用产品。

2. 产品功能简介

（1）核心引擎

艾迪普科技经过 15 年的研发,形成具有完全自主知识产权的核心引擎（IDPEngine）技术。该技术是具有一定规模和智能化的综合算法技术能力平台。利用自主研发的排序算法、建模算法等综合实时算法,结合软件工程、操作系统、图形学、内存管理、着色语言、GPU 硬件接口、多线程管理等多方面的技术,实现三维图形图像实时渲染,并具有实时数据处理和实时视频处理能力,是当前少数可以实时处理数据、图片和视频,并输出超高清各种通用和专用格式的三维图形图像算法系统。通过与行业基础工业软件相结合,完成引擎赋能。通过实时渲染虚拟仿真和构建多样化信息分析呈现系统,融合交互手段,有效延伸工业产业生命周期,解决了数字化改造和建模应用依赖国外引擎技术等卡脖子问题。

（2）iArtist 实时三维建模工具

iArtist 是一款三维实时建模工具,内置丰富的基础三维物件、元素和特效,结合易用的工具化操作方式以及实时渲染能力,可以快速完成各类三维模型的构建,如零件、设备、车间等,以数字化的方式模拟真实环境,进而引导和优化企业的生产运营。同时,可以借助快速建模能力辅助工艺设计,减少生产流程设计周期,提升企业效率。iArtist 可以直接兼容多款主流三维建模软件,如 3DMax、Maya、C4D 等,以及各种常见格式的图片和视音频。可以快速导入上述模型进行修改渲染,减少模型制作时间以及人力上的投入。iArtist 还拥有数据可视化处理与制作能力,支持多种类型数据库实时接入。同时,还支持信息可视化实时交互设计与制作,内置上百种交互逻辑功能节点,可以无须通过编写程序的方式进行交互设计,快速便捷地完成复杂的信息可视化逻辑编排等。随时增加和修改可视化信息系统的展示内容与形式,实现系统设置的高度灵活性并提供丰富的扩展能力,以满足后续发展需要。

(3)CGSaaS 数字图形资产云平台

依托艾迪普科技的 IDPEngine 引擎开发的网络云资源库存储平台,集普通模型、合成动态模型、合成动态特效和应用模板套包于一体,拥有多达 330 个大小不同的分类,存储模型和模板上万个。云平台可以为不同行业用户的业务内容搭建不同的信息化场景和模型,省去制作环节,为模型、场景和系统的构建节省大量的人工制作成本,提高企业效率。

(二十五)武汉承泽科技有限公司

1. 公司简介

武汉承泽科技有限公司成立于 2012 年。公司的产品是新一代智能数字化制造软件系统,属于 CAM(计算机辅助制造)范畴,可以广泛用于机械、航空航天等制造企业的数控机床的程序编制。

2. 产品功能简介

武汉承泽科技有限公司产品可以读取不同 CAD 系统的 3D 零件文件,通过人工智能手段,自动识别和导出相关的加工信息,并在此基础上以智能化的方式编制程序。在金属切削机理的基础上,系统能够生成具有切削载荷平衡的优化刀路,达到高效加工的目的。产品在系统构架设计上充分考虑工业互联网应用的可能性。通过网络个性化的服务手段,在数控编程工作的开始,系统就可以根据企业工艺的特点,生成个性、优化的数控程序。

二、生产制造类厂商及产品

(一)和利时科技集团有限公司

1. 公司简介

和利时始创于 1993 年,是中国知名的自动化与信息化系统集成解决方案供应商、国家级企业技术中心、国家创新型企业、国家技术创新示范企业和国家首批智能制造试点示范企业，首批入选国家智能制造系统解决方案供应商推荐目录。公司业务聚焦工业自动化、轨道交通自动化和医疗自动化三大业务板块。公司在2018年提出的"3+1+N"发展战略和2019年提出的"智能控制、智慧管理、自主可控、安全可信"战略方针的指导下，结合自身在工业领域的优势，不断探索工业互联网、大数据、5G、边缘计算、信息安全等新一代技术与工业的深度融合，促进了智能制造解决方案的落地应用，实现了现有业务的"智能化"产业升级。

2. 产品功能简介

（1）HiaAPC 先进控制软件

HiaAPC 先进控制软件 V2.3 是和利时公司为工业现场提供的先进高级优化控制解决方案。HiaAPC 先进控制软件 V2.3 为复杂的工业现场实现高级优化控制方案的平台，使得现场的装置运行更加平稳，提高控制回路的运行平稳率，减小能耗，提升产品质量。

本系统具有以下特点：

1）针对流程工业多变量强耦合、大惯性、大滞后、强干扰和多回路设计。

2）采用多变量模型预测控制技术、智能优化控制技术与专家经验相结合。

3）采用基于现代控制理论的模型预测控制。

4）实现基于实际现场工艺特性，选择不同控制算法进行控制。

5）对过程输入/输出及扰动进行估算。

6）实现不同条件和不同工况下控制器的无扰切换，实现非线性控制。

7）利用辅助的过程变量增强不可测量的前馈扰动估算。

8）可以根据过程变化对模型进行在线修正。

9）实用的模型测试仿真模拟器及离线控制器设计分析工具。

10）友好的在线参数设置与修改界面。

（2）HOLLiAS-N MACS V6 核电站数字化仪控监控软件

HOLLiAS-N MACS V6 核电站数字化仪控监控软件是 HOLLiAS 的核电

行业版本，是针对百万千瓦核电站研制的高端 DCS 系统。系统软件包括工程师站组态软件、操作员站在线软件、服务器软件、控制站软件、网关软件和通信站软件。

具体功能如下：

1）工程师站组态软件是一套一体化、界面风格统一、功能全面、操作方便的工具软件，包括系统配置、数据库组态、图形组态、控制逻辑组态等功能，能够轻松完成整个工程应用的组态，并能进行在线下装和在线调试，是工程师对实施各种控制策略和人机交互方式的工作平台。

2）操作员站在线软件通过解释工程师组态生成的底图，为工艺操作人员和工艺工程师提供监控工业生产全过程的人机界面接口，实现模拟流程图显示、提供模拟常规盘装仪表的操作面板、实时和历史趋势曲线的监视和查询、报警监视和确认、参数成组监视、日志查询、工艺报表打印、规程显示等功能。所有人机操作界面元素均基于人因工程设计，符合美国核管会要求（NUREG700），能够有效减少人为操作失误的可能性。

3）服务器软件包括实时服务器软件、计算服务器软件和历史服务器软件。实时服务器软件的功能是采集所属控制站的数据，发送给操作员站和计算服务器，并且接收来自操作员站或实时服务器的写操作命令，发送给所属的控制站；计算服务器软件的功能是提供实时数据库管理、事件管理、校时、诊断、性能计算、规程等重要的系统服务；历史服务器软件的功能是历史数据的收集、存储、维护和在线查询。

4）控制站软件完成数据从硬件模块的采集、工程单位变换、控制和联锁算法、控制输出到硬件模块等功能，并通过系统网络将数据和诊断结果传送到服务器。

5）网关软件主要用于两个独立系统间的数据交换；通信站软件主要用于采集第三方系统或设备的数据。

（3）MACS-SCADA 行车综合自动化软件产品

MACS-SCADA TIAS 最显著的特点是信号和综合监控的深度集成，通过建立统一的数据库、应用软件及人机界面平台，将各专业间的数据高度融合，减少命令执行的中间环节，高效实现对轨道交通信号、供电、机电、车辆、站台门、乘客服务等设备的全面监控，实现系统间快速联动和非正常情况下的应急处置，为用户后期扩展联动功能和决策支持提供技术支撑。

MACS-SCADA TIAS 为分布式部署，包含常规 SCS 功能、常规 ATS 功能、车载监控、车辆调度功能、乘客调度功能和联动功能。

具体功能如下：

1）车载监控完成车载广播、车载乘客信息以及车载闭路电视系统的功能。

2）车辆调度提供列车信息、车辆信息、车辆 MMI、列车休眠/唤醒和车辆光字牌功能。

3）乘客调度提供列车信息、车辆光字牌和应答司机/乘客呼叫功能。

4）联动功能满足多种场景下的联动需求——早间上电、唤醒列车、牵引断电、车站火灾、区间疏散、区间阻塞、车辆火灾、列车遇障碍物/脱轨、站台门/车门故障和清扫结束提醒。

5）控制中心工作站可以进行监控 ISCS 各专业、ATS 专业、联动等功能。

6）车站完成常规 ISCS 和常规 ATS 功能。

（二）浙江中控技术股份有限公司

1. 公司简介

浙江中控是目前流程工业领域具有完整自主知识产权的工业自动化企业，国内千万吨级炼油、大型化肥等石化和化工行业的绝大多数控制系统项目都由中控完成首台套应用。

经过多年的研发创新，中控获得了国家科技进步奖 3 项、国家技术发明奖、省科技进步奖、中石化科技奖等多项荣誉；拥有国家认定企业技术中心、国家地方联合工程实验室等多个国家级研发机构；中控连续 18 年位居全国服务软件百强之列，同时成为国家首批 30 家服务型制造示范企业。多年的技术积累已使中控成为流程工业智能制造整体解决方案供应商，也是国内流程工业领域拥有工业大数据最多的企业之一。

2. 产品功能简介

（1）先进控制（APC）软件

先进控制（APC）软件是实现流程工业生产装置全流程平稳与协调控制的核心工具。中控是完全自主知识产权的 APC 软件供应商，产品已在中石化、中石油、中海油等流程工业企业应用800多套，形成了80多种生产装置先进控制解决方案。

（2）实时优化（RTO）系统

实时优化（RTO）系统是建立在APC系统之上的生产装置运行优化系统。中控开发的炼油行业RTO系统已在常减压装置和连续重整装置上成功实现RTO与APC系统的联动。

（3）GAS-Suite瓦斯系统平衡与优化调度系统

氢气和瓦斯是炼化企业重要的气体介质。中控瓦斯（氢气）系统平衡与优化调度系统采用产耗预测、管网模拟、平衡优化等技术，实现气体资源产供耗的动态平衡和优化利用，减少瓦斯放散和氢气损失，同时减少补烃量和制氢成本，提高瓦斯（氢气）气体系统的安全性和经济性。

（4）大型机组优化控制系统

中控大型机组优化控制系统是专门针对压缩机组应用的产品，使得压缩机控制更安全、更稳定，自动化程度更高，尤其减少了装置的回流放空能耗。比如在宁夏瑞科化工的主风机富气压缩机装置应用中，汽轮机蒸汽用量每小时可节约5吨。

（5）医药行业EMS

中控的医药行业EMS能够确保制药企业在药品生产、存储等环节满足GMP法规的要求，能够确保生产合规操作，确保数据完整性，保证药品的质量。它能够指导生产人员按照SOP规程进行合规化生产，能够确保物料流转的准确性，对产品记录、工艺参数和设备的修改进行电子签名和审计跟踪。中控的医药行业EMS成功地应用于东北制药项目，并通过国家项目的验收。

（6）SES-Suite安全应急解决方案

近年来，国家对安全和环保的监察力度逐年加大，保障安全生产是企业的首要大事。中控SES-Suite基于统一的中控智能综合平台，提供标准的业务应用模块，包括综合安全监控、危险源管理、人员定位与管理、关键设备腐蚀、泄漏监控、报警管理、应急预案管理、应急物资管理、应急指挥、安全体系建设、隐患管理、作业管理等模块，通过简单的配置，可以满足用户的标准化业务需求。中控SES-Suite安全应急解决方案应用GIS地图技术，实现所有安全相关信息一张图展示。目前已应用于新安化工、神华宁煤等大型企业。

(三) 北京兰光创新科技有限公司

1. 公司简介

北京兰光创新科技有限公司成立于 2002 年,公司总部位于素有中国硅谷之称的中关村,并在杭州、成都、西安和广州设有子公司和办事处,在航天、航空等领域内有 700 余家高端客户。

北京兰光创新科技有限公司致力于为离散制造企业提供智能工厂解决方案。公司的主要产品包括 MES 制造执行系统、LPS 精益生产管理系统、CPS 协同制造管理系统、机床联网、机床监控、程序管理、高级排产、刀具管理等智能工厂应用。

2. 兰光智能 MES 制造执行系统功能简介

兰光智能 MES 制造执行系统以计划为源头,依据设备能力,对生产计划进行自动排产和派工,对物料、工具、设备、技术准备等进行生产协同管理,并通过强大的信息统计分析功能,从海量数据中提取出需要的数据,从而为企业领导做出科学的决策提供重要依据。

兰光智能 MES 系统按照功能划分为五个功能层,对企业业务应用层的具体生产业务进行功能支撑:

1) 基础数据层:基础数据管理平台,包括组织机构、人员及工作日历、产品工艺路线等,该部分是整个 MES 系统运行的基础。

2) 数据集成层:提供 MES 系统与其他系统集成的接口,实现数据源出一处。

3) 资源管理层:管理车间设备、工具、资料、物料等生产资源,这些资源是以后进行计划、调度、派工等工作的基础,并直接影响生产计划安排。

4) 生产管理层:涵盖计划管理、高级排产、作业管理、质量管理、DNC、MDC 等业务流程。

5) 输入/输出层:生产数据可用条码扫描、触摸终端等辅助手段进行及时的数据采集。工人也可以通过触摸终端进行任务查看、工艺文件调阅等功能，实现无纸化的制造环境。此外，系统还提供各类统计分析功能，为计划人员、生产管理人员、技术管理人员、设备管理人员、库房管理人员、质量管理人员、现场操作员等各类人员提供各种各样的报表、饼图、柱图等分析报告。

（四）北京亚控科技发展有限公司

1. 公司简介

北京亚控科技发展有限公司成立于1997年，专注工业软件的自主研发、市场营销和服务，面向全球制造业提供两化融合的智能制造解决方案。业务范围包含为广大设备层厂商、自控系统集成商、MES实施商和最终用户提供实时数据采集平台、生产监控平台、生产过程数据存储平台和管控一体化全组态平台的全系列产品线及完整解决方案。目前，产品及方案已被广泛应用于市政、家具制造、电子材料、制药、纺织、化工、汽车制造、大型设备、油气、电力、矿山、物流等行业。

北京亚控科技发展有限公司是北京市企业科技研究开发机构、中关村高新技术企业、北京两化融合服务联盟副理事长单位、北京两化融合联盟智能制造平台专委会会长单位、2019年北京市智能制造系统解决方案供应商、北京市两化融合贯标单位、2019年国家工信部工业互联网创新发展工程工业互联网测试床项目主建单位、2019年国家工信部工业互联网创新发展工程基于工业互联网平台的数字化管理解决方案供应商等。

2. KingFusion3.5 功能简介

MES系统能否在生产管理活动中发挥即时有效的作用，关键在于能否与生产现场的自动化系统各生产过程数据和各设备数据进行实时交互。亚控管控一体化全组态平台KingFusion产品侧重帮助企业实现产线监控和生产管理的完美融合，打通企业内部纵向和横向各系统层级间的数据流，构建基于企业过程数据和业务数据的管控一体化平台，可以快速完成MES及智能排产系统相关解决方案的开发与应用。

亚控在自动化领域深耕20多年，积累了丰富的数据采集经验，开发了各种自动化设备的数据采集驱动5000种以上，从小型的数据采集卡、传感器、仪表到大型的 PLC、DCS、CNC 等。因此，KingFusion3.5 产品，虽然是一款 MES 平台产品，但很好地集成了与生产现场各类数据接入的功能。

KingFusion 产品中的采集引擎，既可以轻松接入亚控公司自身的 KingView、KingSCADA 和 IOServer 的数据，也可轻松访问第三方监控软件或数据采集类软件中的数据。总之，只要第三方软件有通信接口，KingFusion 就能实现与这些应用程序的数据交互。采集引擎可按需扩展，支持分布式部署，可以实现大规模项目中几万甚至几十万点生产现场的数据接入。支持在线接入各种生产数据和设备运行数据，全面实现即时感知生产状态和生产进度，协同处理各种故障，确保生产的可持续性和生产任务按时完成。

（五）金航数码科技有限责任公司

1. 公司简介

金航数码科技有限责任公司（航空工业信息技术中心）是中国航空工业集团有限公司信息化专业支撑机构，是工信部授牌成立的国家两化深度融合工业软件研发基地，致力于"做最懂工业的软件企业，用软件定义未来工业"。成立二十年来，持续推动信息技术在装备制造业的创新应用，积累了丰富的工业知识，产品与解决方案覆盖研发设计、生产制造、运营维护、经营管理等工业软件的主要门类，行业内外客户 700 余家，广泛分布于航空、航天、船舶、兵器、电科、核工业等国防制造业以及三一重工、金风科技等民用装备制造业。公司总部设立在北京，在上海、西安、成都、沈阳、南昌等地设有分支机构，员工总数 1100 余人。

2. 金航制造执行系统功能简介

金航制造执行系统是金航数码自主研发的面向离散制造业的新一代智能 MES，它向上集成企业运营系统，向下集成车间底层控制。产品以车间生产计划与控制管理为主线，覆盖车间生产订单接收、高级计划排程、班产任务派发、生产进度采集、完工检验、车间交接、交付入库等核心流程。管理生产过程涉及的工装工具、设备、车间库存等制造资源状态及其准备计划，提供面向分厂/车间管理者使用的生产可视化监控功能，实现车间级物流与信息流的统一。

金航制造执行系统适用于国防军工、重型机械和大型成套设备、电信电子成套设备、大型运输装备等装备制造企业,通过灵活的参数配置,支持机加、装配、铸造、钣金、热表等多种生产类型,支持半自动/全自动产线或生产单元,适应多品种小批量生产、试制批产混线等各种复杂的生产环境。

金航制造执行系统 V6.0 基于微服务架构,支持基于云平台的部署,应用工业互联网、大数据 BI、人工智能、三维可视化、移动端等各种新技术,支持目前主流国产化软件的适配。已在航空、航天、船舶、兵器、核等军工领域进行了广泛应用。

(六) 北京东土科技股份有限公司

1. 公司简介

北京东土科技股份有限公司是一家专注工业互联网技术及产业的上市公司。东土科技公司的主要产品有芯片(通信、安全、总线、SDR 自主网和动态加密)、工业服务器、交通服务器、边缘服务器、工业互联网操作系统/云平台、精密时钟产品、工业通信网络产品、作战指挥系统、战术互联网产品、战术通信终端等产品。东土科技工业互联网平台产品应用于智能电网、核电、风电、太阳能、石油化工、轨道交通、城市管廊、矿山、冶金、水务、智能交通、船舶等行业的国家重点工程、全球项目及各类军工装备中,产品获得了 KEMA、CE/FCC、UL508、Class I Div 2、DNV 等多项国际认证,在军工行业获得国军标认证。中国国内设计生产、100% 完全自主可控的网络通信芯片获得全国军方 A 类认证。

2. 产品功能简介

(1) MaVIEW

MaVIEW(Management of Virtualized Industrial Engineering Workbench)是在东土工业服务器或东土 PLC 控制器进行控制系统编程组态的一体化平台,其功能包括符合 IEC 61131-3 的开发环境(IDE)及运行环境(RTE),IDE 包括设备组态和工业服务器的虚拟化配置、算法组态、KySCADA 组态、编译下装、在线调试等核心组件。

MaVIEW 有如下特点:

1) 自主开发:掌握系统核心技术及算法,产品拥有完全自主知识产权。

2) 易用性:支持拖曳式图形化编程,支持 IEC6 1131-3 的编程语言。

3）编程生态：支持 C/C++ 编程，支持 MatLab/Simulink。

4）跨平台支持：支持 Windows 与 Linux 系统。

5）统一开发平台：一套软件适用于软件定义控制配置、东土工业服务器、东土 PLC 控制器及东土 KySCADA 组态。

（2）KyMOM

东土制造运行管理系统（KY Manufacturing Operations Management，KyMOM）是针对制造现场的制造过程管理，位于上层的企业级信息管理系统与下层的工业控制之间的面向企业的管理信息系统。满足企业生产制造过程中生产计划、生产工艺、生产运行、物料管控、质量、仓储、维护等各个生产环节的信息化管理需求的平台化软件产品。

KyMOM 系统提供从生产订单下发到生产完成入库的全部生产活动的优化管理。通过实时、准确地采集信息来指导、启动、响应和记录管理车间的生产活动，从而对订单或资源的变化做出快速响应，减少非增值活动，让生产过程透明化、高效化、柔性化和可追溯化。

产品的功能特点：

1）自主开发，掌握系统核心技术及算法，产品拥有完全自主知识产权。

2）软件定义工艺流程，仿真验证工艺可行性，集成控制系统，关联人员及设备，实现柔性生产。

3）软件定义生产流程，自动生成工作流，执行与变更易操作，可通过数据分析持续驱动优化。

4）智能排程调度，实现生产资源的均衡使用，创建最优化的动态生产方案，保证交期。

5）数据驱动产品质量，实现生产要素数据的全程追溯，支持动态库房、维护管理、自定义看板及报表。

6）统一规范化的集成模型及逻辑描述，定制开发周期短。

7）可跨平台，支持 Windows 和 Linux 平台下的操作系统。

（七）北京天拓四方科技有限公司

1. 公司简介

北京天拓四方科技有限公司致力于推动中国工业高质量制造世界领先，

依托一流的软硬件产品、数字化技术、解决方案和平台为客户提供自动化、数字化、网络化、智能化的整体解决方案和服务，并首次提出 DEPC（数字化工程总承包商）的理念和企业目标，是国内领先的智能制造和工业互联网领域高新技术企业及整体解决方案服务供应商。

公司在汽车及零部件、高科技电子、食品饮料及制药、包装、机床、印刷、水及热力、交通市政、物料运输、新能源、节能环保、电力、冶金、石化、起重等行业及领域推广智能制造产品、解决方案和工业互联网平台及服务，涵盖智能制造咨询、规划、落地实施等智能制造整体解决方案和"万企上云"的落地实践。

2. 天拓四方生产中控系统功能简介

天拓四方生产中控系统是基于统一的数据模型，为企业实现销售、采购、企业运营、生产制造到交付和售后服务整个供应链的闭环管理，帮助企业提升运营效率，降低运营成本，提高产品质量。系统采用微服务架构，功能解耦，灵活组合，扩展性高。支持云部署和多租户模式，可以满足高可用性、高稳定性和高安全性等性能要求。系统包括基础数据平台、销售管理、计划管理、生产执行管理、供应链管理、系统集成和质量管理。

（1）基础数据平台

提供统一的对象模型，为系统运行提供数据基础，包括用户、组织和权限管理，物料和 BOM 管理，工艺和工序管理，工厂模型管理，供应商管理，质检数据管理，客户管理等。

（2）销售管理

包括客户管理和销售订单管理，通过第三方接口导入或创建销售订单，并管理销售发货、退货等业务。

（3）计划管理

包括 MPS 计算和 MRP 计算，支持面向订单和面向库存的生产模式，并总体协调采购和生产进度。

（4）生产执行管理

包括订单下达、生产准备、自动排程、数据记录、过程监控等。

（5）供应链管理

包括供应商管理、库存库房管理、物流配送管理等，实现产品全程可追溯。

(6）系统集成

包括设备集成和第三方信息化软件集成。

(7）质量管理

包括质检计划制订、质检任务执行、数据记录、过程监控等。

(八）宜科（天津）电子有限公司

1. 公司简介

宜科（天津）电子有限公司（简称宜科电子）成立于2003年，是工业自动化、智能制造和工业互联网产品与服务的提供商。销售网络覆盖全国，主要业务领域为汽车整车、汽车零部件、工程机械、机器人、食品制药、印刷包装、纺织机械、电子信息等。

宜科电子是国内工业互联网领域中最早推出工业互联网平台和工业APP快速开发工具的企业之一。它围绕工业互联网网络、平台、数据、安全四大体系，面向汽车、电子信息、装备制造、食品医药等行业，提供宜科云工业互联网平台服务、数字化工厂升级改造服务、IoT端到端解决方案及服务，以及工业技术软件化移动端解决方案等一系列服务。目前，其服务已经在奇瑞汽车、天津咸阳路污水处理厂、天津狗不理食品、一汽大众等公司获得成功应用。2018年入选工信部"工业互联网APP优秀解决方案"，2019年入选工业互联网产业联盟"工业互联网应用案例"，2020年入选工信部"特色专业型工业互联网平台"，牵头中标工信部"工业互联网创新发展工程——工业互联网平台企业安全综合防护系统项目"。近三年来，公司完成200万元以上工业软件项目17个，承担省部级科技项目19项，获得省部级以上奖励41项。

2. IoT Hub平台功能简介

(1）产品功能

IoT Hub平台定义为一款用于采集全要素工业现场数据，并将数据定向到移动应用即"设备连接＋数据可视化"的工业软件系统，重点面向工业现场数据的采集及应用，包括数据采集、数据分析和数据可视化（见图A-3）。

```
┌─────────────────┐  ┌──────────────────┐  ┌─────────────────┐
│   APP 开发平台   │  │ 可视化看板开发平台│  │  服务管理平台   │
└─────────────────┘  └──────────────────┘  └─────────────────┘

┌─────────────────────────────────────────────────────────────┐
│                       微服务应用                             │
│ 设备管理、报警管理、预测性维修、推送管理、GIS服务、报表管理、 │
│              权限管理、安东系统                              │
└─────────────────────────────────────────────────────────────┘

┌───────────────┐  ┌──────────────────┐  ┌─────────────────┐
│  工业知识库   │  │ 工业大数据分析平台│  │  工业机理模型   │
│               │  │  清洗、挖掘、分析 │  │                 │
└───────────────┘  └──────────────────┘  └─────────────────┘

┌─────────────────────────────────────────────────────────────┐
│                         容器平台                             │
│ 容器服务、资源池服务、容器调度、中间件管理、存储服务、弹性扩展服务 │
└─────────────────────────────────────────────────────────────┘

┌─────────────────────────────────────────────────────────────┐
│                       基础技术平台                           │
│ 终端连接管理、终端配置管理、数据协议解析、报警信息管理、     │
│   数据库、API、身份验证及用户管理                            │
└─────────────────────────────────────────────────────────────┘
```

图 A-3　IoT Hub 平台功能

IoT Hub 平台自带数据解析器，实现多源异构协议兼容，连接三类五种现场数据源（数控设备/检测设备、工业控制器数据、人工终端数据、物联网数据和工业软件数据）。通过采集全要素现场数据，形成统一的 IP 数据，直接在本地使用（也可上传至云端），与数据库、自定义软件应用程序和其他 OPC 服务器连接，通过自带的总线模块，对内部模块进行耦合重组并提供服务，采用 WorkBench+APP Cloud+APP Store 开发模式，最终以工业APP 的形式呈现可视化。IoT Hub 包括基础技术平台、容器平台、工业大数据分析平台、微服务应用平台、APP 开发平台、可视化看板开发平台和服务管理平台。

基础技术平台包括 IoT Hub 核心处理模块、接入协议管理模块、报警模块、历史模块、数据库模块、API 模块、APP 模块、配置管理模块、身份验证模块、授权管理模块等 10 大模块。

（2）服务模式

1）整体解决方案服务。针对典型工业场景应用，面向设备监控、设备预测性维护、生产控制优化、产线远程监控、全厂可视化等场景，提供涵盖数据采集、数据分析和可视化呈现的整体解决方案服务。

2）设备连接+数据可视化服务。面向现场设备连接、设备远程控制与配置、智能设备点检等场景，采用 WorkBench+APP Cloud+APP Store 开发模式，将设备数据直接以工业 APP 的形式呈现可视化。

3）工业数据服务。针对工业现场数据，通过应用场景找到相应数据，形成图谱如设备本体、故障图谱和案例图谱进而沉淀工业现场数据，以持续构建、持续优化的过程逐渐构建起工业知识图谱。根据对象和生产过程的内部机制或者物质流的传递机理，基于质量平衡方程、能量平衡方程、动量平衡方程等工业数据参数推算工业机理模型。将数据进行组织并形成信息，之后对相关的信息进行整合和提炼，在数据的基础上经过训练和拟合，形成自动化的决策模型，形成以采集数据、建立模型最终自动决策的数据驱动，以"工业知识图谱+工业机理模型+数据驱动"提升工业知识的复用能力。

（3）产品技术方面的先进性

1）多源异构协议兼容的数据集成。采用可扩展异构协议解析器，接入工业控制器、数控设备、人工接口、物联网终端、工业软件等五种工业现场数据源。

2）可视化垂直闭环应用。以海量异构设备数据快速接入和数据定向到分布式 APP 可视化呈现，打通从数据采集到设备管理可视化的垂直闭环应用链，以简单易用的方式实现工业现场数字化。

3）图形化低代码通用集成开发环境。建立图形化低代码通用集成开发环境，实现图形化编辑、低代码生成、分布式编译、一键式部署和工业 APP 应用商店的集成，有效提高工业 APP 的开发部署效率。

（九）南京科远智慧科技集团股份有限公司

1. 公司简介

科远智慧创立于 1993 年 5 月，2010 年在深圳股票交易所上市，是国内智慧工业解决方案供应商，入选国家规划布局内重点软件企业、国家制造业与互联网融合发展试点示范单位和国家智能制造系统解决方案供应商。拥有 DCS、PLC、故障安全型控制系统、分布式实时数据库、SyncPlant 管控信息系统、EmpoworX 工业互联网平台、iMIS 智能制造信息系统等完整的工业自动化、信息化产品与解决方案。

科远智慧致力于将自动化、信息化技术与工业深度融合，依托工业互联网、大数据、人工智能、5G、信息安全、企业上云等技术优势，先后推出智慧电厂、智慧化工、智慧冶金、智慧建材、智能工厂等一系列智慧工业解决方案，致力于帮助企业实现智慧化转型升级，致力于实现"中国制造"向"中国智造"的转型升级。

2. 产品功能简介

（1）KVIEW 智能控制软件

KVIEW 采用分布式透明数据库设计，支持多种协议的现场总线，在常规功能基础上拓展基于三维可视化的智能运行监控、基于大数据分析的智能运行与优化、基于人工智能的设备监测与诊断等智能控制功能。为实现流程工业自动运行、全能值班和少人巡检提供完整解决方案。KVIEW 还采用基于龙芯 CPU、中标麒麟 OS 等全国产产品与技术，实现自主可控。

1）采用故障安全设计，支持全冗余、多重隔离、网络信息安全和全系统自诊断。

2）采用现场级的全数字化架构，实现全场设备的智能化管控，贯穿产品研发、制造和集成的整个生命周期。

3）智能、易用设计，支持免维护组态、无扰在线组态、自定义模块、程序加密等。

4）提供丰富的流程工业专业软硬件控制模块，拓展各项智能功能应用。

（2）iDS3000 基于大数据分析的设备监控和事故预报系统（PHM）

iDS3000 系统是科远智慧自主研发的基于大数据分析的设备监控和事故预报软件平台。iDS3000 系统包括大数据分析、人工智能、故障诊断、特征提取、机组数学模型构建、故障预测、锅炉防磨防爆诊断、模式识别、节能优化等关键技术。

该系统全面支持振动信号实时监测与历史数据查询、振动信号与过程参数相关性分析、机组设备智能预警与健康度评测、设备故障精确分析与定位等功能，贯穿设备状态分析与全生命周期健康管理，实现设备管理的精准化、实时化和可视化，全方位保障设备的可靠性和安全性。

（3）科远智慧 iMIS 智能协同制造系统

iMIS 旨在打通企业运营各环节的数据通道，覆盖供应链 SRM、生产制造 MES、销售管理 CRM、研发管理 PLM、人资、OA 等，消除各信息系统之间的数据壁垒,实现物流、资金流和信息流真正互联互通。通过集成 PDM、CRM、SCM、MES、FM、HRM、OA 等,运用大数据进行统计与分析,深挖数据内在价值,全面掌控企业运营过程,为经营决策提供保障。

1)建立业务与核算数据模型,实现精细化财务核算,构建精益生产、柔性定制的管理体系。

2)构建企业一体化、信息化系统,实现设备、物料、人和程序之间的深度交互。

3)构建实时监控、智能调度和全流程质量追溯体系。

4)降低人员要求和劳动强度,极大提升生产效率及产品质量。

(十)北京神舟航天软件技术有限公司

1. 公司简介

北京神舟航天软件技术有限公司(简称"神软")是由中国航天科技集团有限公司控股的专业化软件企业和航天科技集团软件研发中心,是国家认定的重点高新技术软件企业。神软作为以提供自主研发软件和服务为优势的大型专业软件信息服务公司,秉承"创新、敬业、以推动民族软件产业发展为己任"的理念,围绕智能制造、智慧政务、大数据和智慧管控四大核心主业,凭借软件研发、咨询规划和技术服务三大服务能力,结合云计算、大数据、互联网+等新一代技术,面向企业、政府、军队等领域,为客户提供自主可控的全方位信息化智慧服务,协助政府实现智慧管理,助力企业实现智能制造。目前,神软拥有十一家全资及控股子(分)公司,已建立起覆盖全国的服务体系。

同时,神软坚持"立足航天、聚焦军工、支撑工业、服务社会"的定位,发挥自主研发的优势,不但是中国航天软件研发中心,还长期与国内外知名厂商开展深度合作,形成具有行业特色的软件产品和服务体系,具备大型软件研发、大型项目集成等综合服务能力。在航天领域,神软为载人航天、探月工程、新一代大运载火箭等重大型号产品的研制提供了优质支撑服务;在高端装备制造领域,神软已发展成为该领域信息化建设主要的产品与服务提供商之一。神软不但在国防军工行业拥有广泛用户,而且在政府、金融、电信等各个领域也拥有广泛的品牌影响力。

2. 产品功能简介

（1）神软 AVMES 制造执行系统

神软 AVMES 制造执行系统是为了实现企业生产车间制造自动化、信息化管理，整体结构设计都是根据车间生产制造执行的具体过程和特点设计研发的，实现从订单下达到产品交付的整个生产过程的管理。具备生产过程实时事件的快速响应能力，能对突发事件及时做出反应和报告，并用当前的准确数据进行指导和处理。提供生产订单接收、生产前准备、生产计划安排、生产过程调度、现场执行、车间物流管理、过程质量控制等企业制造执行全过程业务活动的管理功能。加强物料计划与能力计划的集成度，能用来跟踪生产进度、库存情况、工作进度和其他进出车间的操作管理相关的信息流。以条码为载体，关联各个业务环节与系统之间的数据，对所有的生产信息和物流信息都能做到可追溯化管理。

（2）神软 AVEDC 工程数据中心系统

神软 AVEDC 工程数据中心系统基于统一的数据结构，按照集中部署、分级管理的原则，形成企业全型号数据全集管理中心，实现型号产品结果数据的集中和高效管理，构建企业的数字资产管理平台。在全集数据管控基础上实现面向各级领导和部门的决策支持中心，实现全产品数据综合查询和利用，有效支撑企业各级管控的分析决策。基于多 BOM 的数据组织模式，实现覆盖方案、设计、工艺、制造、维护等产品研制全生命周期的数据管理，针对各类数据，应用从数据采集、数据统一描述、数据预处理到可靠性存储的一整套多源数据融合技术，为数据分析应用提供基础数据支撑。

（3）神软嵌入式软件集成开发环境

针对航天嵌入式安全关键软件的可视化编辑、编译、调试和固化的开发工具集，拥有自主知识产权，能全面支持宇航处理器，具有丰富的集成套件。目前，已应用于载人航天工程、新一代运载火箭、新一代大型卫星平台、各型战略导弹等重大航天型号工程中。

（4）神软嵌入式实时操作系统

针对航天嵌入式关键控制系统的高可靠、高性能、自主可控的嵌入式实时操作系统，支持星弹箭多平台，配置灵活，内核精简高效，支持在轨维护。目前，已应用于载人航天工程、新一代运载火箭、新一代大型卫星平台、各型战略导弹等重大航天型号工程中。

（十一）武汉佰思杰科技有限公司

1. 公司简介

武汉佰思杰科技有限公司（以下简称佰思杰），以"服务成就价值"作为核心经营理念，根植于企业信息化领域的深厚背景和对信息化本质的深刻理解，依托骨干员工在该领域二十年以上的专业服务经验，专注为中国制造500强企业（集团）提供涵盖智能产线、智能仓储、智能物流、智能检测、APS、MES、QMS、MRO、WMS、LES、SRM、企业应用集成在内的智能制造服务，帮助企业打造透明、高效、精益的智能工厂，助力中国制造转型升级。

佰思杰是国家高新技术企业、国家科技创新基金课题承担单位和科技部国家重点研发计划课题承担单位，为多个国家级智能制造试点示范、新模式、新业态项目提供主要技术支撑。公司目前已在智能制造软件系统相关领域拥有多项自主知识产权软件产品，并在此基础上形成了面向机车车辆、电子、大型装备制造、机械加工组装、工程机械、航空航天等行业的智能制造解决方案，从而帮助中国制造500强快速将精益制造、智能制造、"工业4.0"等理念落地到位。

2. 产品功能简介

佰思杰依托自主研发的、基于国际标准、高度融合的BSG-Nebula智能制造平台，着力打造"平台+软件+硬件+服务"的智能制造产品线，为用户提供智能工厂软硬件一站式解决方案，完整覆盖制造企业生产排程、生产执行、仓库管理、物流执行、质量管理、设备管理、数据采集、供应链管理、智能制造咨询、智能产线设计与实施、设备智能化改造等业务，帮助客户实现跨地域、跨专业、跨业务的软硬一体化智能协同制造。

佰思杰积极弘扬"以客户为中心，创造价值，承诺必达"的核心价值观，坚持不懈地为用户和社会创造价值，在航空、航天、电子、船舶、电力、铁路、机械等行业拥有众多大型央企及集团型客户，如中国东方电气集团、中国航天科工集团、烽火科技、中国中车集团、中国西电集团、中国兵器集团、中国电子科技集团、中国航发集团、南瑞集团、中国电建集团、中信重工、正泰电气、中国铁建重工、陕鼓集团、上海电气等。佰思杰以创新的技术、出众的产品、卓越的解决方案和专业的服务赢得了用户的广泛赞誉和信赖。

三、经营管理类厂商及产品

（一）用友网络科技股份有限公司

1. 公司简介

用友网络科技股份有限公司诞生于 1988 年，始终坚持"用户之友、专业奋斗、持续创新"的核心价值观。致力于服务中国及全球企业与公共组织的数字化、智能化发展，推动企业服务产业变革，用创新与技术推动商业和社会进步。

新时期，用友形成以用友企业云为核心，云服务、软件和金融服务融合发展的新战略布局。用友企业云服务定位数字企业智能服务，是综合型、融合化、生态式的企业云服务平台，服务企业的业务、金融和 IT 三位一体的创新发展，为企业提供云计算、平台、应用、数据、业务、知识、信息服务等多态融合的全新企业服务。用友企业云服务作为数字商业应用级基础设施，已为超过 522 万家企业与公共组织客户提供企业云服务，覆盖大中型企业和小微企业。同时，用友企业云服务作为企业服务产业的共创平台，汇聚超过 10 万家的企业服务提供商，共同服务千万家企业与公共组织创新发展，推动中国数字经济与智慧社会的进步与发展。

2. NC Cloud 功能简介

用友的 NC Cloud 可以为客户提供面向大型企业集团、制造业、消费品、建筑、房地产、金融保险等 14 个行业大类，68 个细分行业，涵盖数字营销、智能制造、财务共享、数字采购等 18 大解决方案，帮助实现业务创新、管理变革，以及企业数字化转型。用友高端 ERP 软件以业务场景为纽带，重构业务流程，采用云原生、中台化、简强架构的技术架构，支持私有云、公有云、专属云的灵活部署模式，全面适配华为云，并提供完全自主创新的解决方案。

(二)浪潮通用软件有限公司

1. 公司简介

浪潮集团是以服务器和软件为核心产品的云计算和大数据服务商,迄今已有 70 多年历史,始终致力于成为先进的信息科技产品和领先的解决方案服务商。2018 年位列中国企业 500 强第 207 位,为全球 120 个国家和地区提供产品与服务,同时拥有计算机信息系统集成特一级资质和 ITSS 一级资质。

浪潮通软是中国企业管理软件与云服务厂商,浪潮 ERP 被列入国家 863 计划中"适合中国国情的 ERP 软件",浪潮的 ERP、SCM 和 CRM 三个产品全部入选国家 863 计划。推出大型财务管理软件,并定义"财务云",软件过程能力通过 CMMI5 认证。

2. GS Cloud 功能简介

浪潮自主研发了适合我国企业管理和业务协作特点的高端 ERP 软件产品 GS Cloud。浪潮与全球最大的开源 ERP 厂商 Odoo 成立合资公司,研发微服务架构的软件平台,通过开放源代码,共同打造包括用户、伙伴、开发者和厂商在内的完整生态体系。浪潮大型企业数字化平台 GS Cloud,采用云原生、容器化、分布式、微服务的全新架构,支持私有云、公有云、混合云部署,低代码快速开发与定制和端到端的业务流程驱动。为企业提供财务共享、电子采购、智能制造、数字营销、管理会计、司库与资金管理、智能决策等核心应用以及人力云、采购云、协同云、差旅云、税管云等云服务。支持多组织、跨地域地开展业务运营,在集团层面实现集中管控和服务共享,在产业层面满足数字化和智能化运营管理的需求。

(三)金蝶软件(中国)有限公司

1. 公司简介

金蝶始创于 1993 年,是香港联交所主板上市公司,总部位于中国深圳。金蝶通过聚焦企业级 PaaS 和 SaaS 领域,布局金蝶云生态。金蝶通过管理软件与云服务,已为世界范围内超过 680 万家企业、政府等组织提供服务,是入选 Gartner 全球市场指南(Market Guide)的中国企业 SaaS 云服务厂商。

2. 金蝶云苍穹企业服务管理平台功能简介

该软件平台是基于云原生架构，采用云计算、大数据、人工智能等技术开发的集 PaaS 和 SaaS 于一体的大型云端企业管理应用软件系统，该软件平台解决了传统 IT 架构笨重、性能低下，软件稳定性和安全性差，软件开发周期长等问题。通过改变传统的做法，实现云化的应用——应用的架构、应用的开发方式、应用的部署和维护技术都要做出改变，真正地发挥云的弹性、动态调度、自动弹性伸缩等一些传统 IT 不具备的能力。

金蝶云苍穹以"人人""生态""体验"为设计理念，涵盖财务、人力、供应链、制造、项目和连接客户与消费者的 CRM 管理，以及连接供应商与渠道伙伴的 SRM 和渠道管理，对内打破企业部门之间的壁垒，对外打通产业上下游。提供基于云基础技术、大数据技术、人工智能、社交服务、应用开发、云运维和运营的技术平台和数据平台。

（四）金航数码科技有限责任公司

1. 公司简介

金航数码科技有限责任公司（航空工业信息技术中心）是中国航空工业集团有限公司信息化专业支撑机构，是工信部授牌成立的国家两化深度融合工业软件研发基地，致力于"做最懂工业的软件企业，用软件定义未来工业"。成立二十年来，持续推动信息技术在装备制造业的创新应用，积累了丰富的工业知识，产品与解决方案覆盖研发设计、生产制造、运营维护、经营管理等工业软件的主要门类，行业内外客户 700 余家，广泛分布于航空、航天、船舶、兵器、电科、核工业等国防制造业以及三一重工、金风科技等民用装备制造业。公司总部设立在北京，在上海、西安、成都、沈阳、南昌等地设有分支机构，员工总数 1100 余人。

2. 金航企业资源计划系统 AEPCS 功能简介

金航现代企业计划与控制系统（Advanced Enterprise Planning and Control System，AEPCS）是金航数码公司自主研发的面向离散制造业的企业级资源计划管理系统（ERP）。该软件集销售、计划、采购、仓储及成本功能于一体，以实现企业资源优化配置为目标，支撑企业构建向供应链延伸的计划管理体系，助力企业实现数字化运营管理。

随着军民融合国家战略的深入实施，企业迫切需要建立一套更为有效的供应链管理体系。金航 AEPCS 也已由传统的内部供应链转向供应链生态圈资源规划（Supply Ecosphere Resource Planning，SERP），打通企业内部供应链与外部供应链之间的数据壁垒，实现供应链上下游的设计、物流、制造、金融、保障等价值链的协同管理。

APECS6.0 基于微服务架构，支持基于云平台的部署，应用大数据、物理隔离网络的数据交互、移动端等各种新技术，支持目前主流国产化软件的适配。已在航空、航天、船舶、兵器、核等军工领域进行了广泛应用，其中生产管控子系统获 2017 年度中国工业软件优秀产品奖，现代企业计划与控制系统（AEPCS6.0）APP 应用解决方案获得 2019 年工业互联网 APP 优秀解决方案。

（五）中汽数据（天津）有限公司

1. 公司简介

中汽数据有限公司以汽车大数据为基础，以汽车领域模型算法为支柱，深入开展节能低碳、绿色生态、市场研究等工作。面向"新基建"和"新四化"发展，在中国汽车工业云、智能座舱、工业互联网（工业软件）等领域精准发力，通过中国汽车产业数据基础设施建设及国家级汽车产业数据体系构建，以"'数'驱产业变革，'智'领汽车未来"为使命，致力于打造"国家级汽车产业数据中心、国家级汽车产业链决策支撑机构、国家级泛汽车产业数字化支撑机构"。

2. 试验计划管理系统功能简介

试验计划管理系统是计算机网络技术、数据库技术、数据通信、信息管理等多门学科集成的工业软件产品。通过该系统，可以使实验室达到自动化运行、信息化管理和无纸化办公的目的，对提高实验室的工作效率、降低运行成本起到至关重要的作用。经过严格质量认证的试验计划管理系统，可以保证实验室的质量在严格控制下有序进行，从而使实验室的最终产品即所有的检测或管理数据和信息均符合相关的质量标准或规范（见表 A-1）。

表 A-1　试验计划系统功能

产品	模块	功能介绍
试验计划	试验任务	试验任务模块根据试验策划矩阵生成试验任务，并且可以查看试验任务的进度
	试验模板	定义不同类型试验的试验模板，可在标准试验模板的基础上，根据实际需要，进行试验模板样式以及默认内容的定义保存
	试验工艺库	维护工艺流程模板主要维护管理各类型试验需要进行的工序步骤、各工序步骤用时等内容
	月度计划	根据试验任务排程情况生成月度试验计划，并可修改和新增月度计划

试验计划主要管理每月的试验计划，计划来源于试验策划矩阵和手工输入，试验计划可转换为试验任务，减少试验任务的申请操作。

（六）北京拓盛智联技术有限公司

1. 公司简介

北京拓盛智联技术有限公司成立于 2015 年，公司致力于工业物联网、大数据、多媒体、信息物理系统和人工智能方面的销售与服务，是一家专注于油气开采、油气集输、港口码头、水泥制造等行业工业物联网安全管理解决方案和智能化建设与服务的国家高新技术企业，企业信用等级 AAA 级。下设研究院、研发、产品、质量、测试、生产、销售等部门，现有专业技术人员 70 余人，其中博士学历 3 人，硕士学历 10 人，本科学历 30 人。申请发明专利 14 项，实用新型及外观设计专利 18 项，软件著作权 20 项。

自主研发的安全生产管控系统，拥有多项自主知识产权，极大地提高了石油炼化企业生产安全管控的可靠性和效率。应用于中国石化九江分公司的智能工厂建设项目，被工信部评为"2015 年中国智能制造试点示范项目"。

2. 安全生产管控系统产品功能简介

安全生产管控系统运用物联网技术将厂区终端、气体传感器、移动监控终端、定位标签、基站等通过 4G 和蓝牙通信的手段实现数据的采集和交互，建设包括 PC 端和移动端统一的巡检管理平台，有效管控工业现场的巡检终端与后台数据的实时传输。整个平台包括巡检管理、设备管理、报表管理、指挥调度管理、人员定位、作业票、承包商管理、移动作业监控等八大模块，功能架构如图 A-4 所示。

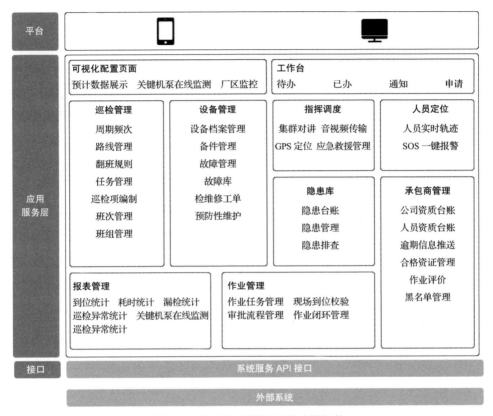

图 A-4　安全生产管控系统功能架构

技术方案如下（见图 A-5）：

1）Web 端彻底前后端分离。

2）服务端使用 SpringCloud 技术栈实现微服务架构。

3）项目网关基于 OAuth2.0 实现安全认证，PC 端和 Web 端基于 JWT 实现安全认证。

4）使用客户端的负载均衡 Ribbon 从服务注册中心拉取服务列表，并根据业务特点加权负载调用。

5）使用 Hystrix 实现服务熔断 / 降级以避免单个服务引起的系统雪崩，提高系统可用度，高效组织故障的连锁反应，让接口调用快速失败并迅速恢复正常。

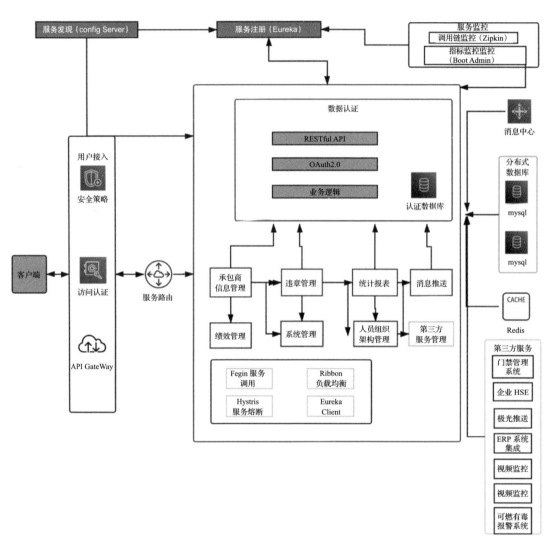

图 A-5 安全生产管控系统技术方案

6）使用 Boot Admin 实现指标监控，显示应用程序的监控状态、Http 请求信息、JVM 及线程堆栈信息。

7）使用 ZipKin 实现调用链监控，高效便捷地采集到服务与服务之间的调用。

8）使用 RabbitMq 以提高消息吞吐量。

9）使用 Redis 实现数据缓存，提升用户体验，减少服务调用。

10）使用 Nginx 实现集群服务的纷发，均衡服务端负载。

四、运维服务类厂商及产品

（一）广州赛宝腾睿信息科技有限公司

1. 公司简介

广州赛宝腾睿信息科技有限公司专业从事装备综合保障研究及保障信息系统的开发与服务，致力于装备全寿命综合保障技术研究及保障信息系统的开发与技术服务，主要从事装备综合保障领域的相关综合保障方案规划、咨询、培训、软件研发、生产、系统集成、运维、现场技术服务等业务。合作客户覆盖航空、航天、船舶、电子、轨道交通、汽车等领域的 300 多家单位。公司以国际先进的综合保障理论为基础，在跟踪国际和国内先进标准的基础上，围绕装备综合保障要素，自主研发出了一系列的综合保障软件平台产品，包括交互式电子技术手册编制软件（IETM）、训练保障系统（TSS）、故障预测与健康管理软件（PHM）、维修保障系统（MSS）、保障效能仿真与评估系统（LSEES）、供应保障系统（SSS）、便携式维修辅助设备（PMA）等。

2. 产品功能简介

（1）赛宝腾睿维修维护服务保障平台

赛宝腾睿维修维护服务保障平台（CEPREI MRO SYSTEMS）包括装备管理、支援服务、维修维护、物资管理、合同采购管理、KPI 统计分析等核心模块，能够对企业装备服务保障业务、流程、物资、保障数据、装备运行状态和装备保障知识等方面进行科学化的管理，实现装备全寿命周期服务保障闭环管理和信息共享，提供装备、服务、人员全资可视化展示和分析辅助决策，达到物资存储最优化和保障人员利用最优化。

（2）赛宝腾睿交互式电子技术手册编制软件

赛宝腾睿交互式电子技术手册编制软件（CEPREI IETM SYSTEMS）是广州赛宝腾睿自主研发的通用技术出版物软件管理平台，覆盖装备交互式电子技术手册的编写、存储、管理、发布、使用和更新等全寿命周期过程，其产品成熟，功能强大，广泛应用于航空、航天、船舶、电子、兵器等大量国家重点型号装备，处于国内领先水平，能有效提高装备承制单位 IETM 的编制效率、质量和水平。它具有促进技术资料标准化建设，降低编制和装备售后服务成本，增强产品市场竞争力，提升装备用户的使用、维修和维护等保障能力。

（3）赛宝腾睿故障预测与健康管理软件

赛宝腾睿故障预测与健康管理软件（CEPREI PHM SYSTEMS）是广州赛宝腾睿自主研发的软件平台。该平台拥有敏感参数分析、扩展故障模式与影响分析、失效物理、模型构建、数据驱动、故障诊断、特征提取、模式识别、故障预测、健康管理、信息融合等关键技术。该平台全面支持装备数据采集、数据处理、故障诊断、健康评估、故障预测和维修决策等功能，在增强装备故障预警能力，提高装备保障的经济性、精确性、高效性，提升装备可靠性和安全性等方面发挥重要作用。

（4）赛宝腾睿保障效能仿真评估软件

赛宝腾睿保障效能仿真评估软件(CEPREI LSEES)是广州赛宝腾睿自主研发的保障性仿真软件平台。该平台基于 LCOM 模型，全面适配国产软硬件平台，支持多装备多场景多任务联合仿真。它能够对装备、保障资源、保障组织、保障活动、任务等进行建模，实现对装备及其保障系统的效能仿真，支持仿真方案敏感性分析及多资源方案对比分析和择优评价，为装备保障任务和保障流程协同规划、保障效能仿真评价、保障方案优化及通用保障资源识别与优化设计提供技术支撑。

（二）金航数码科技有限责任公司

1. 公司简介

金航数码科技有限责任公司（航空工业信息技术中心）是中国航空工业集团有限公司信息化专业支撑机构，是工信部授牌成立的国家两化深度融合工业软件研发基地，致力于"做最懂工业的软件企业，用软件定义未来工业"。成立二十年来，持续推动信息技术在装备制造业的创新应用，积累了丰富的工业知识，产品与解决方案覆盖研发设计、生产制造、运营维护、经营管理等工业软件的主要门类，行业内外客户 700 余家，广泛分布于航空、航天、船舶、兵器、电科、核工业等国防制造业以及三一重工、金风科技等民用装备制造业。公司总部设立在北京，在上海、西安、成都、沈阳、南昌等地设有分支机构，员工总数 1100 余人。

2. 产品功能简介

（1）金航复杂装备维修系统（MRO 系统）

金航复杂装备维修系统（MRO 系统）以多个航空装备维修和大修管理软件项目为基础，能够实现复杂装备维修和大修计划的制订和执行，装备维修全过程信息化管理。软件协助装备制造企业和专业装备维修企业全面控制维修活动的所有方面，管理装备全寿命周期技术状态的变化，支持利用系统积累的数据增强库存管理效率，实现物资和人力资源利用最佳化。

（2）金航预防性维修系统

金航预防性维修系统是面向复杂装备预防性维修分析工作的专业工具软件。软件支持国际最新版 MSG-3 标准和 ASD S4000P 标准，由系统/动力装置分析程序、结构分析程序、区域分析程序、电磁/高强度辐射场（L/HIRF）分析程序等模块组成，能够快速准确地分析和确定复杂装备的初始预防性维修任务和任务间隔，为制定装备维修大纲提供主要数据支撑。

（3）金航装备交互式电子技术手册软件

金航装备交互式电子技术手册软件在国内首创全 B/S 架构的系统设计，支持最新版的国家军用标准 GJB 6600 和国际 S1000D 标准，用于复杂装备技术的出版和发布，实现装备技术手册的模块化编辑、管理、发布和寿命周期维护。从 2006 年至今，金航 IETP 浏览器已累计交付最终用户 800 余套，是国内交付数量最多的 IETM 供应商。

（4）金航数字化服务保障平台（ILS）

金航数字化服务保障平台是我国自主研制的军民用装备服务保障业务平台，业务领域涵盖服务任务管控、保障资源调配、技术支持服务等方面。软件在信息处理、器材配套、技术支持、服务手段、管控能力等方面具有国内领先地位，平台的核心功能包括服务管控、保障资源可视化、服务保障信息协同、交付管理、服务工程数据管理、单机技术状态管理、培训管理、运行可靠性分析、智能化维修预测、故障诊断等，通过平台组件配置、远程技术支援专网、视频会议系统、管控大屏显示、便携式服务保障终端（PMA）等满足现场级、基地级和制造商级典型需求的服务保障管理。

（三）安徽容知日新科技股份有限公司

1. 公司简介

安徽容知日新科技股份有限公司 2007 年成立于合肥高新区，是一家提供设备智能运维平台和设备预测性维护服务的高新技术企业，中国工业技术软件化产业联盟副理事长单位。容知日新公司一直致力于帮助企业实施设备运行管理的信息化和智能化，成为优秀的设备预测性维护服务及设备管理解决方案的提供商。公司的主营业务包括设备智能运维解决方案、预测性维护解决方案、智能传感器、智能诊断分析软件、在线监测站、无线监测站、手持分析仪器等系列装备智能服务产品。

容知日新公司开发了成熟的工业设备预测性维护与智能运维平台（RONDS EPM），该平台基于大数据平台架构设计，具备跨平台横向集成能力，支持设备状态和工艺数据（如 DCS、SCADA 和 PLC 系统）的同步接入、处理与数据共享，横向兼容其他工业客户管理信息系统，通过该平台可以实现设备状态的实时监测、异常报警、故障诊断、长周期设备健康状态评价，以及基于设备运行状态安排一系列的维检维护工作流程管理，实现企业关键设备的预测性维护。

2. 产品功能简介

（1）智能设备资产管理平台

容知 MRO 包括大屏应用与指标系统、设备运维系统、工程管理子系统、在线监测子系统和容知云诊断应用 5 大应用模块。

1）大屏应用与指标系统包括设备综合指标、成本指标、点检指标、运行指标、检修指标、物料指标、绩效指标、大屏可视化等。

2）设备运维系统包括基础数据、资产管理、标准管理、点检管理、状态管理、运行管理、预防维护管理、检修管理、物料管理、专项管理、安全管理、知识库管理、系统集成管理、绩效管理、BI 统计分析等。

3）工程管理子系统涉及基建资产和设备资产的前期投资管理。在线监测子系统及云诊断应用提供在线监测物联技术、云数据中心、云智能诊断和专家诊断系统应用。

（2）工业设备预测性维护与智能运维平台（RONDS EPM）

容知日新拥有针对工业设备预测性维护和智能运维的全自主知识产权成套解决方案（RONDS EPM）和核心技术，主要包括：

1）设备预测性维护一体化方案的构建及单平台全流程纵向集成能力。

2）工业多元数据治理及跨平台横向集成能力。

3）融合专家知识与机器学习的机械设备故障诊断技术。

4）基于弹性体检模型的设备长周期状态评估技术。

5）复杂工业现场全无线采集技术。

6）多专业数据联动分析能力。

7）高并发工业数据实时处理能力。

8）基于边缘计算的海量数据实时响应与协同处理机制。

9）基于设备全生命周期的运维辅助决策机制。

五、新形态工业软件厂商及产品

（一）海尔数字科技有限公司

1. 公司简介

海尔数字科技有限公司属于海尔集团旗下全资高科技公司，承接国家智能＋和海尔集团物联网转型战略，建设运营有海尔集团自主产权的 COSMOPlat 工业互联网平台。公司致力于通过 COSMOPlat 工业互联网平台将海尔 30 多年的管理和制造技术经验以及行业最佳实践云化、软化和产品化，开放服务社会，通过咨询诊断、系统集成、智能改造、上云服务、新兴技术应用等手段为企业提供提质增效、资源优化配置和业务转型的全场景服务。

公司运营的 COSMOPlat 平台已在 6 个区域的 12 个中心进行业务布局，跨行业、跨领域赋能 15 个产业生态，服务客户达 4.3 万，2018 年实现营业收入近 80 亿元。积极在区块链、大数据、云计算等领域展开深入研究，为 COSMOPlat 平台构建了灵活部署能力、数据分析能力、泛在物联能力、生态聚合能力和安全保障能力五大能力，使平台服务能力全覆盖。

海尔数字科技有限公司目前正在实施跨领域、跨行业的生态服务，横向从生产、供应、销售等多个维度为不同行业的企业实施数字化转型升级服务，纵向从设备层、边缘层、平台层和应用层提供设备物联、边缘计算、智能网关、大数据分析等技术服务，在工业互联网平台应用层提供研发设计、采购供应、生产制造、企业管理、仓储物流、市场营销、技术创新和用户服务八大领域的一体化生态服务，每个领域一方面提供标准化和定制化的解决方案，一方面提供数字化系统。同时，在模具、机械、能源、服装、房车、建陶、农业、教育、医疗等十五个行业进行跨行业复制，为服务企业提供核心解决方案，预计可提升企业整体运营效率 5%～10%，并带来数千亿的成本节约。

2. 产品功能简介

（1）家电行业的工业 APP 产品

1）COSMOPlat-SACDA 设备管理 APP：通过监控设备的运行状态，分析设备故障时间，合理进行预防性维护，使得海尔磁悬浮中央空调所在的机房内，磁悬浮机组长效稳定运行，分贝仪显示的数据仅为 70 分贝，趋近人说话的声音，解决了噪声大的痛点。

2）COSMOPlat-EMS 智慧能源管理 APP：能够对耗能工位的实时数据进行实时监控，同时进行超能耗报警分析，全厂能源数据实时展示。

3）COSMOPlat-MES 生产执行 APP：整合 APS、WMS 等系统 APP，为海尔中央空调的柔性生产提供软件基础，通过对传统制造中的人工卷板、人工焊接、手动胀管、人工检测等工艺进行颠覆，通过智能 AGV 输送线、全自动卷板机、等离子直缝焊接、筒体管板机器人焊接、机器人胀管、机器人检漏等六项行业引领制造技术，首创压力容器智能柔性线，变传统加工工艺为智能柔性线体，使得换型时间缩短 50%，半成品库存减少 80%，用人减少 85%，产能提升 100%。

（2）机械行业的工业 APP 产品

1）设备管理 APP：实现对设备的常态监控，提供设备所有的基本信息（厂商、入库时间等）、使用情况、故障情况、备品备件管理、维修管理、报废处理等全流程的信息化服务，其中的预测性维护功能包括设备保养、点检和巡检，可以实现通过大数据对以往设备故障情况的数据分析，对设备进行提前预警，做到事前预防，规避隐患。

2）远程运维 APP：实现对设备日常的工单管理、维修记录、故障分析（显示在某段时间内设备故障的次数、原因等）以及维保计划，从而节省人力和时间成本，提高设备的使用效率。

3）能源管理 APP：通过能源监测及对应报表、能耗统计及报表、ECC 能源成本统计、ECC 用能计划、ECC 用能监测等，实现对各种（水、电、气等）能源消耗的监控、异常数据报警、能耗对比等功能，以加强工业能效管理，降低成本，合理有效使用能源。

（二）中汽数据（天津）有限公司

1. 公司简介

中汽数据有限公司以汽车大数据为基础，以汽车领域模型算法为支柱，深入开展节能低碳、绿色生态、市场研究等工作。面向"新基建"和"新四化"发展，在中国汽车工业云、智能座舱、工业互联网（工业软件）等领域精准发力，通过中国汽车产业数据基础设施建设及国家级汽车产业数据体系构建，以"'数'驱产业变革，'智'领汽车未来"为使命，致力于打造"国家级汽车产业数据中心、国家级汽车产业链决策支撑机构、国家级泛汽车产业数字化支撑机构"。

2. 汽车行业工业 APP 云平台功能简介

汽车行业工业 APP 云平台面向汽车企业提供研发设计、试验认证和生产制造的工业 APP 一站式解决方案，实现汽车领域最大范围的知识共享，缩短汽车及零部件产品设计研发、试验认证等周期，覆盖汽车全产业链和产品全生命周期，通过一体化的云平台服务支撑产业链闭环，降低企业运营成本，打造汽车行业的新模式和新生态。

平台主要提供的服务如下：

一是提供基于平台的解决方案，覆盖汽车行业上、中、下游，涵盖材料–零部件–总成–整车全产业链的高质量解决方案，包含所有关键环节如研发设计试验、生产管理优化、设备故障诊断、产品质量控制、服务效能提升等，形成工业 APP STORE，为企业提供一站式解决方案。

二是提供 SaaS 服务，支持工业模块组件在线试用及交易，并可以下载至本地进行二次开发与集成。

三是数据应用服务，提供汽车行业各类数据资源的接口和数据应用。

四是提供汽车工业机理模型库，平台为用户提供工业机理模型和工业 APP 开发环境，拥有汽车全产业链、全流程和全应用层级的"三维一体"汽车工业机理模型库，平台可提供数据 + 模型算法的 SaaS 应用服务，解决行业典型场景下的具体问题。同时，为创新创业群体和汽车企业搭建供需对接平台，为供需双方提供资源对接服务和开发者社区。

（三）湖北航天技术研究院总体设计所

1. 公司简介

湖北航天技术研究院总体设计所是一个集机械、电子、光学、力学、控制工程、信息技术等多学科于一体的国防军工骨干总体设计部，主要从事航天领域的技术研究和开发工作。自成立以来，创造了我国航天装备建设史上的多个"第一"，先后研制开发了多个系列/10余个型号，填补了国家某型号研制的空白，极大地提升了我国的国防实力。

湖北航天技术研究院总体设计所拥有 70 余名国家"百千万工程"入选者、享受国务院政府津贴专家、集团公司级有突出贡献专家、学术技术带头人及航天基金奖获得者。拥有博士后科研工作站、集团公司及省级技术创新中心和工程技术研究中心，先后获得省部级以上科学技术进步奖 110 余项（其中国家科技进步特等奖 1 项），拥有现行有效授权专利 480 余件（其中发明专利 80 余件、国防专利 320 余件）。

2. 固体火箭发动机数字化快速总体论证 APP 产品功能简介

该 APP 基于索为 SYSWARE 工程中间件平台开发，该平台具备丰富的集成开发接口和组件库，能够集成和驱动主流的商业软件，平台开放性和可扩展性好，实现了发动机总体论证技术的快速化和软件化。同时，该 APP 还应用固体火箭发动机的相关技术，包括多学科计算建模仿真技术、工程大数据中心技术和知识自动化技术。

该 APP 经过验证的发动机总体设计过程，规范了论证工作，降低了固体火箭发动机的入行门槛，拥有成熟的设计算法和高价值专业数据，为用户节省了天价试错门槛，其发动机快速论证能力，可以支撑运载火箭的多轮优化论证，形成商业竞争优势。

该 APP 实现的关键技术主要包括工业技术封装技术，工业 APP 建模技术，工业 APP 数据管理技术，固体火箭发动机多学科计算、建模和仿真技术，固体火箭发动机工程大数据中心技术，固体火箭发动机知识自动化技术等。

（四）航天云网科技发展有限责任公司

1. 公司简介

航天云网科技发展有限责任公司（以下简称航天云网公司）是中国航天科工集团有限公司联合所属单位共同出资成立的高科技互联网企业，成立于 2015 年 6 月 15 日。航天云网公司以"信息互通、资源共享、能力协同、开放合作、互利共赢"为核心理念，以"互联网＋智能制造"为发展方向，以提供覆盖产业链全过程和全要素的生产性服务为主线，以技术创新、商业模式创新和管理创新为重要战略举措，依托航天科工雄厚的科技创新和制造资源，开放聚合社会资源，构建以"制造与服务相结合、线上与线下相结合、创新与创业相结合"为特征，适应互联网经济业态与新型工业体系的航天云网生态系统。

基于 INDICS+CMSS 工业互联网公共服务平台，航天云网公司建设规划以平台总体架构、平台产品与服务、智能制造、工业大数据和网络与信息安全 5 大板块为核心的"1+4"发展体系，以"互联网＋智能制造"为支撑，面向社会提供"一脑一舱两室两站一淘金"服务，同步打造自主可控的工业互联网安全生态环境，建设云制造产业集群生态，构建适应互联网经济的制造业新业态。

2. 云端业务工作室 APP 功能简介

云端业务工作室 APP 是"一脑一舱两室两站一淘金"系统级应用的重要组成部分，为产供销提供集群化业务并为周边业务服务提供支撑。云端业务工作室 APP 针对营销人员外勤多、跟进时效性强的特点，推出 Android 与 iOS 版移动端 APP。

在关键功能和核心技术方面：

1）打通线上合同的对接、商签、履约及结算业务流程和电子签章服务；打通财务、税务、物流等业务流程，为购销的云端业务提供支撑。

2）针对用户反馈提出的操作烦琐、功能不可用、不好用等问题，结合细分的业务角色、场景和需求的梳理，优化产品整体交互设计，重构产品的页面交互，显著提升用户体验，降低用户使用门槛。

3）提供物流服务、开票服务、电子签章、与财务共享中心打通以及招投标服务。

4）支撑集团各单位上云业务顺利开展，落实集团各单位相关的业务需求、支撑业务流程的梳理优化及对接信息化系统相关的适应性改造，保障集团各单位业务上云顺利实施。

（五）北京索为系统技术股份有限公司

1. 公司简介

北京索为系统技术股份有限公司成立于 2006 年 6 月，总部位于北京，在上海、西安、杭州、武汉、成都等地设有分支机构。公司现有 400 余人，其中硕士以上 86 人，博士 7 人，2 位海外高层次人才。

公司自成立以来，索为系统始终坚持自主创新、自主研发，主要从事国内集成研发平台、工程中间件、工业软件平台、知识自动化和工业技术软件化相关领域，为制造业行业领先者提供以知识自动化为驱动的工业互联网、工业安卓平台及工业互联网 APP 开发运营服务。核心产品 SYSWARE 工程中间件是完全基于自主知识产权的工业软件平台。基于 SYSWARE 工程中间件，以"知识自动化"为手段，打造"工业软件及硬件装备集成平台"，推进工业技术软件化产业发展，帮助用户显著提高复杂产品研发的效率和质量，提升用户核心竞争力，保护用户知识产权，促进企业转型升级。

2. SYSWARE 功能简介

SYSWARE 研发设计平台，首先将企业研发技术体系进行数字化表达和模型化，驱动各种软件、硬件和设备，从而完成原本需要人完成的重复性工作，将人解放出来去做更具创造性的工作。其次能够构建研发过程管控体系，管理产品设计迭代过程及过程中产生的数据及其关系，实现设计过程可追溯。最后通过对企业历史数据和行为数据的深度挖掘，支撑研发智能化应用。

软件能力包括：

（1）构建产品研发技术体系

支持复杂产品研发技术体系的构建，建立设计数据、设计活动、设计流程、设计工具方法和设计知识之间的关系，实现紧耦合的设计技术体系。建立设计工具方法集成封装的标准规范，将成熟的技术和方法进行梳理和封装，形成专业设计组件，实现设计工作向导化，提高集成设计仿真效率。

（2）构建产品研发过程管控体系

通过规范化的设计技术体系，指导复杂产品计划的制订、下发和执行，实现设计过程的执行和管控。

（3）构建产品研发数据管控体系

通过动态建模和动态建库技术实现各种基础资源库、设计过程数据库和产品结果数据库的建设和数据的全面管控。

（4）构建企业研发知识工程体系

通过知识采集和知识语义处理技术，支持对各种显、隐性知识进行动态采集、智能处理和智能应用，促进知识在设计过程中动态的应用和积累。

（六）山东华云三维科技有限公司

1. 公司简介

山东华云三维科技有限公司（以下简称"华云三维"），是山东山大华天软件有限公司（以下简称"华天软件"）控股的企业，位于山东济南。华云三维由"国家人才工程"入选者、CAD 领域知名专家梅敬成博士于 2019

年创建，专注打造国内首款、完全自主可控，基于 Web 的云端 CAD 产品 CrownCAD。有望颠覆传统的基于 PC 端的三维 CAD 市场，实现国产自主工业软件的换道超车。华云三维技术骨干分别毕业于国内外知名高校的计算机图形学、计算机科学与技术、应用数学、机械工程与自动化等专业，基本都具备硕士以上学历。华云三维还聘请山东大学、华中科技大学、浙江大学等多位教授为兼职专家，整体研发力量雄厚。

2. CrownCAD 功能简介

CrownCAD 是山东华云三维科技有限公司自主研发的完全基于云架构开发的三维 CAD 产品。它是一款在线建模软件，主要应用于研发设计和协同制造环节，用户不需要安装桌面应用程序，在任意地点和设备上打开浏览器即可进行建模。CrownCAD 除具备传统的数据转换、零件设计、装配、工程图等 CAD 软件功能外，还支持多用户在线协同设计、特征级细颗粒度的版本管理、项目分享、协同评审等，可极大地提升协同设计效率。

产品具有以下技术优势：

1）完全自主的三维几何建模引擎 DGM。具备 100% 源代码，拥有完全自主知识产权，对标国外高端几何建模引擎 ParaSolid 和 ACIS，并与其兼容。全新的技术框架，易扩展、易维护、先进稳定。几何定义完备，几何算法丰富稳定，可支持万级曲面复杂零部件参数化设计，具备完备的 SDK 开发包，开放给用户 C/C++ 形式的 API 接口。

2）完全自主的二维、三维约束求解引擎 DCS。对标并兼容处于国际垄断地位的约束求解器 DCM，极大地便利了约束求解引擎的国产化替代，具备 100% 源代码，拥有完全自主知识产权。二维约束求解为草图几何约束和尺寸约束提供核心求解算法；三维约束求解是装配设计的基础，为机构分析和运动仿真提供底层支持。

3）高效的参数化应用层机制。具备草图、零件、装配、工程图、三维标注等基础功能，并支持这些功能之间的联动；支持参数化设计、拓扑命名、undo/redo 和数据管理。

4）支持超大规模装配设计。充分利用数据库存储、并行计算、云渲染、视频流等技术，实现大规模装配的创建和编辑。

5）先进的三维 CAD 云系统架构。改造升级自主内核，适配云架构，针对 CAD 设计场景，研发增量数据、缓存等多种策略，快速访问复杂三维 CAD 模型数据。数据加密存储和加密传输，实现异构终端高效安全协同设计。支持多层次水平扩展和垂直扩展以满足高并发要求，支持公有云、私有云和混合云部署。提供丰富的 WEB API，支持与 PLM、CAE 等的系统集成。

6）能够在国产芯片和操作系统上运行。基于多年研发的自主三维几何建模引擎和几何约束求解器，云 CAD 产品自 2016 年开始研发，华云三维的成立加快了产品的研发步伐，CrownCAD 于 2020 年 4 月和 7 月分别进行两轮全国上线公测，在业内引起了较大的反响。自主三维几何建模引擎已经开始提供给国产 CAE、BIM 系统等开发厂商。CrownCAD 正在为一些在线设计平台提供在线参数化设计功能。CrownCAD 正在被国内大型企业进行测试和评估。CrownCAD 被由陕西省航空学会等单位联合主办的 2020 年"银鹰杯"全国无人飞行器云端设计大赛指定为云端设计软件和作品提交及评比的云端设计平台。

（七）天津美腾科技股份有限公司

1. 公司简介

天津美腾科技股份有限公司是一家以提供工矿业智能化技术和解决方案为主体业务的高新技术企业。公司以服务煤炭行业为起点和基石，以工矿业智能制造和服务为主体，利用其中的通用技术扩展到环保和食品行业，利用开发的智能平台开展 SaaS 智能管理产品服务。主要产品包括针对工矿业智能化系统解决方案、智能化的矿物或垃圾分选设备、工矿业相关的智能传感器和物联网设备，以及其他相关的智能化管理系统与平台。

2. "智信"功能简介

"智信"是一款美腾科技自主开发的企业经营管理智能工业互联网 APP，能够有效解决目前工业企业存在的审批烦琐、工作效率低、公司重要制度公告通知不到位、管理人员对员工指导培养不及时、企业资料知识传承难、不能实时掌握现场生产数据、信息交换滞后、设备状态报警不能实时掌握、生产数据不能大量储存分析等多类问题。"智信"可以实现自动化办公、一键生成各类生产报表、随时随地查阅工作报告、实时掌握生产设备的运行数据、采集各类生产设备数据并对数据分析、主动报警、设备的智能管理等功能。有效地提升企业沟通管理效率，降低企业沟通管理成本，减少人为采集数据造成的损失，提升技能岗位培训效率，减少设备故障带来的损失。

（八）深圳华龙讯达信息技术股份有限公司

1. 公司简介

深圳华龙讯达信息技术股份有限公司是国家级高新技术企业和CMMI5认证的软件企业，是工信部"两化融合"管理体系贯标试点和制造业与互联网融合发展试点示范单位，参与制定两化融合、物联网、CPS等国家标准。公司在工业互联网、CPS数字孪生、工业物联网、智能制造、自动化控制等领域长期积累，聚焦OT与IT深度融合，核心产品包括木星工业互联网平台赋能产业链数字生态，基于CPS提供数据采集、设备互联、机理建模、虚拟仿真、大数据分析等微服务，以企业微信连接众创开发智能制造生态；木星工业物联网平台连接实体资源与数字空间，实现海量设备数据采集、设备管理、安全传输、边缘计算、实时分析和机理模型，推动OT与IT深度融合；木星CPS平台打造信息空间企业数字孪生，实现物理空间与信息空间要素的虚实映射、实时交互和高效协同。

2. 木星工业互联网平台功能简介

木星工业互联网平台是基于CPS技术的工业互联网平台，基于微服务方式提供数据采集、工业物联网、云计算、大数据分析、工业数据建模分析、生产虚拟仿真、软件开发部署、工业数据资源共享等容器化的技术组件，结合企业微信的连接能力，推动生产全要素、全流程、全产业链、产品和设备全生命周期管理的资源优化和全面互联，形成一个打通OT与IT的新型劳动工具和多方合作共赢的制造业生态体系。

基于云平台架构和华龙讯达自主可控以CPS为核心的数字工厂建设技术，融合开放生态，构建从企业底层设备数据采集互联到用户和开发者合作共享的完整连接体系，搭载丰富的工业机理模型和智能工厂解决方案，能够实现机器、物料、系统、产品、人等工业各类要素的泛在感知、云端汇聚、高效分析和科学决策，并对生产全要素、全流程和产品全生命周期管理进行优化配置，为提升企业生产质量、生产效率、经营效益和创新能力提供平台支撑。

（九）瀚云科技有限公司

1. 公司简介

瀚云科技有限公司于 2018 年在无锡高新区成立，是朗新科技股份有限公司控股子公司。瀚云科技目前在武汉、重庆、无锡设立研发中心，在北京设立瀚云工业互联网研究院，先后在重庆、武汉、长沙、上海成立全资子公司，进行全国区域战略布局。瀚云科技以"让工业更有力量"为使命，以"成为价值驱动的工业互联网平台"为愿景，致力于打造生态化、开放性的工业互联网平台，形成并输出云化核心能力，助力传统工业企业的数字化、网络化、智能化转型，为客户降本增效，提质增收，为打造繁荣的工业互联网生态贡献力量。

2. 瀚云 HanClouds 设备远程运维云功能简介

瀚云 HanClouds 设备远程运维云，是基于瀚云 HanClouds 工业互联网平台，面向企业设备监测、设备管理、设备运维等场景打造的行业云产品。通过自主研发的边缘计算平台、雾计算平台、基础物联网平台、大数据平台和工业 APP 加工厂，面向工业企业提供设备接入、协议解析、云平台管理和 SaaS 应用定制的一体化服务，实现运行数据监测、服务管理、能效分析、设备管理、预防性维护、大屏展示、移动 APP 运维等丰富功能。

主要功能包括：

1）综合监控。综合展示设备和系统的主要监测指标，包括总体安装情况、故障及缺陷情况、在线运行情况和全局总览整体的设备及相关设备运行态势，对运行效果实时分析。

2）运行管理。实时监控设备的开机、运行参数、状态等情况，同时对设备告警进行实时管理。

3）运维管理。对于巡检周期、计划和任务进行管理和设置，对故障及隐患实时响应，并全过程跟踪缺陷的处理情况。

4）综合分析。全面分析各种设备的运行工况，包括设备的运行效果分析、设备各项健壮性指标分析和运维情况分析。

5）档案管理。对设备、采集器等资产进行管理，对用户、厂商、运维人员等档案信息进行管理，对通知、公告等信息进行管理。

6）APP 运维。为线下运维人员提供运维支撑，包括工单处理、运行监控、在线安装调试等功能。

（十）北京智通云联科技有限公司

1. 公司简介

北京智通云联科技有限公司（以下简称智通云联）成立于 2016 年，是国家高新技术企业。核心团队坚守工业知识与技术创新领域十余年，以丰厚的技术底蕴、扎实的工业实践，打造基于智能技术的工业互联网平台及工业软件，成为国内优秀的数字工业平台提供商。2019 年，智通云联中标、入选工信部与北京市经信局智能制造解决方案供应商。

智通云联以科学的方法论为指导，基于 TRIZ、本体论、知识工程、系统论等理论融合创新，运用大数据、自然语言处理、知识图谱等综合智能技术，自主研发安全可控的核心产品，形成集软硬件服务于一体的整体解决方案，为客户提供业务诊断、咨询、平台本地化和运营管理的全链条服务，申请相关发明专利和软件著作权近 50 项。除了自身技术与产品体系完善外，智通云联还积极参与人工智能、智能制造、技术创新等相关标准的制定，包括企业创新方法工作规范、石油天然气勘探开发知识体系、乳制品智能工厂车间运行管理要求等。

目前，智通云联市场覆盖石油化工、国防军工、政府部委、食品饮料等领域，服务众多行业客户，作为利乐与安姆科的智能制造全球战略合作伙伴，业务版图拓展至泰国、新西兰等海外地区。

2."智通云联"数字工厂平台 Smart.DPP 功能简介

智通云联数字工厂平台 Smart.DPP 通过 IT 与 OT 的融合，依托数据采集、大数据、知识图谱等技术,实现管理业务横向互联,制造业务纵向集成,数据信息上下互通,使生产过程全面数字化和透明化,提升企业数据资产的应用价值,指导未来数字化工厂的推广与复制,为企业管理由"事后"变为"实时"赋能。

核心功能包括:

1)设备实时采集与监控:从自动化系统、单机自动化设备和检测设备中采集生产运行信息,数据采集准确、实时、完整。

2)生产执行管理:基于知识图谱建立人–机–料–法–环–测全面关联,生产排产优化,有效指挥自动化设备协同、高效、低耗运行,在保证产品按时保质交付的基础上,提高全生产要素配置效率,包括生产监控管理(现场看板与远程监控)、设备管理与故障报警预警、质量管理与全链条追溯等。

3)智能辅助决策:利用大数据分析技术,实现智能排产、设备综合产能分析、工厂关键绩效指标分析和产品质量画像分析;通过信息门户,生产现场设备实时运行情况、产耗分析结果等信息集成可视化报送至各级生产管理、维护、调度、质量等相关部门,及时了解生产状态,全面监控生产状态,有效调整生产决策。

(十一)唐山报春电子商务股份有限公司

1. 公司简介

唐山报春电子商务股份有限公司创立于 2010 年,是一家集钢铁产业大数据服务、产业信息化服务、电商交易等服务于一体的综合性钢铁产业互联网企业,并于 2015 年挂牌新三板。公司依托唐山钢铁产业优势,现海内外注册用户达 20 万,报春钢铁大数据业务已经覆盖整个钢铁产业链以及十大耗钢行业,业务遍及国内重要钢铁产销地。

公司先后获得"国家工业信息化运行形势指数企业""国家两化融合贯标试点企业""国家中小企业公共服务示范平台""河北省中小企业公共服务示范平台""河北省电子商务示范企业""河北省著名商标""河北省首批制造业单项冠军企业""河北省专精特新中小企业"等多项荣誉称号。

报春电商紧紧围绕钢铁行业转型升级的需求,勇于创新、突破行业壁垒,不断完善服务功能,建立了"三院、三平台"的立体服务架构:"三院"——钢铁研究总院唐山分院、冶金工业规划研究院唐山分院和报春期货商学院;"三平台"——报春钢铁大数据平台、报春云上钢铁电商平台和报春晒备件共享平台。为钢铁企业提供产能规划、质量升级、产品升级、期现结合策略、行情分析、云仓储、在线金融、跨境电商、智能采购跟踪管理等全方位的全产业链综合服务。

2."云上钢铁"钢铁云电商平台功能简介

报春电商"云上钢铁"钢铁云电商平台基于开放的互联网环境,应用信息技术、网络技术、物联网技术等方式,使用 MVC 三层架构设计,采用 SaaS 及 PaaS 模式相结合的云计算技术,打造集网上交易、加工配送、大数据分析等于一体的钢铁行业电子商务综合云服务体系。搭建第三方钢铁电子交易平台,实现以矿石、钢材等品种的大宗商品的在线交易,实现集供需信息发布、在线支付、供应链金融和物流配送于一体的综合服务功能,提升钢铁产业经营效率,加速传统产业的信息化进程,为钢铁产业链提供全流程解决方案。

"云上钢铁"钢铁云电商平台采用"1+3"云服务模式的钢铁电商平台,即从钢铁流通链源头企业的营销模式电商化做起(搭建的一方平台),无缝对接云电商平台,采用云技术高效匹配钢厂的产品资源和第三方钢铁云电商平台的用户资源,将钢铁电商业务模式和云计算技术结构体系有机结合,突破原有基于 Web 技术面向信息发布和交易撮合的简单电子商务,通过向上游产业链延伸与生产系统集成,向下游产业链延伸与物流和终端管理系统集成。

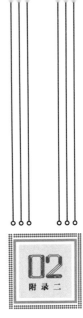

工业软件产业支撑和技术服务专业机构介绍

工业和信息化部电子第五研究所基本情况

工业和信息化部电子第五研究所（简称电子五所）作为工信部直属的共性技术研究与行业质量管理监督专业权威机构，为国家和地方的工业和信息化管理部门促进产业发展和质量提升提供有力的技术支撑，为广大工业企业的转型升级和提质增效提供专业的技术服务。

（一）工业软件领域布局

电子五所以构建全国领先的工业软件产业支撑和技术服务专业机构为目标，以专业科研技术资源服务行业发展为己任，汇集行业、高校和知名咨询机构并形成高端技术平台研究能力，形成三层工业软件工作体系结构。

1. 支撑政府——打造国家级高端智库

贯彻落实国家软件发展战略，以促进工业软件高质量发展提供支撑为主要任务，五所全力打造以"科学前瞻、公正评估、价值引领、服务产业"为愿景，以"做可靠的工业和信息化发展智库"为目标的智库团队。工业软件智库的研究方向为围绕工业和信息化领域发展中的重大问题，开展咨政建言、理论创新、舆论引导和社会服务，积极为政府决策与产业发展提供专业客观且具有前瞻性的智力支持，为制造强国、质量强国、网络强国、数字中国等国家战略的实施保驾护航。近年来，五所在工业软件方面开展近百次产业调研，密切关注产业发展动向，有效支撑国家部委制定顶层政策规划，配合各省市工信主管部门开展工业软件产业研究，制定产业发展实施规划。在产业培育方面，在工信部指导下牵头成立中国工业技术软件化产业联盟，汇集行业、高校、知名咨询机构及高端平台研究资源，洞悉产业发展需求，举办多场影响力较大的全国性工业软件会议，发布行业权威成果物。

2. 服务行业——承担多项国家级项目

为落实党和国家"建设质量强国"的战略部署，电子五所紧紧抓住新时代我国工业领域技术创新与产业升级的战略需求与发展机遇，在工业软件领域投入优势资源，承担科技部重点研发计划"三维 CAD 软件技术规范与评测"、工信部高质量专项"设计仿真工业软件适配验证中心"和"面向工业软件产业支撑与质量服务平台"、广东省重大专项"面向高安全领域的硬实时操作系统关键技术研究与示范应用"等多个国家重点工程和重大科技项目。以"以测促产、以验培优、以标提质、以质增效"为宗旨，面向核、能源、石油化工、轨道交通、汽车等行业，提供工业软件测试验证解决方案，基于云的工业软件测试认证、质量可靠性工业软件上云等服务，形成体系化的创新支撑能力和质量保证能力。

3. 技术研发——建设公共服务平台

五所构建的软件产业共性技术服务能力，已具备国际、国家、广东省及其他省市、国际同行双边互认等授权认可 50 多项，具备工业互联网相关的国家级质量监督检验中心共 6 个，建设工业软件工程化与应用技术工信部重点实验室。五所积极落实工信部和地方政府的要求，聚焦工业软件领域，开展测试验证技术能力创新，在关键共性技术、适配验证、质量可靠性等方面形成整体解决方案、研制平台参考架构和标准体系。

4. 产品服务——六性协同工作平台（CARMES）

六性协同工作平台（以下简称"CARMES"）是工业和信息化部电子第五研究所可靠性数据中心于 1995 年开始自主研发的软件，全面覆盖"六性"建模、分析、设计、试验评估等工作项目，含 50 多个功能模块和支撑数据库，可帮助构建企业级的六性协同工作环境，实现型号六性信息化设计，满足各军兵种装备的六性设计分析及管理工程需求，实现管理与设计工具的高度融合，在航天、航空、电子、船舶、工程物理、兵器、通信、轨道交通、电网、通信等领域以及中科院和院校中得到广泛应用。

（二）相关领域技术研究介绍

1. 工业软件适配验证技术研究

由电子五所牵头，联合国内工业软件领域中石化炼化集团、中国船舶集团、中汽中心、格力集团等重点行业用户，中望软件、山大华天、英特仿真等国内顶尖的工业软件厂商，以及清华大学、浙江大学、北京理工大学、大连理工大学、中科院软件所等一流高校及研究院所，共 21 家单位，建设国家级的设计仿真工业软件适配验证中心，依托有行业影响力的第三方机构，发挥公正、权威和专业的优势，着力解决产业生态构建的突出问题，通过构建标准、协同攻关和生态发展支撑三大体系，加速促进国产设计仿真一体化工业软件解决方案的成熟可用，形成国产化替代能力。

中心作为工业软件产业生态培育的重要支撑平台，将围绕"国产工业软件产业高质量发展"这一总体目标，发挥"以测促研、以测促用"两大作用，以应用为牵引、以标准为纲领、以适配验证为抓手，构建工业软件生态体系，支撑制造业补链强链固链。

五所通过工业软件适配验证中心项目，构建适配验证环境、联合攻关环境、教育培训系统和应用推广中心，覆盖 CAD、CAE、CAM 等设计仿真工业软件，实现横向工具链、垂直软件栈及行业级别3个层级的适配验证环境建设，建成5个技术中心或平台，制定适配验证相关标准5项以上，面向电子信息、汽车、船舶、石油、化工、电力等6个以上的行业开展应用，服务企业50家以上，形成100个以上的典型工业场景，聚集3000个以上测试案例，积累模型组件和质量数据各1万个以上，为整个工业软件产业开展教育培训1000人次以上，如图B-1所示。

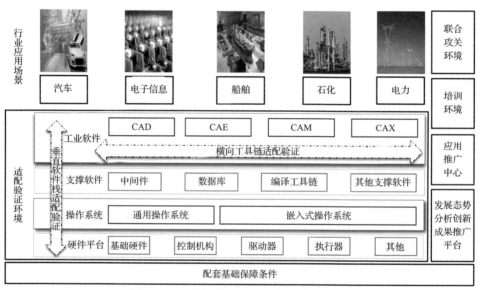

图 B-1　工业软件适配验证中心建设内容

依托工业软件适配验证中心的建设成果，五所形成了包括标准、工具、环境和案例的一整套工业软件适配验证解决方案，服务我国汽车、船舶、石油化工、机械制造、轻工家电、信息电子等行业，提供工业软件产品的功能、性能、安全性、可靠性、适配性等通用质量特性的测试验证服务。

中心运营采取政、产、学、研、用相结合的运行模式，由五所牵头，结合政府扶植、高校科研机构研发、企业技术攻关和用户实际需求的协作优势，建立自我造血和可持续发展的运营模式。一是为政府提供决策支撑、态势分析、数据监测、产品名录、企业评估等服务；二是为产业提供供需对接、联合攻关、适配验证、质量测评、方案推广、产权交易、孵化融资、技术咨询等服务。最终形成挖掘需求、适配验证、产品改进的良性循环，推动产业协同发展，如图B-2所示。

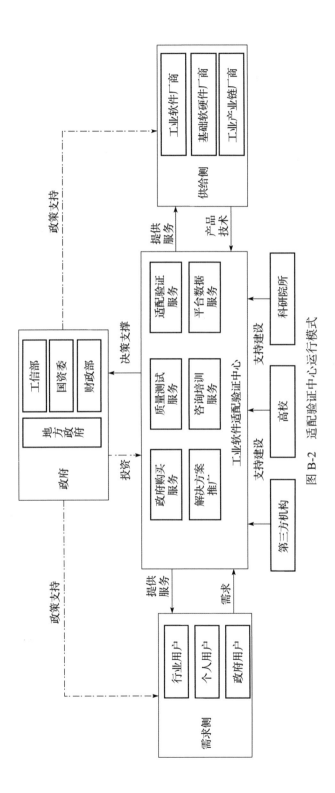

图 B-2 适配验证中心运行模式

2. 工业软件的检测与验证

工业软件作为现代工业技术与 ICT 相互融合的成果，对于推动工业产品创新发展、确保产业安全以及提升国家整体技术和综合实力，起着至关重要的作用。工业软件的每一行代码，在一套软件几百万、几千万行代码的程序海洋中，也许微不足道，但是软件的特点决定恰恰是一行代码的错误，就可能导致整个软件的运行结果错误，进而造成软件失效、系统宕机，甚至是某种运行装备的停工停产。

因此，工业软件作为生产力工具服务于工业产品的研制和运行，在功能、性能效率、可靠性、安全性、兼容性等方面有着极高的要求。合格的工业软件产品应具备功能正确、性能效率高、可靠性强、数据互联互通等特点。因此，为研发合格的工业软件产品，需要针对工业软件研制全生命周期构建测试验证体系，确保工业软件产品的质量水平。

首先，工业软件作为软件产品，在工业软件研发过程中需要进行单元测试、部件测试、配置项测试和系统测试，对工业软件的功能、性能效率、可靠性、安全性、兼容性、维护性等质量特性进行测试，验证各阶段成果是否符合阶段研制需求，减少软件故障、安全漏洞等软件缺陷。此外，工业软件来源并聚集于工业需求开发，工业属性是必须保证的最重要属性，必须对工业软件进行工程化应用验证，即在实际工业应用场景中对工业软件的功能、性能效率、可靠性等进行系统性测试，从而验证工业软件是否符合用户需求，确保工业软件产品可用、好用，特别是在一些极端条件下确保软件稳定运行或者安全退出运行。

最新的软件测试验证技术，已经发展到不仅可以对工业软件进行代码验证和功能验证，甚至可以对软件所应用的模型进行验证。这些验证技术，已经发展成为一种专门的仿真技术，成为仿真软件的一个细分专业。

工业软件测试验证作为工业软件领域的重要内容，能有效地提高软件代码的可靠性和软件功能的安全性，保障最终产品的质量水平，提升产品成熟度、完善供应链。对于供给侧，工业软件厂商在工业软件研制过程中通过软件测试、质量管理等方式提高产品质量，实现"以测促研"；对于需求侧，工业软件用户通过软件测试确认需求，验证实现，确保工业软件的有效应用，实现"以测促用"。因此，工业软件测试验证对于工业软件生态体系建设具有重大的意义。

工业软件凝聚了最先进的工业研发、设计和管理的理念，以及知识、方法和工具。国外厂商为维护国际竞争地位，主要对外出售固化上一代甚至上几代技术和数据的工业软件，甚至采取禁售或者"禁运"关键软件模块等手段进行技术保护。例如，MATLAB 软件作为全球工业自动化控制系统设计仿真、信号通信和图像处理的标准软件，目前已经成为国际性科学与工程通用开发软件。2020 年 6 月，美国通过实体清单禁止我国部分企业和高校使用 MATLAB 软件，严重影响了我国某些企业的技术开发和某些高校的人才培养。

工业软件应用于工业生产经营过程，计算、记录并存储工业活动所产生的数据，工业软件的可控程度直接影响工业数据安全。数据之所以在工业领域能成为一种新型的生产要素，全靠工业软件的支撑。随着云计算等新一代信息技术的发展，一些国外软件巨头提供订阅式工业软件，用户在应用平台产生的数据存储在云端服务器上，国外软件巨头随时可掌握用户的关键工程领域核心数据、知识产权信息、产品生产制造等商业信息。随着国际形势的变化，我国企业在使用国外软件时将会面临较大的数据泄露风险，存在极大的数据安全隐患。

（三）相关领域资质和授权

1. 国际电工委员会电子元器件质量评定体系（IECQ）中国国家监督检查机构（NSI）
2. 国际电工委员会电工产品安全认证体系（IECEE）安全试验室（多边互认 CB 试验室）
3. 国际机构产品检测认证（ITS）合作伙伴
4. 国家通用电子元器件及产品质量监督检验中心
5. 国家嵌入式软件产品质量监督检验中心
6. 国家集成电路产品质量监督检验中心
7. 国家卫星导航及应用产品质量监督检验中心
8. 中国强制产品认证（CCC）签约实验室

9. 全国信息技术人才培训基地和电子工业质量与可靠性培训中心
10. 工业软件工程化技术及应用工业和信息化部重点实验室
11. 智能制造装备通用质量技术及应用工业和信息化部重点实验室
12. 基础软硬件性能与可靠性测评工业和信息化部重点实验室
13. 工业（电子信息）产品质量控制和技术评价实验室
14. 工业（嵌入式软件）产品质量控制和技术评价实验室
15. 工业和信息化部通用电子产品质量监督检验中心
16. 工业和信息化部电子产品质量监督管理办公室
17. 广东省高端装备关键产品质量可靠性公共服务平台
18. 珠三角质量可靠性共性技术服务平台
19. 广东省电子信息产品可靠性技术实验室
20. 广东省电子信息产品可靠性与环境工程技术研究开发中心

参考文献

［1］赵敏，宁振波. 铸魂：软件定义制造［M］. 北京：机械工业出版社，2020.

［2］林雪萍，等. 智能制造术语解读［M］. 北京：电子工业出版社，2018.

［3］田锋. 智能制造时代的研发智慧：知识工程2.0［M］. 北京：机械工业出版社，2017.

［4］何小庆. 嵌入式操作系统风云录：历史演进与物联网未来［M］. 北京：机械工业出版社，2016.

［5］工信部电子五所. 工业技术软件化研究报告［R］. 2020.

［6］中国工业技术软件化产业联盟. 工业互联网APP发展白皮书［R］. 2018.

［7］PTC. 企业数字化转型白皮书［R］. 2016.

［8］德勤. 全球知名工业软件企业并购史回顾与简析［R］. 2019.

［9］朱铎先. 以国产工业软件为抓手促进工业互联网健康发展［J］. 中国经贸导刊. 2020(15).

［10］国家市场监督管理总局. 中国国家标准化管理委员会. GB/T-36475-2018软件产品分类［Z］. 2018.

［11］中华人民共和国工业和信息化部. 软件和信息技术服务业统计调查制度［Z］. 2019.

［12］赵姗. 圆桌 | 中国工业软件如何破局［EB/OL］. 北京：中国经济时报.［2020-06-23］. https://mp.weixin.qq.com/s/sAJTXUbVKZRO_Eko2sHBEA.

［13］林雪萍. 工业软件 无尽的边疆：写在十四五专项之前［EB/OL］.［2021-02-09］. https://mp.weixin.qq.com/s/Y_Rq3yJTE1ahma30iV0JJQ.

［14］彭瑜. 漫谈自动控制与被忽略的工业软件［EB/OL］.［2021-02-23］. https://mp.weixin.qq.com/s/cD89IuXiAzu63lqUg4_JGA.

［15］郭朝晖. 模型为什么常常是融合的［EB/OL］. 北京：世界经理人.［2021-01-06］. http://m.ceconlinebbs.com/ARTICLE/8800107788/?active_date=20170602.

［16］原力. CAE 软件及公司历史回顾和分析［EB/OL］.［2020-07-30］. https://mp.weixin.qq.com/s/U-K5h2bJVnBW8jQqoAbI-Q.

［17］原力. 工业软件发展趋势展望［EB/OL］.［2020-07-30］. https://mp.weixin.qq.com/s/xF_TUH5hqb6lDR2A3MZb5g.

［18］宋华振. 工业软件发展的难题与思考［EB/OL］.［2020-08-19］. https://mp.weixin.qq.com/s/YCVZfl_af7rZSc1spBfMsQ.

［19］朱铎先. 制造企业数字化转型的"4 转 1 化"［EB/OL］.［2021-03-10］. https://mp.weixin.qq.com/s/BQVDOv_XrTWJC0ZnuzfJNg.

［20］赵敏. 对发展工业软件的几点建议［R］. 2018.

［21］骆金松. "打死 MES"？谈谈 MES/MOM 的架构和未来［EB/OL］.［2021-07-07］. https://t.cj.sina.com.cn/articles/view/3009742660/b3650744019018dro.

［22］国务院新闻办公室. 国新办发布会：实施产业基础再造工程主要有三方面工作考虑［EB/OL］.［2020-12-24］. http://s.scio.gov.cn/wz/toutiao/detail2_2020_12/24/2534534.html.

推荐阅读

铸魂：软件定义制造

作者：赵敏 宁振波　ISBN：978-7-111-赵敏 宁振波　定价：89.00元

本书率先较为详细地定义了工业软件，给出了工业软件所应具有的内涵和组成部分。清晰地描述了基于工业软件定义制造全要素的过程和规律，让读者了解其概貌，掌握其规律，并知晓如何在企业中实施。

工业软件是工业化的顶级产物。它封装了工业知识，建立了数据自动流动规则体系，打造了机器的大脑和神经，因此机器变得更加聪明，功能可以随时调整。工业软件描述、集成、模拟、加速、放大、优化、创新了传统制造过程，形成一种新的工业智能模式——软件定义制造。

推荐阅读

机·智:从数字化车间走向智能制造

作者:朱铎先 赵敏 ISBN:978-7-111-60961-2 定价:79.00元

本书创新性地以"取势、明道、优术、利器、实证"五大篇章为主线,为读者次第展开了一幅取新工业革命之大势、明事物趋于智能之常道、优赛博物理系统之巧术、利工业互联网之神器、展数字化车间之实证的智能制造美好画卷。

本书既从顶层设计的视角讨论智能制造的本源、发展趋势与应对战略,首次汇总对比了美德日中智能制造发展战略和参考架构模型,又从落地实施的视角研究智能制造的技术和战术,详细介绍了制造执行系统(MES)与设备物联网等数字化车间建设方法。两个视角,上下呼应,力图体现战略结合战术、理论结合实践的研究成果。对制造企业智能化转型升级具有很强的借鉴与参考价值。